Gestão de instituições de ensino

COLEÇÃO **FGV** PRÁTICA

Gestão de instituições de ensino

Takeshy Tachizawa
Rui Otávio Bernardes de Andrade

4ª EDIÇÃO

FGV
EDITORA

ISBN — 85-225-0280-3

Copyright © Takeshy Tachizawa e Rui Otávio Bernardes de Andrade
Direitos desta edição reservados à
EDITORA FGV
Rua Jornalista Orlando Dantas, 37
22231-010 — Rio de Janeiro, RJ — Brasil
Tels.: 0800-21-7777 — 21-3799-4427
Fax: 21-3799-4430
e-mail: editora@fgv.br — pedidoseditora@fgv.br
web site: www.fgv.br/editora

Impresso no Brasil / *Printed in Brazil*

Todos os direitos reservados. A reprodução não autorizada desta publicação, no todo ou em parte, constitui violação do copyright (Lei nº 9.610/98).

1ª edição — 1999
2ª edição revista — 2001
3ª edição — 2002
4ª edição revista e ampliada — 2006
1ª reimpressão — 2008
2ª reimpressão — 2010
3ª reimpressão — 2013

Revisão de originais: Talita Arantes Guimarães Corrêa
Revisão: Aleidis de Beltran e Fatima Caroni
Capa: Tira linhas studio

Ficha catalográfica elaborada pela Biblioteca
Mario Henrique Simonsen/FGV

Tachizawa, Takeshy.
    Gestão de instituições de ensino / Takeshy Tachizawa, Rui Otávio Bernardes de Andrade. — 4 ed. rev. e ampl. — Rio de Janeiro : Editora FGV, 2006.
    288p. — (Coleção FGV Prática).

    Inclui bibliografia.

    1. Universidades e faculdades. 2. Universidades e faculdades — Administração. I. Andrade, Rui Otávio Bernardes de. II. Fundação Getulio Vargas. III. Título. IV. Série.

CDD – 378

Agradecimentos

Muitas são as pessoas que de diferentes maneiras contribuíram para que esta obra pudesse ser produzida. Entre elas, gostaríamos de expressar nosso especial agradecimento ao prof. José Gonzaga da Silva Neto, ilustre educador que se dedica à nobre arte de formar jovens para a comunidade. Especial gratidão, ainda, ao adm. Rodrigo Neves Moura, pela dedicação e responsabilidade com que colaborou no levantamento bibliográfico, base para a análise e interpretação dos resultados que culminaram nesta obra. Merece citação, igualmente, o prof. Celso da Costa Frauches, pela inestimável ajuda prestada.

A todas as pessoas que conosco convivem e que, por isso, estão inseparavelmente presentes nesta obra.

"...quando uma obra é julgada perfeita, certamente seus críticos e avaliadores foram pouco exigentes."

Sumário

Prefácio   15

Apresentação   17

PARTE I — UM MODELO DE GESTÃO APLICÁVEL ÀS INSTITUIÇÕES
DE ENSINO   21
Visão geral   22

Capítulo 1
Reflexões, concepções filosóficas e conceitos aplicáveis   23

Capítulo 2
Caracterização de uma instituição de ensino típica   39
   Abordagem metodológica adotada   39
   Análise ambiental   44
   Características comuns às instituições de ensino   50

Capítulo 3
Conceitos e pressupostos do modelo proposto   55
   Enfoque sistêmico   55
   Filosofia e princípios da qualidade   58

Capítulo 4
Um modelo de gestão aplicável às instituições de ensino 63
Referencial de gestão 63
Elementos componentes de modelo de gestão 67

PARTE II — DELINEAMENTO ESTRATÉGICO DE UMA INSTITUIÇÃO
DE ENSINO 79
Visão geral 80

Capítulo 5
Gestão estratégica 83
Estratégias aplicadas às instituições de ensino 83
Abordagem metodológica proposta 85
Pressupostos do planejamento estratégico 88
Análise ambiental 90
Análise da conjuntura 93
Objetivo central 98
Análise das alternativas de direcionamento estratégico 98
Gestão estratégica e seus desdobramentos na IES 104

Capítulo 6
Controle estratégico e operacional 117
Indicadores de gestão 118
Indicadores de gestão na instituição de ensino 120
Estruturação de indicadores 123

PARTE III — PROCESSOS, CONFIGURAÇÃO ORGANIZACIONAL
E TECNOLOGIAS DA INFORMAÇÃO 131
Visão geral 132

Capítulo 7

Determinação dos processos-chave — 137
Pressupostos básicos relativos aos processos sistêmicos — 137
Análise sistêmica da IES — 139
Identificação dos processos-chave — 141

Capítulo 8

Configuração organizacional — 149
Organização da instituição de ensino em torno de processos — 149
Modelo da instituição de ensino como um fluxo de processos — 153

Capítulo 9

Sistemas e tecnologias da informação — 167
Identificação dos sistemas de informação relevantes — 168
Classificação das aplicações por tipo de sistemas de informação — 172
Estratégias informacionais genéricas — 174
Estratégias específicas aos SPTs — 178
Estratégias específicas aos SADs — 181
Aplicação dos recursos da tecnologia da informação — 182
Considerações sobre as estratégias informacionais — 184

PARTE IV — GESTÃO DE RECURSOS HUMANOS — 187
Visão geral — 188

Capítulo 10

Processos de recursos humanos — 197
Modelo de planejamento — 198
Processo e decisões de recursos humanos — 200
Implementação das decisões de planejamento — 204
Recrutamento, seleção e contratação de pessoal — 206

Capítulo 11
Estratégia de cargos e salários e planejamento de carreira — 215
Administração de cargos e salários — 215
Método do escalonamento — 216
Método das categorias predeterminadas — 217
Método de comparação de fatores — 217
Método de avaliação por pontos — 218
Método flexível de cargos e salários — 219
Planejamento de carreira — 224
Avaliação de desempenho — 227

Capítulo 12
Qualificação e desenvolvimento do corpo docente — 229
Planejamento e execução de programas de treinamento — 229
Programas de clima organizacional — 234

PARTE V — QUALIDADE NAS INSTITUIÇÕES DE ENSINO — 237
Visão geral — 238

Capítulo 13
Princípios de qualidade aplicáveis a uma instituição de ensino — 241
Critérios de excelência — 241
Estruturação dos critérios de excelência — 244

Capítulo 14
Avaliação da instituição segundo critérios legais — 251
Avaliação da instituição como um todo — 252
Avaliação dos cursos da instituição — 253
Bibliografia — 257

Apêndice 1

Exemplo de implementação de uma nova instituição de ensino superior: estudo de caso de formulação de um plano de gestão estratégica da Faculdade IES 261
   Conjuntura e cenários 261
   Visão 265
   Missão 265
   Objetivo central 265
   Objetivo imediato 265
   Mercado 265
   Produtos 266
   Concorrentes 266
   Estratégias e ações estratégicas 266

Apêndice 2

Sites consultados, úteis para pesquisas específicas 271

Apêndice 3

Filmes aplicáveis à gestão de instituições de ensino superior 273
   Resenhas de filmes ilustrativos 274
   Filmes úteis às instituições de ensino superior 277

Sobre os autores 285

Prefácio

Uma mudança fundamental está ocorrendo no meio ambiente e no âmbito interno das organizações empresariais em escala mundial. Esta mudança está provocando a renovação do modelo de gestão dessas organizações em face da necessidade de sua sobrevivência no ambiente em que atuam. Eventos recentes no contexto do setor educacional evidenciam que tais mudanças também estão chegando, com mais intensidade, às instituições de ensino superior brasileiras.

Um programa de pesquisas, conduzido pelo Conselho Federal de Administração (CFA), em meados (1995) e final desta década (1998) junto a escolas e cursos superiores de administração, possibilitou estabelecer um início de compreensão deste contexto e uma busca de respostas pertinentes àquelas mudanças. Tais respostas foram complementadas e corroboradas com a análise dos relatórios do MEC, *Exame nacional de cursos/relatório-síntese 1998* e *Avaliação das condições de oferta de cursos de graduação/relatório-síntese 1998,* contendo dados sobre os cursos de administração, direito, engenharia civil, engenharia elétrica, engenharia química, jornalismo, letras, matemática, medicina veterinária e odontologia. Essas pesquisas chegaram a diversas conclusões surpreendentes, todas elas centradas no foco: *as instituições de ensino estão entrando em uma nova fase evolutiva, induzidas pelo meio ambiente em que estão inseridas.*

Pesquisa paralela, desenvolvida por Balbachevsky, concluiu que a formação oferecida por estabelecimentos especializados no ensino, mesmo quando bem-sucedida, vem sendo submetida a críticas importantes nos anos recentes. Boa parte dessas críticas baseia-se no fato de que o ensino, dissociado da atividade de pesquisa, deixa uma lacuna na formação do aluno numa das dimensões mais fundamentais para o seu sucesso futuro, qual seja, a sua preparação para solucionar criativamente problemas, isto é, sua capacidade de reunir, selecionar e analisar dados relevantes para a solução de uma situação não usual.

Em síntese, na virada do século, os modelos que tradicionalmente direcionaram a administração do ensino superior no mundo parecem caminhar para sua total inviabilização. De um lado, a formação humanística, voltada para o desenvolvimento de um conhecimento enciclopédico e erudito, parece declinar na medida em que não proporciona ao aluno as ferramentas básicas para lidar com uma realidade profissional em mutação, na qual credenciais adquiridas, por si sós, são cada vez menos importantes.

Por outro lado, a formação clássica do pesquisador, dentro de uma tradição disciplinar específica e tendendo para um padrão cada vez mais especializado, padece de fraquezas semelhantes. No entender de especialistas de todo o mundo, os alunos formados dentro dessa perspectiva carecem de flexibilidade suficiente para enfrentar alternativas de carreira profissional não ortodoxa, para trabalhar em contextos multidisciplinares e afins.

Esta nova fase estaria a exigir uma postura diferente do gestor, executivo e técnico da educação, voltada para uma administração profissional de suas instituições de ensino superior — IESs. Em função disto, os autores decidiram desenvolver esta obra, com a finalidade de estabelecer uma reflexão sobre técnicas e métodos de gestão que pudessem elevar os padrões de qualidade e produtividade das instituições de ensino. A obra partiu do pressuposto de que as instituições de ensino passam por um processo de transformação, em consonância com os novos tempos da era do conhecimento, daí ser oportuna a introdução de novas técnicas e métodos de gestão.

Nesse contexto, esta obra visa a estabelecer um modelo de gestão aplicável às instituições de ensino — IEs, particularmente às escolas de nível superior que não constituem universidades, ou seja, aqueles estabelecimentos não universitários privados.

A obra propõe, ainda, uma abordagem diferenciada na administração das instituições de ensino brasileiras. É o resultado da constatação de que a cada tipo de organização caberia um enfoque específico. Nessa abordagem, uma empresa industrial deveria ter um foco de gestão diferente do de uma empresa comercial ou de serviços. Analogamente, uma instituição de ensino possui peculiaridades que a distinguem de outras formas de organização, quer seja pública ou privada, razão pela qual não é salutar que ela seja gerida tal qual uma organização que pertença a setores econômicos com características diferentes das suas.

Este livro visa, enfim, a oferecer aos gestores, técnicos e executivos da educação uma referência conceitual, na forma de modelo de gestão, que lhes possibilite obter melhores desempenhos no âmbito das instituições de ensino superior — IESs, não tendo seus autores qualquer pretensão de ensinar como administrar uma organização dessa espécie.

Apresentação

Dedicamos esta obra aos gestores, executivos, técnicos e administradores em geral de instituições de ensino superior — IESs, principalmente de estabelecimentos não universitários privados, que necessitam de uma orientação prática no desenvolvimento das atividades de gestão de organizações educacionais brasileiras.

Estruturado em módulos, este livro pode ser lido em qualquer ordem, atendendo assim a eventuais interesses do leitor e levando em conta os diferentes estágios de conhecimento dos assuntos nele tratados. Entretanto, sugerimos que, em condições normais, seja observada a ordem original, que obedece a uma sequência lógica de encadeamento das ideias abordadas.

A parte I, composta pelos capítulos 1, 2, 3 e 4, procura estabelecer um modelo de gestão aplicável às instituições de ensino.

No capítulo 1, "Reflexões, concepções filosóficas e conceitos aplicáveis", procura-se desenvolver uma análise do atual contexto brasileiro no que tange à necessidade de mudanças no processo de gestão das instituições de ensino.

O capítulo 2, "Caracterização de uma instituição de ensino típica", desenvolve a análise do macroambiente e do ambiente operacional em que se inserem as instituições de ensino superior — IESs, estabelecendo as características e estratégias genéricas, comuns a uma organização educacional típica do setor.

No capítulo 3, "Conceitos e pressupostos do modelo proposto", aborda-se o embasamento conceitual e filosófico adotado no modelo de gestão proposto.

O capítulo 4, "Um modelo de gestão aplicável às instituições de ensino", apresenta o referencial metodológico e elementos componentes do modelo de gestão proposto, como um dentre outros modelos passíveis de serem adotados nas instituições de ensino superior.

Na parte II, composta pelos capítulos 5 e 6, é enfocada a análise das estratégias, planejamento e controle das instituições de ensino superior — IESs. Ou seja, procura-se estabelecer um *delineamento estratégico de uma instituição de ensino* típica do setor educacional.

O capítulo 5, "Gestão estratégica", estabelece um direcionamento metodológico para a determinação de um plano estratégico, de longo prazo, para as instituições de ensino. Aborda, ainda, os fundamentos básicos para o desenvolvimento de um plano pedagógico, aderente ao processo de planejamento estratégico.

O capítulo 6, "Controle estratégico e operacional", desenvolve e estrutura parâmetros de controle, bem como sugere meios para a definição de indicadores em termos de métricas de gestão, de qualidade e de desempenho para as instituições de ensino.

Na parte III, composta pelos capítulos 7, 8 e 9, analisam-se os processos, configuração organizacional e tecnologias da informação aplicáveis a uma instituição de ensino.

O capítulo 7, "Determinação dos processos-chave", procura definir a finalidade maior da instituição de ensino, capaz de melhor tipificar as organizações do setor educacional, propondo um caminho metodológico para identificação dos principais processos sistêmicos de uma instituição de ensino.

No capítulo 8, "Configuração organizacional", propõe-se uma forma inovadora de representar a estrutura organizacional de uma instituição de ensino.

O capítulo 9, "Sistemas e tecnologias da informação", estabelece uma forma de hierarquização dos sistemas e tecnologias da informação, com base no conceito de processo sistêmico e nas estratégias inerentes às instituições de ensino.

Na parte IV, composta pelos capítulos 10, 11 e 12, apresenta-se uma base conceitual e prática, voltada para uma melhor compreensão relativa da gestão de recursos humanos no contexto das instituições de ensino.

O capítulo 10, "Processos de recursos humanos", descreve as principais decisões inerentes ao planejamento, recrutamento/seleção e contratação de recursos humanos.

No capítulo 11, "Estratégia de cargos e salários e planejamento de carreira", procura-se apresentar os métodos possíveis de avaliação de cargos/salários e propõe-se um método específico para a determinação de cargos/salários em instituições de ensino. Analisa-se, ainda, o processo de avaliação de desempenho e planejamento de carreira.

O capítulo 12, "Qualificação e desenvolvimento do corpo docente", apresenta as possibilidades de melhoria da qualificação do corpo docente mediante a identificação das necessidades de treinamento e de desenvolvimento dos trabalhadores intelectuais das IESs. De forma complementar, aborda a possibilidade de implementação de pesquisas de clima organizacional no contexto das instituições de ensino.

Na parte V, composta pelos capítulos 13 e 14, aborda-se a qualidade nas instituições de ensino.

O capítulo 13, "Princípios de qualidade aplicáveis a uma instituição de ensino", analisa conceitos, princípios e instrumentos de qualidade existentes, e correlaciona-os aos processos sistêmicos internos de uma instituição de ensino típica.

No capítulo 14, "Avaliação da instituição segundo critérios legais", enfoca-se o processo de avaliação das instituições de ensino — IEs, de acordo com os parâmetros propostos pelos órgãos reguladores da esfera governamental.

PARTE I
Um modelo de gestão aplicável às instituições de ensino

Não se aprende no imaginário, teorizando ou apenas estudando. Há que se trabalhar e aplicar os conceitos e teoria no ambiente das instituições de ensino para se chegar ao verdadeiro aprendizado.

Visão geral

A atual realidade do ambiente global é o surgimento de uma nova era em termos de competição, não apenas a partir de concorrentes conhecidos em mercados tradicionais ou de outras organizações que entram em determinados setores econômicos, mas também a partir da desintegração de barreiras de acesso a mercados anteriormente isolados e protegidos. As organizações não se limitam mais às suas tradicionais bases de clientes. Bancos passam a oferecer seguros e serviços de corretagem de títulos. Empresas de cartões de crédito entram em territórios antes reservados a bancos. Companhias seguradoras comercializam serviços financeiros. Empresas de alta tecnologia vendem mercadorias de consumo. Até mesmo os correios estão se tornando altamente envolvidos com atividades comerciais de varejo e de serviços financeiros.

As barreiras que separavam setores econômicos e ramos de negócios do mercado e, consequentemente, as organizações que operavam dentro de tais setores estão caindo rapidamente. A competição pode surgir inesperadamente de qualquer lugar. Isto significa que as organizações, entre elas as instituições de ensino superior — IESs, não podem mais sentir-se excessivamente confiantes com as fatias de mercado e as posições competitivas conquistadas. Para as IESs que estão se defrontando com a necessidade de melhoria da qualidade do processo ensino-aprendizagem, com o problema de encolhimento das margens de lucro, com a necessidade de diminuir custos unitários operacionais e melhorar o *overhead* nestes mercados competitivos o equacionamento de tais questões constitui hoje uma preocupação-chave.

Pequenos ganhos de eficiência correspondentes a alguns pontos percentuais, como aqueles que foram experimentados ao longo das últimas décadas, não são mais suficientes para atender às exigências de contenção de custos dos anos do novo milênio.

Com mercados e seus protagonistas em constante modificação, a possibilidade de que as IESs possam estabelecer vantagem competitiva duradoura não existe mais. Nenhuma instituição de ensino superior, enfim, pode-se dar ao luxo de descansar sobre seus louros; cada qual tem que inovar incessantemente para poder competir e sobreviver. É nesse contexto que os autores propõem um *modelo de gestão*, dentre outros passíveis de ser adotados pelas IESs, para fazer frente aos novos tempos.

Capítulo 1

Reflexões, concepções filosóficas e conceitos aplicáveis

Em qualquer que seja o curso escolhido, normalmente o aluno formado irá exercer uma profissão correlata a esse curso, em uma determinada organização empregadora desse profissional, presumivelmente preparado para exercer uma determinada função. Tal contexto poderia ser ilustrado conforme a figura que se segue.

Figura 1
Visão geral de uma instituição de ensino

Professor ⟶
Aluno ⟶ Instituições de ensino ⟶ Profissional ⟶ Organização contratante

Refletindo a respeito do profissional formado, resultado do aluno que ingressa na IES com a incorporação do saber adquirido ao longo do *processo ensino-aprendizagem*, poder-se-ia afirmar que o êxito da instituição de ensino no cumprimento de sua missão seria proporcionar a esse profissional, que constitui o seu produto final colocado no mercado, um conjunto de habilidades, competências e conhecimentos, valorizados e reconhecidos pelas organizações que o contratam. Por *produto*, entende-se o aluno formado pela instituição de ensino, e, por *cliente*, a organização empregadora desse profissional colocado no *merca-*

do (conjunto das potenciais organizações empregadoras ou a sociedade como um todo).

Considerando que o produto final de uma instituição de ensino é o aluno formado, capacitado e habilitado a exercer a profissão para a qual se preparou, nada mais relevante, portanto, do que analisar a opinião dos empregadores desta mão de obra formada.

Da mesma forma, a instituição de ensino deveria pesquisar e aferir, junto a este mesmo mercado, quais os atributos e qual o perfil do profissional formado que o mercado estaria demandando.

Também seria lícito afirmar que o aluno formado deveria ser consultado para se aferir o grau de resultados que a instituição de ensino está obtendo com esse profissional no mercado, uma vez que tais resultados são inerentes à missão dessa IES.

Em uma outra dimensão, conforme Mezomo,[1] os alunos compram e utilizam os serviços prestados pela instituição de ensino, sendo portanto os seus *clientes*. O mesmo autor considera clientes não só os alunos, mas todas as pessoas envolvidas no processo educacional, estejam elas dentro ou fora da instituição de ensino.

Seja qual for a dimensão em que se considere o *cliente*, quer seja o aluno, como *cliente intermediário* ou apenas *cliente*, quer seja a organização empregadora do aluno formado, como *cliente final*, o importante é conhecer aqueles para os quais a instituição de ensino existe. Ou melhor, não há IES que sobreviva se as expectativas de seus clientes não forem ouvidas, interpretadas e atendidas.

Apenas para confrontar tais reflexões com o que de fato ocorre hoje no contexto *fornecedor* (ou *colaborador*, que é o professor, detentor do conhecimento a ser transmitido ao aluno) → *instituição de ensino* → *profissional* → *mercado*, apresentam-se alguns resultados de pesquisa realizada junto à categoria dos administradores, e que poderiam perfeitamente ser estendidos às demais categorias profissionais.

Em pesquisa quantitativa realizada pelo Conselho Federal de Administração (CFA),[2] obtiveram-se resultados que foram confrontados com os de pesquisa qualitativa do mesmo período. Os resultados desta análise comparativa foram cotejados, ainda, com aqueles obtidos em pesquisa quantitativa de 1995.

---

[1] Mezomo, 1994.
[2] Conselho Federal de Administração, 1998.

Inicialmente foram pesquisados os *empregadores* numa amostra de 300 respondentes, constituída por executivos/empresários das organizações contratantes da mão de obra formada pelas IESs.

Desses executivos/empresários, a grande maioria (61%) pertencia a uma faixa etária que variava entre 31 e 50 anos de idade; 142 (47%) respondentes trabalhavam em empresas de capital nacional, do setor industrial (88 = 29%), comercial (43 = 14%) e de serviços (42 = 14%), envolvendo um número de funcionários que variava entre 50 e 249 (67 = 22%) ou mais de 250 funcionários (53 = 18%). A maior parcela (69 = 23%) ocupava cargo de gerente ou de diretor proprietário.

Deste segmento, 57 respondentes (19%) tinham mais de 51 anos de idade; 44 (15%) atuavam profissionalmente em empresas de capital nacional, do setor de serviços (4%), industrial (4%) e comercial (2%), envolvendo um número de funcionários que variava entre 50 e 249 (5%) ou mais de 250 (7%) funcionários, com a maior parcela desses respondentes ocupando cargo de diretor/proprietário (13%) ou gerente (5%).

Apenas 38 respondentes (12,7%) desta categoria tinham até 30 anos de idade. Isto permitiu inferir que a ocupação dos cargos de elevada responsabilidade no processo decisório ainda se concentrava entre os profissionais mais experientes.

Da amostra, 101 executivos/empresários (33,7%) ocupavam cargo de diretor/proprietário junto às organizações em que trabalhavam. Destes, 90 (89%) encontravam-se vinculados a empresas de capital nacional, do setor de serviços (37%), do setor comercial (30%) e industrial (30%), dispondo de um número de funcionários que variava entre cinco e 19 (35%), entre 50 e 249 (31%) ou mais de 250 funcionários (18%).

Na pesquisa qualitativa, os executivos/empresários das organizações empregadoras dos profissionais formados, pesquisados através de discussões em grupo, consideraram que os graduados em administração, recém-egressos das IESs, possuíam muitas deficiências em sua formação escolar. As deficiências constatadas, que lhes reduziam as oportunidades profissionais, foram, em resumo, as seguintes:

- os graduados em administração carecem de formação prática;
- os conhecimentos dos graduados em administração são genéricos e superficiais;
- as IESs estão dissociadas das necessidades do mercado;

- as IESs proporcionam ensino desatualizado e não criativo;
- as IESs não integram os conhecimentos das várias atividades de uma organização empresarial.

De forma complementar, as três principais desvantagens inerentes ao curso de administração, identificadas na pesquisa quantitativa, foram: *teórico, não prático; não proporciona uma visão geral da organização empresarial; aprendizado de matérias inúteis, e currículos não adaptados.* Tais resultados são coerentes com as opiniões dos administradores (alunos formados pelos cursos de administração), que, na mesma pesquisa, através de discussões em grupo, apontaram como causas de sua má preparação para o mercado o fato de que o curso frequentado foi:

- teórico e pouco prático;
- muito generalista, não tendo proporcionado especialização;
- não criativo, somente repetitivo;
- composto de matérias inúteis, currículo mal-adaptado;
- restrito, não tendo proporcionado uma visão geral de uma organização empresarial.

As desvantagens assinaladas pelos executivos/empresários são convergentes com os resultados da pesquisa nacional/95, na qual os administradores apontaram a "falta de conhecimento prático", e coerentes com os resultados obtidos na pesquisa qualitativa, quais sejam:

Executivos/empresários:

- as instituições de ensino deveriam ampliar o conhecimento prático, do dia a dia das organizações empresariais;
- ampliar a especialização em certas áreas durante o curso de graduação;
- fazer consultas constantes às organizações empregadoras para se manter o ensino adequado às necessidades locais;
- as instituições de ensino deveriam ensinar mais o aluno a pensar.

Administradores:

- o currículo é genérico demais;
- o ensino é desatualizado e não prepara para o mercado de trabalho;

- as IESs não acompanham as mudanças do mercado;
- há queixas de que professores não se atualizam.

Professores:

- o ensino é desatualizado;
- há desnível entre teoria e prática;
- falta aos professores uma orientação educacional mais ampla;
- há conflito entre a formação do profissional generalista e do especialista.

Por outro lado, segundo os 300 executivos/empresários pesquisados, as principais melhorias — entre outras apontadas no quadro — que as IESs deveriam fazer para preparar os alunos para o mercado de trabalho foram:

- dar matérias úteis com currículo adaptado ao mercado;
- fazer convênios e parcerias com as organizações empresariais;
- aproximar-se das empresas/conhecer empresas.

Discriminação	Total	%
Dar matérias úteis, currículo adaptado ao mercado	151	50,5
Fazer convênios, parcerias com empresas	105	35,1
Aproximar-se das empresas/conhecer empresas	98	32,8
Dar curso prático, não teórico	83	27,7
Dar uma visão mais completa da empresa	80	26,7
Investir na formação/treinamento de professores	80	26,7
Ter bons, melhores professores	64	21,4
Dar curso mais atualizado	63	21,1
Ter professores, consultores que trabalham nas empresas	58	19,4
Promover estágios	51	17,1
Incentivar empresa júnior	39	13,0
Fazer projetos, pesquisas	37	12,4
Dar visão mais humanística	25	8,4
Não ser generalista, dar especialização	20	6,7
Fazer eventos e convidar as empresas	19	6,3
Não respondeu	10	3,3
Bases	299	

(RM) Respostas múltiplas: total pode ser superior a 100%.

Em contrapartida, a pesquisa qualitativa sinalizou recomendações dos executivos/empresários, feitas às IESs, com base nas falhas identificadas. Tais recomendações foram as seguintes:

- as instituições de ensino deveriam ampliar o conhecimento prático, do dia a dia das organizações empresariais. Isso exigiria uma aproximação maior com o mercado. Entre as ações recomendadas estaria o emprego de mais professores que tivessem também outra atividade profissional fora do magistério;
- ampliar a especialização em certas áreas, durante o curso de graduação;
- consultar constantemente as organizações empregadoras, para manter o ensino adequado às necessidades locais;
- as instituições de ensino deveriam investir mais na formação e qualificação de seus professores;
- as instituições de ensino deveriam ensinar mais o aluno a pensar;
- os estágios deveriam ter mais atenção e importância do que têm hoje.

O que os executivos/empresários sugeriram como melhoria que as IESs poderiam adotar — "dar matérias úteis, currículo adaptado ao mercado" — está coerente com as opiniões dos administradores na pesquisa quantitativa, quando sinalizaram que o curso os preparara mal para o mercado de trabalho, principalmente em função do conteúdo curricular.

Nessa mesma pesquisa, os administradores afirmaram que o curso foi muito generalista e não deu especialização, assertiva esta que convergia com as opiniões, não unânimes, a respeito de que matérias seriam mais ou menos importantes, aferidas na pesquisa nacional/95. Nessa última, constatou-se uma variedade enorme de interesses que caracterizava e ainda caracteriza a profissão de administrador.

Ou seja, a pesquisa mostrava, na época, que os administradores tinham possibilidades de trabalhar em muitas áreas, em muitos níveis hierárquicos e também em muitos tipos de organização, com grande adaptabilidade.

Essa sugestão dos executivos/empresários, no sentido de que sua empresa poderia apoiar as instituições de ensino com o intuito de uma melhor preparação dos alunos para o mercado de trabalho (através de oferta de estágios; participação nas pesquisas dos alunos; e contratação de estudantes), vem ao encontro dos resultados aferidos na pesquisa nacional/95, que havia evidenciado as deficiências mais comuns, que os administradores deveriam evitar/corrigir, quais sejam:

❏ falta de conhecimento prático;
❏ inexperiência profissional;
❏ capacidade gerencial deficiente.

Em uma segunda abordagem, foram pesquisados os *profissionais formados*, numa amostra composta por 783 administradores. Destes, 588 (75,1%) são do sexo masculino e 195 (24,9%) do sexo feminino.

Dos respondentes deste segmento, 705 (90%) estavam trabalhando. Destes, 359 (51%) em empresas privadas de capital nacional, 193 (27%) em organismos públicos e fundações, 95 (13%) em empresas privadas de capital multinacional e 47 (7%) em IES.

Dos 783 respondentes (100%) deste segmento, 384 (49%) trabalhavam em empresas de capital nacional, 102 (13%) trabalhavam em empresas de capital multinacional, 85 (10,9%) em organismos públicos, 66 (8,4%) em empresas de economia mista, 55 (7%) em empresas públicas ou em fundações, 49 (6,3%) em IES e 42 (5,4%) não responderam esta questão.

Quanto ao setor econômico, dos 783 pesquisados, 44,4% trabalhavam no setor de serviços, 18,6% no setor industrial, 14,2% no setor comercial, 11,5% no setor público, 1,5% no setor agropecuário e os restantes, 9,8%, ou não responderam ou deram outras respostas.

Na pesquisa qualitativa, os administradores, via discussão em grupo, apresentaram sugestões às IESs, decorrentes das críticas que eles fizeram à própria formação escolar, quais sejam:

❏ consultar as organizações empresariais da região para conhecer suas necessidades;
❏ desenvolver cursos de especialização dentro da graduação ou além da graduação;
❏ dar estímulo e condições para que os professores se atualizem;
❏ as IESs deveriam divulgar dados sobre oportunidades profissionais;
❏ acompanhar o desempenho profissional dos ex-alunos após a formatura;
❏ os alunos deveriam ser consultados regularmente;
❏ desenvolver a empresa júnior e outras formas de laboratório;
❏ estimular os alunos a serem empreendedores;

- ampliar o ensino de informática e inglês;
- as instituições de ensino deveriam estar mais envolvidas no processo de obtenção de estágios.

A pesquisa qualitativa evidenciou que:

- o currículo é genérico demais;
- o ensino é desatualizado e não prepara para o mercado de trabalho;
- as IESs não acompanham as mudanças do mercado;
- há queixas dos professores que não se atualizam;
- as IESs criam ilusão de que o melhor trabalho do administrador está nas grandes empresas;
- algumas IES já estão se adaptando ao mercado;
- o provão trouxe melhorias notáveis no sentido de obter mais qualidade do ensino;
- há diferenças entre o aluno dos cursos diurno e noturno;
- muitos administradores ficaram decepcionados com a instituição de ensino;
- há deficiências na formação do ensino básico que repercutem no ensino universitário;
- muitos administradores têm dúvidas na escolha da profissão.

Na pesquisa nacional/98 ficou evidenciado que *60%* dos respondentes estavam "satisfeitos" com a escolha da profissão de administrador, enquanto *36%* estavam "parcialmente satisfeitos" e *4%*, "totalmente insatisfeitos". Nessa pesquisa, as principais razões apontadas pelos que estão apenas parcialmente satisfeitos e pelos que estão insatisfeitos foram:

- falta de formação profissional adequada;
- o profissional formado não é valorizado;
- o profissional formado não está exercendo a profissão;
- o baixo nível salarial;
- o mercado exige especialização;
- o ensino deixa a desejar;
- o curso não dá ênfase à prática;
- o mercado de trabalho é restrito.

A pesquisa nacional/98 apontou ainda como deficiências mais comuns entre os administradores formados as seguintes:

- falta de conhecimento prático (48%);
- inexperiência profissional (44%);
- capacidade gerencial deficiente (42%);
- falta de visão de conjunto (41%);
- bagagem teórica insuficiente (32%);
- dificuldade de tomar decisão (31%);
- desenvolvimento de idiomas (22%);
- inadaptabilidade profissional (12%).

Figura 2
Deficiências constatadas na formação dos alunos do curso de administração

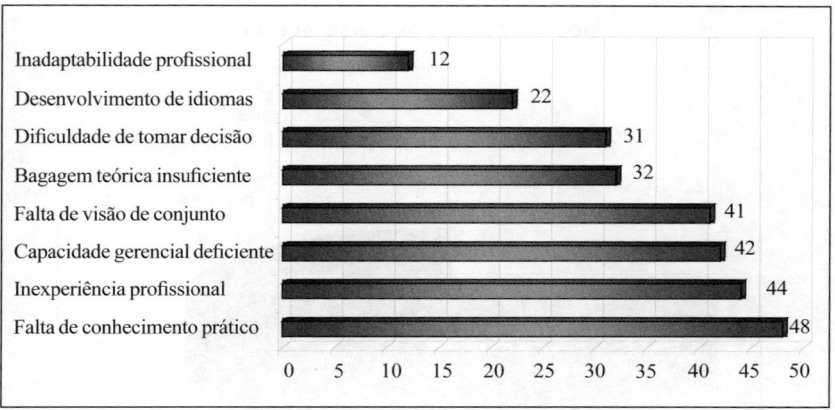

Em um terceiro enfoque, foram pesquisados os *professores*, numa amostra de 246 (*100%*) respondentes. Destes, 201 (*81,7%*) eram do sexo masculino, 78 (*31,7%*) acumulavam responsabilidades administrativas e 139 (*56,5%*) trabalhavam em apenas uma IES. O sexo feminino estava restrito a 45 (*18,3%*) respondentes. Destas, apenas 13 ocupavam cargos de coordenação/direção e 35 trabalhavam em uma única IES.

A grande maioria dos professores era oriunda de IES privadas (*78,4%*), sendo 84 (*34,1%*) de universidades e 109 (*44,3%*) de instituições de ensino isoladas. A universidade pública não ultrapassava 25 instituições (*10,2%*). Os tipos de instituições de ensino superior em que os professores pesquisados estavam vinculados foram:

IES privada	44,3%	
Universidade privada	34,1%	
Universidade pública	10,2%	
Não respondentes da pesquisa	11,4%	
Total	100%	246

Figura 3
Tipos de instituição dos professores

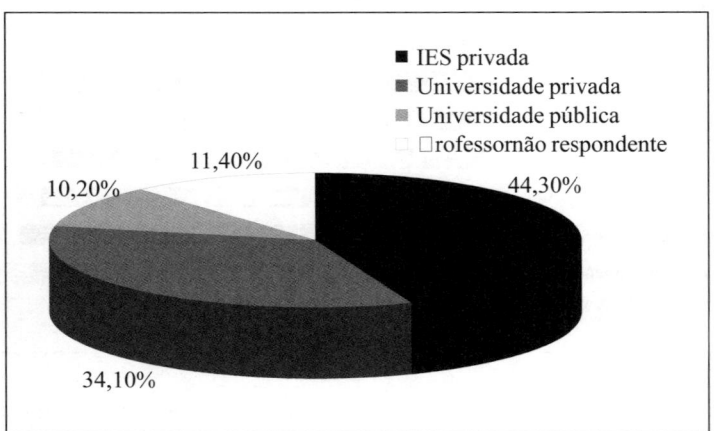

Nessa pesquisa, concentrada em professores de cursos de administração que lecionavam em IESs privadas, evidenciaram-se estes problemas:

❑ queixas, por parte de muitos professores, de que não são tratados pelos empregadores como profissionais comuns e que precisam de recursos para cumprir bem seu papel;

- classes superlotadas dificultando uma melhor atenção aos alunos;
- instalações precárias e falta de material de apoio didático;
- fraco desempenho de alunos que entram no curso universitário;
- mais exigências dos alunos sobre o professor;
- baixa remuneração.

Boa parte dos professores pesquisados (*22,4%*) apontava a "falta de integração entre teoria e prática" como a principal deficiência na formação universitária do administrador, seguida da "formação inadequada em relação ao mercado", com *16,7%* do total de professores (246 respondentes, conforme quadro a seguir).

Discriminação	Total	%
Falta integração entre teoria e prática	55	22,4
Formação inadequada em relação ao mercado	41	16,7
Falta de incentivo à pesquisa	37	15,0
Aluno dá pouca importância ao curso	36	14,6
Alunos chegam despreparados do segundo grau	32	13,0
Pouca integração entre as disciplinas	31	12,6
Não sabem expressar-se na escrita e verbalmente	29	11,8
Falta integração com a comunidade empresarial	28	11,4
Falta estágio supervisionado	26	10,6
Falta investimento na atualização e reciclagem	23	9,3
Grade curricular deficiente	19	7,7
Professores sem experiência empresarial	16	6,5
Alunos com dificuldade de desenvolver ideias próprias	16	6,5
Não há consciência sobre a importância do curso	16	6,5
Faz-se necessária uma formação generalista	16	6,5
Muitos alunos por sala de aula	14	5,7
Falta de acervo nas bibliotecas	13	5,3
Carência de professores com formação pedagógica	12	4,9
Falta informática	11	4,5
Faltam recursos didáticos e estrutura física adequada	10	4,1
Bases	246	

(RM) Respostas múltiplas: total pode ser superior a 100%.

Na pesquisa qualitativa foi apontado pelos professores que "...há desnível entre teoria e prática", assim como foi evidenciado que "há conflito entre a formação do administrador generalista e do especialista". Nessa pesquisa qualitativa ficaram evidentes, ainda, os seguintes pontos principais:

- o ensino é desatualizado;
- falta aos professores uma orientação educacional mais ampla;
- há conflito entre a formação do administrador generalista e do especialista.

A pesquisa nacional/95 *Perfil do administrador e mercado de trabalho* evidenciou que a principal deficiência que os administradores deveriam evitar, ou corrigir, para melhorar seu desempenho, era a "falta de conhecimento prático", que representou *47%* de um total de *747 respondentes*. Segundo dados dessa pesquisa, tal deficiência é sentida sobretudo pelos profissionais jovens, na faixa de 21 a 30 anos. Notou-se, também, que ela é mais presente entre as mulheres.

Mas, sem exceção, todos sentem que há "falta de conhecimento prático", dado que o campo de administração é amplo e complexo. Muitos recém-graduados se queixaram de não ter recebido conhecimento prático na instituição de ensino e de que os empregadores exigem experiência, o que só se adquire depois de alguns anos de trabalho.

Segundo o *Exame Nacional de Cursos/ENC-98*, relatório-síntese do MEC,[3] que apresentou os resultados de 10 cursos de graduação, é necessário um aprimoramento da qualidade no processo ensino-aprendizagem praticado pelas IESs do país. Conforme tal relatório, a avaliação do nível de exigência do curso mostrou haver alguma insatisfação entre os graduandos em administração, direito, letras, jornalismo e medicina veterinária. Destes, mais da metade considera que o curso deveria ter exigido um pouco mais ou muito mais dos alunos. Os graduandos em engenharia civil, engenharia elétrica e engenharia química sustentam que o curso exigiu na medida certa ou deveria ter exigido um pouco menos.

Nesse relatório do MEC, os cursos de administração, possivelmente expressando as diversas limitações evidenciadas no ENC-98, registraram significativos percentuais de graduandos que sustentavam que o curso poderia ter

---

[3] MEC/Inep, 1988.

exigido mais dos alunos. Esta avaliação parece encontrar ressonância no fato de que são menos da metade os que declaravam ter o curso contribuído para o seu aperfeiçoamento profissional. A maioria dos graduandos em direito afirmava que o curso deveria ter exigido mais deles, e apenas 1/3 dos alunos considerava que o curso contribuiu para o seu aperfeiçoamento profissional.

No curso de engenharia civil, a maioria dos graduandos das regiões Norte e Nordeste sustentava que o curso deveria ter exigido mais deles, e percentuais próximos da metade afirmavam que a principal contribuição do curso foi o aperfeiçoamento profissional.

Cerca da metade dos graduandos em engenharia elétrica da região Norte afirmava que o curso deveria ter exigido mais deles próprios. As apreciações quanto à maior contribuição do curso dividiram-se equitativamente entre a formação teórica e o aperfeiçoamento profissional.

Quanto ao curso de engenharia química, em todas as regiões, são relativamente baixos os percentuais dos que afirmaram que a principal contribuição do curso foi o aperfeiçoamento profissional.

No curso de jornalismo, chama a atenção o fato de que mais de 70% dos graduandos, em todas as regiões, estimavam que o curso poderia ter exigido mais deles próprios.

Mais da metade dos graduandos em letras informava que o curso poderia ter exigido mais deles próprios, exceto no Sudeste, com 49,2%. Para os graduandos em matemática, a principal referência quanto às perspectivas profissionais, aparentemente, diz respeito à atividade docente, e com percentuais relativamente baixos dos que sustentavam que a principal contribuição do curso foi o aperfeiçoamento profissional. Entre 41,5 e 55,3% consideravam que o curso deveria ter exigido mais deles próprios.

No curso de medicina veterinária, em todas as regiões, a maioria dos graduandos afirmava que o curso poderia ter exigido mais deles próprios. Já para o curso de odontologia, são majoritários os percentuais de graduandos que consideravam que o curso poderia ter exigido mais deles próprios, no Norte e Nordeste, enquanto, nas demais regiões, essas proporções variavam entre 38,5 e 43,1%.

De forma complementar, têm-se os dados da *Avaliação das condições de oferta de cursos de graduação*, relatório-síntese do MEC,[4] obtidos mediante a

---
[4] MEC/SESu, 1998.

avaliação das condições de oferta, orientada por um roteiro de visita de verificação e pela aplicação de um instrumento de avaliação, preenchido pelas comissões de ensino, a partir de informações verificadas em cada local. Os resultados obtidos podem ser sintetizados no quadro a seguir, que consolida os conceitos dos diferentes cursos, consideradas as dimensões finais agregadoras de *qualificação do corpo docente* e a *organização didático-pedagógica*. Os percentuais apresentados se referem à agregação dos conceitos *regulares* e *insuficientes*, ou seja, evidenciam a necessidade de introdução de melhoria no âmbito das IESs.

Curso	Qualificação corpo docente (%)	Organização didático-pedagógica (%)
Administração	56,7	51,5
Direito	60,6	55,9
Engenharia civil	54,3	27,6
Engenharia química	39,0	19,5
Medicina veterinária	37,2	28,6
Odontologia	21,7	45,8

Pesquisa paralela, desenvolvida por Balbachevsky,[5] concluiu que a formação oferecida por estabelecimentos especializados de ensino, mesmo quando bem-sucedida, vem sendo submetida a críticas importantes nos anos recentes. Boa parte dessas críticas centra-se no fato de que o ensino, dissociado da atividade de pesquisa, deixa uma lacuna na formação do aluno numa das dimensões mais fundamentais para o seu sucesso futuro, qual seja, a sua preparação para solucionar criativamente problemas, isto é, sua capacidade de reunir, selecionar e analisar dados relevantes para a solução de uma situação não usual.

Em síntese, na virada do século, na opinião de Balbachevsky, os modelos que tradicionalmente direcionaram a qualidade do ensino superior no mundo parecem caminhar para sua total inviabilização. De um lado, a formação humanística, voltada para o desenvolvimento de um conhecimento enciclopédico

---

[5] Balbachevsky, 1998.

e erudito, parece fracassar na medida em que não dota o aluno das ferramentas básicas para lidar com uma realidade profissional em mutação, em que credenciais adquiridas, por si sós, são cada vez menos importantes.

Por outro lado, a formação clássica do pesquisador, dentro de uma tradição disciplinar específica e tendendo para um padrão cada vez mais especializado, padece de fraquezas semelhantes. No entender de especialistas de todo o mundo, os alunos formados dentro dessa perspectiva carecem de flexibilidade suficiente para enfrentar alternativas de carreira profissional não ortodoxa, para trabalhar em contextos multidisciplinares e afins.

Embora os resultados dessas pesquisas careçam de outros estudos complementares para fundamentar e generalizar tais conclusões, para todas as IESs e todos os diferentes cursos superiores oferecidos ao mercado, tais conclusões, mesmo que preliminares, merecem uma reflexão quanto ao grau de eficácia dos estabelecimentos de ensino, principalmente daqueles não universitários e privados, que são o alvo desta obra.

Por outro lado, tais inferências são particularmente válidas na medida em que foram ouvidos os principais agentes do processo ensino-aprendizagem, quais sejam: a) cliente final ou empresário/empregador; b) cliente interno/intermediário representado pelo aluno; c) fornecedor, constituído, principalmente, pela figura do professor.

Ou seja, os resultados analisados procuraram abranger toda a cadeia de atividades (*cadeia de agregação de valores*) do processo ensino-aprendizagem e demais atividades inerentes a uma instituição de ensino típica.

De acordo com Xavier,[6] nunca se falou tanto em avaliar a qualidade dos serviços prestados pelas IESs e nunca se questionou tanto a qualidade e os valores cobrados por esses serviços. Tem-se acentuado a necessidade de se repensar as IESs, preparando-as para as transformações que estão ocorrendo no ambiente em que operam.

Como qualquer organização, as instituições de ensino têm por objetivo principal satisfazer as necessidades de seus clientes. Devem prestar serviços de ensino, de pesquisa e de extensão de qualidade e, concomitantemente, assegurar um bom ambiente de trabalho para os seus funcionários. Essa necessidade de prestar serviços de qualidade para clientes cada vez mais exigentes, num ambiente competitivo, tem levado muitas organizações, fora do contexto educacional, a adotar modelos inovadores de gestão.

---

[6] Xavier, 1997.

Entretanto, no setor educacional, e no ensino superior em particular, os avanços têm sido modestos. Diante desses desafios, como poderiam as IESs se estruturar para aumentar a sua competitividade e para fornecer aos seus clientes, colaboradores, alunos e comunidade em geral serviços educacionais que atendam e até mesmo excedam as suas expectativas?

Essa reflexão nos induz a constatar a necessidade de uma readequação das organizações do setor educacional, o que implica reestruturá-las em torno de um modelo de gestão que dê suporte a uma administração profissional de tais instituições de ensino, nos contornos delineados ao longo desta obra.

Capítulo 2

Caracterização de uma instituição de ensino típica

Abordagem metodológica adotada

Antes de se desenvolver o *modelo de gestão* proposto, o foco da atenção se concentrou na compreensão da instituição de ensino como um todo e na sua inter-relação com os demais agentes do ramo de atividades — *setor educacional* — ao qual pertence, na análise das finalidades e missão, bem como na identificação de produtos, mercados, fornecedores, concorrentes e órgãos normativos oficiais.

Esta seria a noção conceitual preliminar na formulação do *modelo de gestão* proposto. A compreensão do meio ambiente, com *variáveis controláveis* e *não controláveis*, e sua relação com a instituição de ensino inserida neste contexto. Tal compreensão permitiria não só estabelecer os traços comuns a uma IES, mas também delinear as estratégias genéricas inerentes a uma instituição de ensino típica.

Seria uma instituição de ensino uma organização como as que estamos acostumados a conviver em nosso dia a dia? Fernandes[7] considera a escola uma empresa prestadora de serviço que oferece produtos. No caso do terceiro grau, estes seriam os profissionais formados, capazes de se inserir no ambiente de trabalho e na sociedade em geral. Adotando um enfoque sistêmico, poder-se-ia representar uma IES como um macrossistema, em permanente interação com o meio ambiente (ver figura 4).

Figura 4
Insumos, produtos e clientes

FORNECEDORES → Insumos → IES → Produtos → CLIENTES

---

[7] Fernandes, 1998.

Por *fornecedores* entendem-se as entidades/agentes que fornecem recursos à IES, na forma de bens, serviços, capital, materiais, equipamentos e demais recursos, que por sua natureza constituem os insumos necessários às atividades internas das instituições de ensino. Nesse contexto, a figura do professor surge como o principal fornecedor (colaborador ou parceiro) da IES.

Os *clientes internos* são representados pelos funcionários da IES e, principalmente, pelos alunos/estudantes. Estes últimos podem ser considerados, ainda, clientes intermediários, enquanto alunos, convivendo com a IES e recebendo conhecimentos ao longo do processo ensino-aprendizagem. As organizações empregadoras dos alunos formados pelas instituições de ensino são consideradas, para efeito desta obra, os *clientes finais* (ou mercado).

Por *produto*, em sentido amplo, como o resultado de uma série de atividades realizadas internamente na IES, entende-se o profissional formado de acordo com as especificações sinalizadas pelo mercado. Em sentido estrito, poderiam ser considerados produtos os serviços educacionais, como os resultados de pesquisa, serviços de consulta e outros serviços demandados pela comunidade.

Mercado é aqui subentendido como o conjunto de clientes externos, constituído das organizações que potencialmente irão absorver os profissionais formados e colocados disponíveis pelas instituições de ensino. Dessa forma, empresas públicas e privadas, indústrias manufatureiras, organizações governamentais e demais entidades, que constituem os diferentes setores da economia, são os clientes finais do produto (profissional formado) colocado à disposição da comunidade.

Conforme evidenciado na figura 5, o cliente está fora da instituição de ensino e o propósito do *modelo de gestão* sugerido é integrá-lo, virtualmente, à IES.

Figura 5
Interação da IES com o mercado

Plano estratégico/ ⟶ IES ⟶ CLIENTE
Projeto pedagógico ⬅-------- ⬅---------- (resultado)

À medida que o gestor da IES tem êxito em integrar o cliente e unir os interesses deste aos objetivos preestabelecidos no plano estratégico/projeto pedagógico da instituição de ensino, refluiriam os *resultados* que assegurariam o cumprimento da missão, e sobretudo a sobrevivência, que é a garantia de que a IES preservará o seu *princípio da continuidade*. São esses resultados, considerando a missão da instituição de ensino e sua busca de perpetuidade, que de fato importam à comunidade como um todo e ao gestor da IES em particular.

O resultado financeiro favorável, o *lucro*, passaria a ser mera decorrência do atingimento desses *resultados*. Com isto (ver figura 5), cria-se um novo elo que mantém o cliente — a organização empregadora da mão de obra formada pela IES — integrado, por sua própria iniciativa, à instituição de ensino. Esse elo permite um *feedback* dos clientes para ajustar o plano estratégico e o correspondente projeto pedagógico às expectativas e necessidades do mercado.

A distinção de mercado é importante porque, uma vez identificado o cliente, torna evidente para quem a IES está formando o profissional, além de possibilitar que as necessidades do cliente sejam identificadas e internalizadas no processo ensino-aprendizagem. Ou seja, ao saber o que o cliente está demandando, a IES pode traçar o perfil profissiográfico, especificando-o na forma de conteúdo curricular, o que torna o produto final compatível com as exigências requeridas pelo mercado.

Nesta caracterização de uma instituição de ensino, portanto, podem-se enfocar os seguintes elementos de análise: a) missão; b) produtos e processos internos; c) mercado; d) fornecedores; e) concorrentes; f) órgãos normatizadores oficiais; g) ramo de atividades. Na *missão*, procura-se explicitar a finalidade peculiar que diferencia a instituição de ensino de outras do seu tipo. A missão, conceitualmente definida como o fim mais amplo que uma instituição estabelece para si mesma, é a base para a análise dos produtos/processos produtivos. Quanto a *produtos/processos produtivos*, relacionam-se os produtos principais, complementares, substitutos e produtos concorrentes. O ponto de partida é a análise de aspectos, tais como:

❏ grau de homogeneidade ou heterogeneidade dos produtos gerados pelas instituições do setor educacional;

❏ qualidade do produto, pesquisas e desenvolvimento de produtos;

❏ processos produtivos e tecnologia educacional instalada;

- imagem inerente ao composto de produtos da instituição de ensino;
- inovação tecnológica decorrente de investimentos em desenvolvimento pedagógico e acadêmico;
- possibilidade de aquisição de tecnologias educacionais como meio de obtenção de posicionamento competitivo.

O *mercado* procura estabelecer a infraestrutura de atividades e a forma de prestação de serviços educacionais, definindo se são feitas diretamente para os clientes ou através de intermediários. Atividades de pós-prestação de serviços educacionais, na forma de monitoramento junto à comunidade e/ou pesquisas de mercado. Possibilidade de *integração vertical para a frente* (integração e maior interação com os clientes intermediários e finais) com o intuito de ampliar as fronteiras virtuais da IES seria analisada, assim como os seguintes aspectos:

- grau de concentração/participação no mercado (*market share*) em termos de existência de instituições-líderes ou de IES controlando parcelas significativas do mercado;
- averiguação da rotina de contratação de insumos junto a fornecedores e do uso dos serviços educacionais oferecidos aos clientes;
- viabilidade de competição mediante preços com as instituições do setor;
- grau de estabilização de participação relativa no mercado, em face do potencial investimento em publicidade e propaganda;
- existência de controle sobre a demanda através de lançamento de novos serviços educacionais/cursos;
- existência de barreiras à entrada de novas instituições no setor;
- possibilidade de integração vertical para a frente, via convênios com empregadores da mão de obra formada (clientes finais);
- possibilidade de concessão de prazos, créditos e financiamentos diretos aos clientes internos, ou através de instituições financeiras específicas;
- existência de acordos sobre preços entre instituições congêneres do setor, coordenados e induzidos por eventual IES — líder do setor;
- possibilidade de segmentação do mercado com faixas diferenciadas de alunos.

Para *fornecedores*, tem-se o mapeamento dos professores existentes no mercado que, potencialmente, sejam úteis à instituição de ensino.

Já quanto a *concorrentes*, procura-se identificar sua origem, características, pontos fortes, pontos fracos. A segmentação de mercado e a inovação de serviços educacionais são avaliadas juntamente com a análise de:

- existência de barreiras à entrada de novos concorrentes, em virtude de regulamentação legal, escala e custos absolutos;
- nível de participação dos concorrentes no *market share* do setor educacional;
- existência de acordos sobre preços entre os concorrentes do setor educacional;
- grau de monitoramento do mercado por parte das instituições de ensino diante da possibilidade de novos ingressantes.

Devem ser mapeados, ainda, os órgãos normatizadores oficiais que exercem funções regulatórias com influência direta sobre o comportamento da instituição. Visa a posicionar a IES em relação ao quadro institucional vigente no contexto do macroambiente no qual o setor e, consequentemente, a instituição de ensino se inserem. Os seguintes aspectos devem ser analisados:

- grau de regulamentação governamental existente no setor;
- forma de controle institucional corrente e tendências futuras.

O *ramo de atividades* visa a identificar o tipo de setor econômico a que a instituição de ensino sob estudo pertence, como decorrência natural da aplicação dos elementos de análise anteriores.

Pretende-se, nessa linha metodológica, constatar a existência de uma tipologia de organizações a partir da análise das características que apresentam em função do setor econômico ao qual pertençam. Embora seja necessário reconhecer que cada setor econômico tem suas características particulares, torna-se imprescindível agrupar organizações, dentre elas as instituições de ensino, que, genericamente, têm características similares, para verificar o funcionamento de blocos de organizações e o comportamento das forças competitivas dentro de cada bloco.

Os fatores que permitem o agrupamento de diferentes organizações em blocos, organizações essas mais ou menos equivalentes entre si, são o grau de concentração (que é, basicamente, determinado pelas barreiras à entrada de novas organizações no setor) e o grau de diferenciação de produtos. Complementarmente, podem-se considerar fatores essenciais à aplicação da metodologia sugerida os produtos e processos produtivos adotados pelas organizações. Esses fatores, quando correlacionados entre si, permitem conclusões que possibilitam identificar diferentes tipos de organizações, destacando-se entre elas as instituições de ensino — IEs.

Análise ambiental

Uma organização, ou uma instituição de ensino, como um organismo vivo, é um agrupamento humano em interação, que, ao se relacionar entre si, e com o meio externo, através de sua estruturação interna de poder, faz uma construção social da realidade, que lhe propicia a sobrevivência como unidade, segundo os mesmos princípios pelos quais mutações são preservadas dentro de cadeias ecológicas do mundo vivo. De sua adequação ou não às condições ambientais que a cercam, dependerá sua sobrevivência ou extinção.

Uma instituição de ensino em essência é uma mera junção de pessoas, com suas respectivas atividades, e a interação entre elas. Tal instituição, em sua escala mais primitiva e simples, pode ser resumida na figura do gestor contratando professores e funcionários de apoio, com os quais vai trabalhar para gerar os conhecimentos demandados pelos alunos, que, quando formados, passam a ser os profissionais (produtos finais da IES) pretendidos pelos clientes (organizações empregadoras da mão de obra formada que constituem o mercado).

Sistemicamente, isso representa a cadeia de agregação de valores ou o fluxo produtivo da instituição de ensino (ver figura 6). A gestão de instituições de ensino tem seu foco principal, portanto, ao longo do fluxo produtivo da IES, que representa o eixo maior da instituição, em termos de *aluno* → IES (processo ensino-aprendizagem/professor) → *profissional* → *cliente*.

Figura 6
IES e sua cadeia de agregação de valores

ALUNO → IES → **PROFISSIONAL** → **CLIENTE**

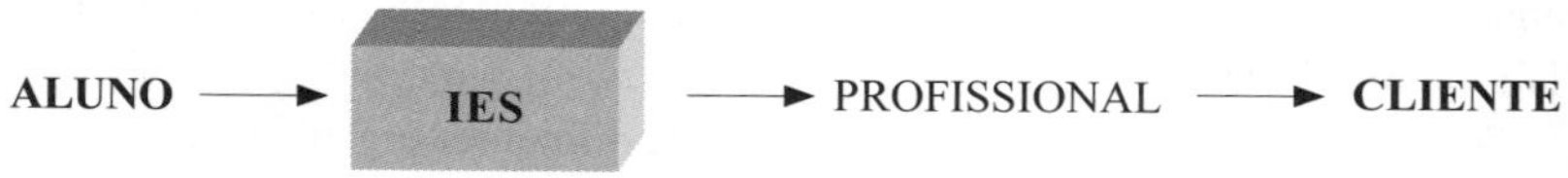

Quando um grupo social, e por analogia uma instituição de ensino, atinge esse nível de criação, de uma interpretação própria de sua relação com o meio ambiente externo, que é introjetada na IES, numa estruturação interna correspondente, passa a usufruir de uma identidade institucional.

Essa identidade própria como instituição tem como principal elemento de influência, portanto, o ambiente externo, inclusive o conhecido mercado, que atua de forma contingencial às atividades de uma organização. Segundo Hall,[8] uma organização é uma coletividade com uma fronteira relativamente identificável, uma ordem normativa, escalas de autoridade, sistemas de comunicações e sistemas de coordenação de afiliação; essa coletividade existe numa base relativamente contínua em um ambiente e se engaja em atividades que estão relacionadas, usualmente, com um conjunto de objetivos. Ainda consoante Hall, as organizações reivindicam um domínio ou mercado, que se constitui em uma dimensão relativa ao grau em que essas reivindicações são reconhecidas ou questionadas por terceiros, tais como os órgãos governamentais.

Quando todas as partes interessadas concordam em que determinada organização tenha o direito e a obrigação de operar de uma dada maneira numa área específica, existe um consenso de domínio. Essa é a dimensão que indica as fronteiras ou território organizacional. É evidente que a própria natureza da organização privada envolve a divergência de opiniões ou de interesses quanto a domínio. É patente, ainda, que muitas organizações buscam chegar ao consenso fazendo com que uma legislação ou regulamentação protetora seja aprovada em seu benefício. As cotas e tarifas de importação são exemplos disso. Nas organizações do setor público, existem atritos por domínios na medida em que novas entidades são criadas, tanto governamentais quanto privadas, estas como resultado da desestatização, o que constitui ameaça aos participantes mais antigos de um determinado setor estatal.

Explicitando de uma outra maneira, pode-se dizer que nenhuma organização existe no vácuo, ou que seja uma ilha em si mesma. Esse ambiente externo é composto de forças e agentes controláveis e não controláveis, que têm impacto nos mercados e nas estratégias das organizações. Esse contexto externo pode ser distinguido em termos de microambiente e macroambiente da organização.

O *microambiente* consiste nos agentes do ambiente imediato da organização que afetam sua capacidade de atender a seus mercados. Ou seja, é o conjunto de agentes, entidades e relações que estão próximos mas fora do âmbito interno da organização, cuja atuação influencia o meio ambiente, assim como é fortemente influenciada por ele, a saber: os fornecedores de recursos (huma-

---

[8] Hall, 1984.

nos, financeiros, materiais e tecnológicos); os intermediários de mercado; os clientes; os concorrentes; e o público em geral.

Conceitualmente pode-se dizer que a organização, na busca do atingimento de sua missão, procura juntar-se a um conjunto de fornecedores e de intermediários, para alcançar seus mercados-alvo. Por *mercado* entende-se o conjunto de agentes com demanda por um grupo de produtos que são substitutos próximos entre si.

A cadeia *fornecedores/organização/intermediários de mercado/clientes finais* compõe a essência do ciclo de processos de agregação de valores na formação do(s) produto(s) da organização. A sobrevivência da organização será afetada, ainda, por dois grupos adicionais: concorrentes e públicos.

O microambiente constitui, em essência, o setor econômico ou ramo de atividades que serve de base para a estruturação dos conceitos e conclusões ora apresentadas.

Para efeito de análise, o setor econômico foi considerado um grupo de agentes engajados na produção de insumos, transformação, comercialização e consumo de produtos que são, em graus diferentes, complementares ou substitutos entre si (simplificadamente, pode ser entendido como um grupo de organizações que produzem para um mesmo mercado).

Em outras palavras, a organização não compete e não cresce no vácuo, e sim refletindo a lógica e a dinâmica do setor econômico/ramo de atividade ao qual pertence, o que significa dizer que este tem um comportamento típico e que parte da estratégia genérica das organizações reflete, necessariamente, essas características.

Figura 7
Análise relativa ao microambiente

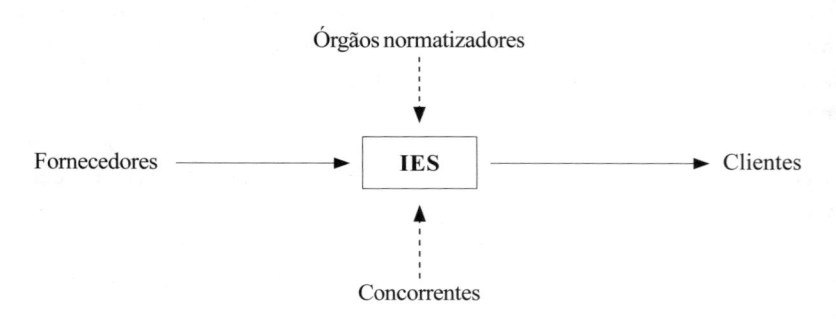

No *macroambiente* tem-se uma maior amplitude das forças societárias que afetam todos os agentes no meio ambiente da organização, em termos de condições ou forças, quais sejam: econômicas, demográficas, físicas/ecológicas, tecnológicas, político/legais e socioculturais. Tais entidades externas operam em um grande macroambiente, com forças e megatendências que criam oportunidades e ameaçam a organização, sendo consideradas *variáveis não controláveis*, as quais a instituição deve monitorar e com as quais vai interagir.

Figura 8
IES e as variáveis ambientais

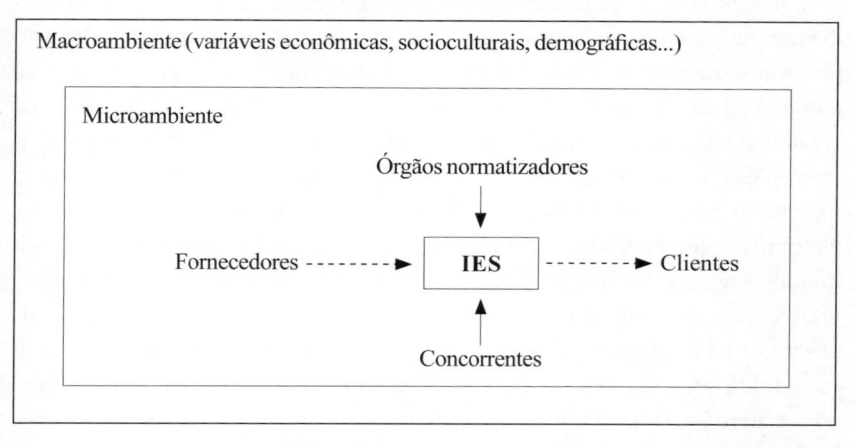

Macroambiente (variáveis econômicas, socioculturais, demográficas...)

Microambiente

Órgãos normatizadores

Fornecedores -------► IES -------► Clientes

Concorrentes

Uma *variável ambiental* como a *econômica*, por exemplo, ocorre frequentemente na forma de mudança cambial, taxa de juro, política de concessão de crédito e outros fatores afins manipulados pelo governo. Embora não controlável pela da IES, afeta-a diretamente (um exemplo da influência econômica é a eventual recessão ou estagnação da atividade econômica do país, que não só atinge diretamente a fixação do valor da mensalidade, como também explica a maior inadimplência, com um expressivo volume de mensalidades em atraso). Outra *variável ambiental* é a *legal*, constituída de medidas provisórias sobre mensalidades escolares, bem como da LDB (Lei de Diretrizes e Bases), que afeta diretamente a elaboração e execução do projeto pedagógico das instituições de ensino. A *variável demográfica*, tanto pelo crescimento vegetativo da população quanto pela chegada de novas gerações de estudantes de faixa etária cada vez menor e quantitativamente maiores que as gerações anteriores, parece explicar a recente explosão da demanda por cursos superiores. As *variáveis socioculturais* se refletem nas novas gerações de alunos da era digital que chegam às IESs com menos hábito de leitura e maior afinidade com os ícones e recursos multimídia do que com os meios tradicionais de comunicação ainda utilizados pelos docentes como prática pedagógica. As *variáveis tecnológicas* provocam enormes impactos com o uso de microcomputadores nos laboratórios e em salas de aulas, o que leva as instituições de ensino a darem mais ênfase ao conhecimento do que a dados e informações.

Uma outra mudança, proveniente das variáveis ambientais não controláveis, um misto de fator *social*, *cultural* e *tecnológico*, que afeta de forma imediata e intensa mais as instituições de ensino do que outras organizações empresariais, diz respeito a uma nova era, a da *economia digital*, na qual o capital humano passa a ser mais importante do que o capital tradicional. Nesta era da economia baseada mais no cérebro do que nos recursos físicos e materiais, as inovações e vantagens competitivas tornam-se efêmeras e transitórias em um menor espaço de tempo. Tal economia passa a se apoiar intensamente em redes eletrônicas, que expandem virtualmente as fronteiras das organizações, suprimindo os agentes de intermediários entre a instituição e fornecedores e clientes. Nessa nova economia, as organizações, e principalmente as instituições de ensino, têm como principal ativo o capital humano, intelectual ou do conhecimento. Ou seja, em vez do tradicional ativo patrimonial (financeiro, instalações e ativo imobilizado) das demonstrações financeiras — balanços —, surge o ativo intelectual como o mais importante.

Este novo contexto exige, das organizações em geral e das instituições de ensino em particular, mais ênfase no gerenciamento do conhecimento e não apenas na administração de dados ou informações. Exige, ainda, das IESs a correta compreensão e interpretação das novas gerações que estão chegando, a geração Internet ou da era digital, com uma nova cultura, valores e perfil psicológico.

Enfim, este ambiente externo estabelece oportunidades, ameaças, parâmetros, limites e desafios que têm de ser interpretados e tornados significativos pelos diversos níveis da gestão da instituição de ensino, mediante a leitura através de lente defletora representada pelo seu modelo de gestão, crenças e valores. Por outro lado, o que se procura é complementar essa abordagem social das instituições por um enfoque essencialmente econômico de análise do ambiente externo às organizações, de forma a delinear os fatores de influência presentes nessas instituições em função de seu ramo de atividade ou setor econômico.

É mediante tais observações empíricas da realidade das organizações que se constata a existência de diferentes tipos de empresas, instituições e outras formas jurídicas de entidades. Essa constatação é de extrema importância, uma vez que, para cada tipo de organização, existem técnicas e tecnologias mais eficazes para a melhoria do desempenho gerencial. Propõe-se estabelecer de início uma classificação simples, para posteriormente considerar uma tipologia mais completa de organizações com e sem fins lucrativos. Uma forma mais simples de classificar as organizações poderia ser:

❑ organizações do ramo industrial;
❑ organizações do ramo comercial;
❑ organizações de prestação de serviços.

Cada setor tem características próprias que fazem com que a interação entre os seus agentes ambientais seja intrínseca ao setor focalizado. Assim, as estratégias genéricas das organizações que formam os diversos setores da economia refletem essas peculiaridades. Tal análise permitiria, enfim, estabelecer os elementos conformadores das medidas a serem adotadas pelas organizações em sua postura perante o mercado, inclusive as suas estratégias genéricas, quaisquer que sejam os seus objetivos corporativos. Poder-se-ia dizer que a melhor maneira de se organizar uma instituição depende da natureza do ambiente com o qual a organização deve se relacionar.

A esta tipologia simplificada poder-se-iam acrescentar as instituições de ensino superior — IESs como uma categoria distinta de organização social, que se aproxima bastante daquelas organizações de prestação de serviços. Conforme *Recomendações às IESs*, geradas no Seminário "Contribuições à Definição de uma Nova Política de Ensino Superior", é enfatizada a importância de observar a diferenciação que existe entre IES e outras instituições, como, por exemplo, as empresas, reservando para a sua análise e propostas de mudança a aplicação de normas condicionadas a parâmetros adequados à sua natureza e às suas funções, que são específicas de uma instituição de ensino.

Características comuns às instituições de ensino

Conforme a Abmes,[9] é importante enfatizar a diferenciação entre a instituição de ensino e outras organizações, destacando-se as características que a distinguem de quaisquer outras instituições. Assim, para a sua análise e suas propostas de mudança, devem-se aplicar normas condicionadas a parâmetros adequados à sua natureza e às suas funções.

O setor educacional, composto pelas instituições de ensino superior — IESs, quando analisados apenas os estabelecimentos de ensino de nível superior de caráter privado, apresenta, no seu todo, as seguintes características:

- diferenciação das instituições de ensino em função de sua localização geográfica, tanto em termos qualitativos (porte, tipo de cursos oferecidos, qualificação do corpo docente e demais peculiaridades intrínsecas), quanto em termos quantitativos, em face do diferente grau de concentração geográfica de IES por região do país (por exemplo, na região Sudeste há uma maior concentração de instituições de ensino);
- baixa concentração de IES nas suas áreas geográficas de atuação, sem participação majoritária de nenhuma instituição, apesar de eventual existência de poucas organizações de porte significativo;
- interdependência entre as IESs da mesma região, daí o comportamento e desempenho de uma instituição ter reflexo direto sobre as demais, bem como o fato de que quanto menor for o número de instituições e quanto mais semelhantes em termos de porte, maior será a interdependência entre tais instituições;
- não há grande diversidade entre as tecnologias educacionais e de processos utilizadas pelas instituições;
- existência de barreiras legais e governamentais à entrada de novas instituições;
- elevada regulamentação estatal/governamental;
- competição básica, via lançamento de novos cursos, em busca de novos clientes;
- significativo volume de investimentos e de capital para entrada no setor;
- produto gerado — alunos — detentor de alto conteúdo tecnológico e de conhecimento;

---

[9] Abmes, 1997.

Caracterização de uma Instituição de Ensino Típica

- pouca diferenciação de produtos por parte das instituições, sendo normalmente homogêneos; a diferenciação se dá no tocante à qualidade e às especificações didático-pedagógicas, e sua demanda é por demais dependente da taxa de crescimento da população estudantil;
- instituições de ensino já instaladas detêm significativo controle sobre o setor, em sua área de atuação, com domínio dos fornecedores/docentes da região.

É um setor da economia cujos integrantes — as instituições de ensino —, para sua sobrevivência e conhecimento, intuitivamente já utilizam (ou virão a utilizar a curto prazo) estratégias genéricas, comuns a todas as IESs.

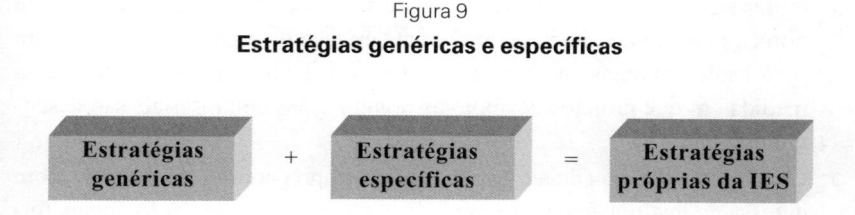

Figura 9
Estratégias genéricas e específicas

Estratégias genéricas + **Estratégias específicas** = **Estratégias próprias da IES**

O *modelo de gestão* proposto considera a existência de *estratégias genéricas* e de *estratégias específicas*, cujo agregado conforma as estratégias próprias de cada IES. Ou seja, o *modelo de gestão* proposto é sistêmico e metodológico, separando as variáveis estruturais, comuns a todas as IESs, daquelas específicas e singulares a cada instituição de ensino.

O presente capítulo procurou abordar apenas aquelas *estratégias genéricas* normalmente advindas de decisões a serem tomadas em função das variáveis ambientais próprias do setor educacional. Tais estratégias podem ser adotadas, principalmente, em termos de:

- criação e manutenção de um verdadeiro banco de dados de talentos (professores), dada a exigência de mão de obra altamente qualificada;
- diferenciação estabelecida em nível de qualidade e serviços agregados, em face da homogeneidade dos produtos/cursos;
- ampliação da capacidade instalada, com acréscimo de novos cursos a serem ofertados ao mercado, prevendo potencial crescimento de mercado;

- adoção de tecnologias educacionais inovadoras como meio de se obter um posicionamento competitivo;
- melhoria da qualidade da IES como um todo e, em particular, maior rigor acadêmico em relação tanto ao corpo docente quanto aos cursos oferecidos à clientela;
- implementação de cursos de especialização, cursos sequenciais e outras formas de ensino complementares aos cursos de graduação, com estreita interação teoria-prática;
- implementação de novos produtos/cursos, tendo em vista fazer frente à concorrência, inclusive com a preparação de cursos a serem lançados quando a conjuntura assim permitir, ou em função de mudanças havidas no mercado;
- utilização de formas alternativas de prestação de serviços ao mercado, do tipo empresa júnior, com a consequente criação de espaço de atuação para os docentes e alunos, que teriam oportunidade de unir a teoria à prática, na medida em que projetos de apoio às organizações empresariais são desenvolvidos;
- convênios com potenciais organizações empregadoras da mão de obra egressa da instituição de ensino visando à colocação dos profissionais formados;
- desenvolvimento de programas de integração com a comunidade empresarial da região, promovendo uma interação nos dois sentidos: com visitas de alunos às organizações locais e participação de executivos dessas organizações em conferências e palestras na IES;
- convênios e parcerias com instituições de ensino similares nacionais e do exterior, objetivando o intercâmbio de conhecimentos, de programas e conjuntos e de projetos de pesquisa;
- realização de programa permanente de pesquisa socioeconômica (e projetos correlatos) junto às organizações de seu entorno, com a participação do corpo docente e discente, visando a conhecer seu perfil e a servir de centro de informações sobre a comunidade local (criação e preservação de acervo e banco de dados);
- realização de programa permanente de consulta e pesquisa junto às organizações empresariais com o intuito de conhecer o tipo de profissional, de curso e de disciplinas que o mercado está buscando;

- criação de conselho de empresários, executivos e lideranças locais que, através de reuniões com representantes da IES, professores e alunos, estabeleceria um canal de comunicação e subsidiaria a gestão estratégica da instituição de ensino em seus diferentes níveis (plano estratégico, plano pedagógico, currículo do curso e avaliação institucional). De forma análoga, incentivar a criação de associação de ex-alunos, congregando profissionais formados que na realidade são executivos/empresários do mercado;
- parcerias com fornecedores de tecnologia e equipamentos na área educacional;
- participação intensiva junto às entidades de classe com vistas a influenciar na regulamentação legal do setor;
- incentivo ao corpo docente para a publicação de trabalhos científicos e de iniciação nessa área, na forma de artigos, livros, relatórios de pesquisas e outros equivalentes, através de mídia própria ou veículos da comunidade acadêmica e não acadêmica;
- utilização das tecnologias da informação para fins de gerenciamento do conhecimento, com menor ênfase na administração de dados e de informações;
- convênios com bibliotecas de instituições de ensino e demais entidades para acesso on line ao acervo bibliográfico disponível na comunidade;
- ênfase na redução dos custos operacionais, cujos custos fixos representam parcela significativa na estrutura dos custos totais.

Como define Franco,[10] a instituição de ensino, seja de que nível, de que grau ou de que tipo for, especialmente a escola particular, é fruto da reunião de educadores, em um ou mais de um local, com filosofia, princípios, diretrizes e estratégias comuns transformadores da sociedade.

---

[10] Franco, 1997.

Capítulo 3

Conceitos e pressupostos do modelo proposto

Uma vez fixada a noção conceitual preliminar do *modelo de gestão* proposto, que é a compreensão do meio ambiente, com *variáveis controláveis* e *não controláveis*, e sua relação com a instituição de ensino inserida nesse contexto, procura-se estabelecer os conceitos e pressupostos desse modelo de gestão. Conforme já explicitado, tal noção conceitual permitiria não apenas estabelecer os traços comuns a uma IES, como também delinear as estratégias genéricas inerentes a uma instituição de ensino típica. Isto subsidiaria a formulação do modelo de gestão, do *geral para o particular*, e de *fora para dentro* da instituição de ensino, dada a permanente interação desta com o meio ambiente, o que faz suas decisões refletirem os efeitos das alterações ambientais. Assim se teria um modelo de gestão que estabeleceria a ligação entre a missão e o efetivo atendimento das expectativas do cliente. Seriam estabelecidos, ainda, os contornos conceituais de um *modelo de gestão* intencional, concebido de forma ampla, sem entrar no mérito dos detalhes, que são singulares e próprios de cada IES, com o fim de servir como referencial para o processo de gestão.

O modelo de gestão proposto adota, em sua fundamentação conceitual, o *enfoque sistêmico* e *princípios da qualidade*, que embasam toda a proposta metodológica, apresentada ao longo desta obra. Os pressupostos enunciados neste capítulo visam a estabelecer, portanto, os contornos filosóficos conceituais que conformam o *modelo de gestão* como um instrumento de gerenciamento de uma IES típica. A gestão de uma instituição de ensino típica, aqui entendida como um conjunto de decisões assumidas a fim de obter um equilíbrio dinâmico entre missão, objetivos, meios e atividades acadêmicas e administrativas.

Enfoque sistêmico

Um dos grandes problemas com que se defrontam as organizações, inclusive as instituições de ensino, é a visão extremamente segmentada, setorizada ou atomística que a maioria tem delas mesmas. Isto leva a conflitos e divergências operacionais que minimizam o resultado dos esforços. Com relação a uma instituição de ensino, deve-se adotar uma visão sistêmica, global, abrangente e holística da IES, que possibilitaria perceber as relações de causa e efeito, o início, o meio e o fim, ou seja, as inter-relações entre recursos captados e valores obtidos pela instituição.

Figura 10
Enfoque sistêmico na IES

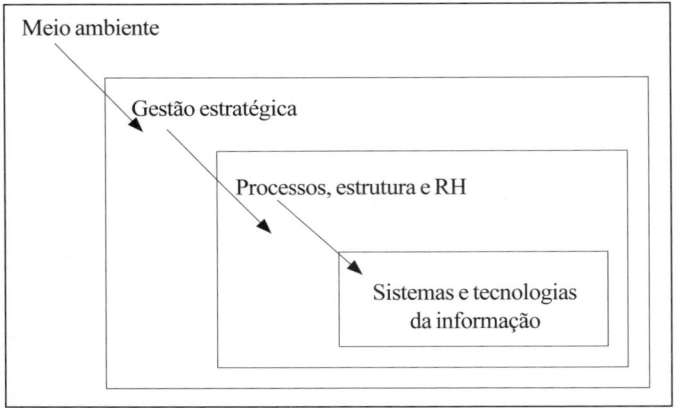

Meio ambiente

Gestão estratégica

Processos, estrutura e RH

Sistemas e tecnologias da informação

A adoção do enfoque sistêmico permite que a instituição de ensino analise o meio ambiente e defina o cenário provável, de longo prazo, a partir do qual se delineiam objetivos institucionais e respectivas estratégias para atingi-los. Posteriormente, são identificados processos sistêmicos-chave, indispensáveis para dar suporte a tal delineamento estratégico. Com isso, criam-se condições para estabelecer/revisar a configuração organizacional, os recursos humanos e demais recursos, necessários ao atingimento dos objetivos estratégicos. Em seguida, identificam-se as tecnologias da informação e sistemas/*software* que darão suporte à infraestrutura organizacional estabelecida (processos-chave, configuração organizacional, estrutura de recursos humanos e programas de alocação dos demais recursos).

Na abordagem sistêmica, o foco da atenção se transfere da análise da interação das partes para o todo, contrariamente ao pensamento pré-sistêmico, no qual o método analítico procurava chegar à compreensão do todo a partir do estudo independente das partes. No método analítico, contrariamente ao adotado no enfoque sistêmico, o comportamento de um todo não é interpretado em face de sua inserção em um contexto mais amplo, que é o sistema maior do qual faz parte.

Nesse contexto, a instituição de ensino deve ser visualizada como um conjunto de partes em constante interação, constituindo-se um todo orientado para determinados fins, em permanente relação de interdependência com o ambiente externo. A adoção do enfoque sistêmico, que considera a instituição um *macrossistema* aberto interagindo com o meio ambiente, pode ser entendida como um processo que procura converter recursos em produtos — *serviços educacionais* —, em consonância com seu modelo de gestão, missão, crenças e valores corporativos.

A abordagem sistêmica, ou horizontal, de uma instituição de ensino representa, ainda, uma perspectiva diferente que permite visualizar: a) o cliente, o produto e o fluxo de atividades do ensino-aprendizagem; b) como o trabalho é realmente feito pelos processos que atravessam as fronteiras funcionais; c) os relacionamentos internos entre cliente-fornecedor, por meio dos quais são produzidos os produtos/serviços educacionais.

O enfoque sistêmico propicia uma visão macroscópica da instituição de ensino, que é o ponto de partida para a concepção do *modelo de gestão* que possibilitaria à IES responder eficazmente à nova realidade, de concorrência acirrada e de mudanças nas expectativas dos clientes. Essa macrovisão permite considerar a instituição de ensino um macrossistema que converte diversas entradas de recursos em saídas de produtos e serviços, que ela fornece para sistemas receptores ou mercados.

A instituição de ensino é guiada por critérios próprios e *feedback* interno, mas é, em última instância, conduzida pelo *feedback* de seu mercado. A concorrência também está recorrendo àqueles recursos e fornecendo seus produtos e serviços ao mesmo mercado. Todo esse cenário organizacional ocorre no ambiente social, econômico e político. Visualizando internamente as IESs, podem-se identificar funções que, interligadas na forma de processos sistêmicos, existem para converter as diversas entradas em produtos ou serviços. A instituição de ensino como um todo tem um mecanismo de controle, que é o seu processo de gestão, que interpreta e reage ao *feedback* interno e externo, de modo que a IES fique equilibrada quanto ao ambiente externo.

Analisando as organizações bem-sucedidas, constata-se a crescente importância da filosofia básica (princípios, crenças e valores compartilhados), que influi muito mais em suas realizações do que os recursos econômicos e tecnológicos disponíveis.

De fato, o êxito de uma IES irá cada vez mais depender de uma sólida base de princípios, crenças e valores institucionais, que permitam melhor orientar e coordenar os esforços e talentos individuais e de equipe, para metas e objetivos maiores da instituição de ensino.

Com a aplicação do enfoque sistêmico, cada instituição de ensino tende a se constituir em um conglomerado de unidades acadêmicas ou centros de resultados para cada curso (ou programa), que atuariam como IESs independentes dentro do todo maior da instituição.

Com tal abordagem, fica patente a influência da filosofia institucional calcada nas missões, crenças e valores. Quanto mais ela for arraigada e compartilhada no ambiente organizacional, menor será a exigência de formalização das regras de gestão ou de explicitação de normas, políticas e/ou procedimentos. Inversamente, quanto maior for o grau de oficialização de normas e procedimentos, maior a probabilidade de a instituição de ensino estar adotando uma estrutura conservadora e inflexível.

Aplicado à análise global das atividades da instituição de ensino, em permanente interação com o meio ambiente, o enfoque sistêmico permite compreender que a interpretação da realidade organizacional é um fator-chave para a sobrevivência da IES. Dessa constatação infere-se que o ambiente externo ou mercado é um fator contingencial que estabelece parâmetros, limites, propostas e desafios a serem interpretados e tornados significativos, de acordo com a escala de valores vigente na instituição.

É através da construção da realidade, por parte da instituição de ensino, que os parâmetros e desafios do mercado adquirem significados e estruturam decisões e ações, que serão favoráveis ou não, recompensadoras ou prejudiciais, conforme o nível de ajustamento daquela construção aos limites e à ação seletiva do meio ambiente.

A *abordagem sistêmica*, presente em todos os elementos do modelo de gestão, visualiza a instituição de ensino de *fora para dentro*, de *cima para baixo* e do *geral para o particular*.

Filosofia e princípios da qualidade

A qualidade nas instituições de ensino deve ser entendida como uma filosofia que embasa o modelo de gestão proposto. Aqui se define como *modelo de ges-*

tão o conjunto de decisões exercidas, sob princípios de qualidade preestabelecidos, com a finalidade de atingir e preservar um equilíbrio dinâmico entre objetivos, meios e atividades no âmbito das instituições de ensino.

A filosofia da qualidade, portanto, não deve ser encarada como uma mudança com data de início e fim, porém como um processo contínuo com intensa participação de todos os níveis da IES, de *cima para baixo*, e partindo da cúpula diretiva da instituição. Para ser instrumentalizada na prática, a filosofia deve dispor de ferramentas e técnicas para dar suporte ao processo de gestão, com base na definição das missões, estratégias corporativas, configuração organizacional, recursos humanos, processos e sistemas.

Princípios da qualidade permeando toda a IES

O QUE (escolha das atividades certas)	▫ Missão ▫ Estratégias institucionais
QUEM — ONDE (pessoas e recursos alocados)	▫ Configuração organizacional ▫ Gestão de recursos humanos
COMO (pessoas das atividades)	▫ Processos sistêmicos ▫ Sistemas/tecnologias da informação

Como fator a reforçar a importância do emprego desses elementos, destaca-se a adoção da filosofia da qualidade total e certificação ISO 9000 no âmbito das organizações. Tal fato vem provocando um verdadeiro movimento no sentido da melhoria dos processos e, principalmente, dos produtos finais gerados nessas organizações. No caso particular das instituições de ensino, com um enfoque intraorganizacional, os princípios da qualidade, na forma proposta pelo modelo de gestão, permeiam toda a IES, e no plano interorganizacional, abrangendo fornecedores, clientes externos e entidades externas, ampliam virtualmente suas fronteiras. A sugestão é a implementação da gestão da qualidade no âmbito da IES, contrariamente à dimensão parcial de controle da qualidade apenas na saída dos produtos-serviços educacionais.

Figura 11
Princípios da qualidade e as IESs

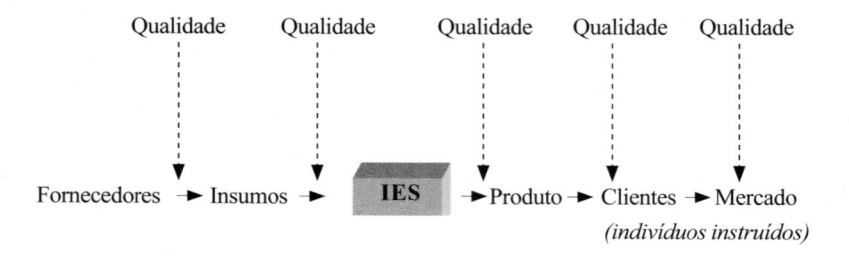

Qualidade   Qualidade   Qualidade   Qualidade   Qualidade

Fornecedores → Insumos → IES → Produto → Clientes → Mercado
(indivíduos instruídos)

A proposta desta obra é que as instituições de ensino utilizem a filosofia da qualidade aliada ao enfoque sistêmico. Com essa visão global, abrangente e holística, seria possível aos gestores da IES atuar, de forma contínua, nas relações de causa e efeito, no início, meio e no fim, ou seja, nas inter-relações entre recursos captados e valores obtidos pela instituição de ensino. Explicitado de outra maneira, poder-se-ia dizer que, contrariamente à abordagem tradicional da qualidade, em que se atua apenas no final do processo produtivo, ou seja, na saída final do produto, sugere-se que a atuação e a gestão da qualidade ocorram ao longo de toda a cadeia de agregação de valores da instituição de ensino (atuando, inclusive, na melhoria da qualidade dos candidatos/vestibulandos).

A adoção do enfoque sistêmico, combinada com o conceito global de gestão da qualidade, permite que a instituição de ensino analise o meio ambiente e defina o cenário provável, de longo prazo, a partir do qual são delineados os objetivos institucionais e as respectivas estratégias para atingi-los. Posteriormente, são identificados os processos sistêmicos-chave necessários para dar suporte a tal delineamento estratégico. Com tais processos-chave identificados, criam-se condições para estabelecer/revisar a configuração organizacional, os recursos humanos e demais recursos, necessários ao atingimento dos objetivos estratégicos. E, na sequência, identificam-se as tecnologias da informação e sistemas/*software* que darão suporte à infraestrutura organizacional estabelecida (processos-chave, configuração organizacional, estrutura de recursos humanos e programas de alocação dos demais recursos).

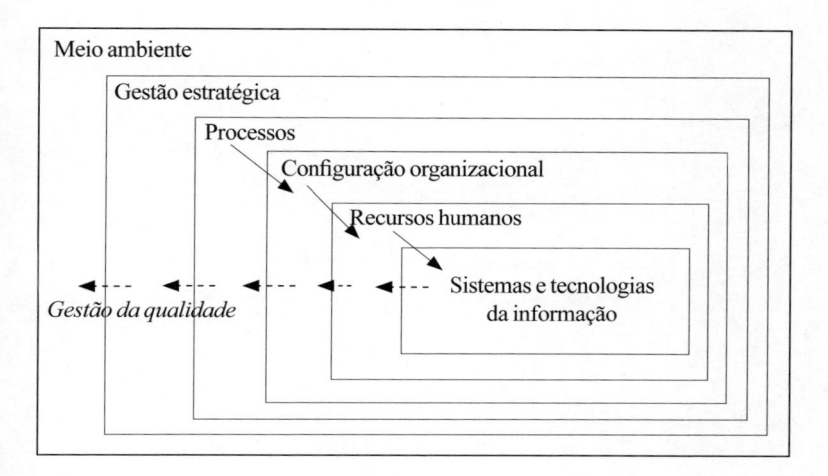

Figura 12
Gestão da qualidade na IES

```
Meio ambiente
    Gestão estratégica
        Processos
            Configuração organizacional
                Recursos humanos
                    Sistemas e tecnologias
    Gestão da qualidade              da informação
```

Essa filosofia e princípios integram e embasam o *modelo de gestão* proposto. Maiores esclarecimentos a respeito são encontrados na parte V — "Qualidade nas instituições de ensino".

CAPÍTULO 4

Um modelo de gestão aplicável às instituições de ensino

Referencial de gestão

O *modelo de gestão*, como uma abstração da realidade, foi estabelecido com o fim de representar instrumentos e técnicas que, de forma integrada, possam constituir suporte ao gerenciamento de uma instituição de ensino típica. Procura fixar suas linhas genéricas, mas os detalhes e a forma de interação entre aqueles instrumentos e técnicas dependem das particularidades de cada IES. Nesse sentido, o *modelo de gestão* proposto é sistêmico e metodológico, segregando as variáveis estruturais, comuns a todas as IESs, daquelas específicas e singulares a cada instituição de ensino.

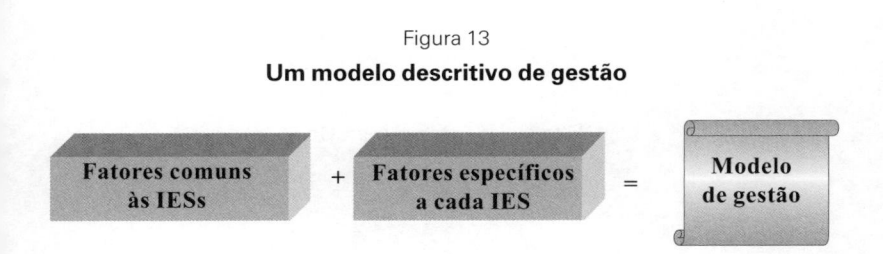

Figura 13
Um modelo descritivo de gestão

Fatores comuns às IESs + **Fatores específicos a cada IES** = **Modelo de gestão**

De fato, certas estratégias e instrumentos de gestão são comuns a todas as instituições. No entanto, existem estratégias específicas e instrumentos particulares que variam em função das crenças, valores e estilo de gestão que são singulares a cada IES. O modelo de gestão foi concebido para uma instituição de ensino típica, pois fazê-lo especificamente para uma determinada IES implicaria incorporar as crenças e valores da instituição. Ou seja, a implementação do modelo de gestão em cada IES deve levar em conta, ainda, os fatores subjetivos presentes em cada instituição de ensino, tais como: cultura, estilo de gestão do principal dirigente, crenças e valores, e demais fatores subjetivos.

A presente obra, portanto, procurou abordar apenas os fatores comuns a todas as IESs. São conceitos e pressupostos/princípios estabelecidos a partir da experiência prática dos autores. Assim, aspectos subjetivos (cultura, intuição, estilo do gestor principal, crenças e valores etc.) inerentes ao processo decisório não serão abordados neste modelo. A mensagem é a de que o papel inerente ao gestor em uma instituição de ensino seja determinado pelas tarefas e regras de gestão que lhe competem e não pela *personalidade* de quem, eventualmente, o ocupa.

A visão mais simplificada de uma instituição de ensino é aquela constituída dos *insumos* (ou entradas do processo organizacional) e da *transformação* e processamento dos insumos (conjunto de processos que constituem a organização) em *produtos* finais gerados e colocados à disposição do mercado.

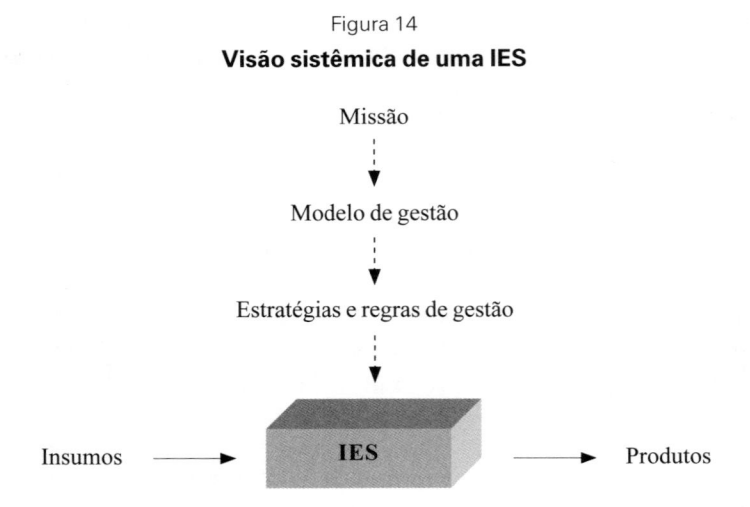

Figura 14
Visão sistêmica de uma IES

Missão
▼
Modelo de gestão
▼
Estratégias e regras de gestão
▼

Insumos ⟶ IES ⟶ Produtos

Na concepção do modelo de gestão, incorporou-se a noção conceitual preliminar de compreensão do meio ambiente no qual a IES está inserida, de sua caracterização em termos de traços comuns, de identificação das estratégias genéricas a que está sujeita, independentemente das singularidades próprias a cada instituição de ensino.

Como um modelo descritivo, de cunho sistêmico e metodológico, foram levados em conta ainda os princípios e pressupostos que estabelecem os fundamentos conceituais e filosóficos que permeiam o processo de gestão da IES. Tornou-se necessário distinguir:

- fornecedores;
- insumos;
- clientes internos;
- produtos;
- clientes finais e mercado.

Conforme já explicitado, por *fornecedores* entendem-se as entidades/ agentes que fornecem insumos à instituição de ensino, na forma de bens, serviços, capital e demais recursos, que pela sua natureza constituem os insumos necessários às atividades internas das IESs. Neste contexto, a figura do professor surge como o principal fornecedor da IES.

Os *clientes internos* são representados pelos funcionários da IES e, principalmente, pelos alunos/estudantes. O aluno, embora seja *cliente interno*, por conviver com a IES e dela receber conhecimentos ao longo do processo ensino--aprendizagem, também pode ser considerado *cliente externo*. Em uma outra dimensão, a instituição de ensino presta serviços aos alunos, que contratam, utilizam e pagam mensalidades escolares por conta disso, podendo, portanto, ser considerados os *clientes* da IES. Nessa linha de raciocínio, são clientes não só os alunos, mas todas as pessoas envolvidas no processo ensino-aprendizagem, quer estejam dentro ou fora da instituição de ensino.

Seja qual for a dimensão em que se considere o *cliente*, quer o *aluno*, como *cliente intermediário* ou apenas *cliente*, quer as *organizações empregadoras* dos alunos formados, como *clientes finais*, o importante é saber quem são *eles*, aqueles para os quais a instituição de ensino existe. Ou seja, não há IES que sobreviva às exigências dos novos tempos se as expectativas de seus clientes não forem ouvidas, interpretadas e atendidas.

Por *produto*, como o resultado de uma série de atividades, e para efeito desta obra, entende-se o profissional formado, de acordo com as especificações sinalizadas pelo mercado. Sob outra perspectiva, poderiam ser considerados produtos os conhecimentos gerados pela instituição de ensino, assim como os demais serviços educacionais e pesquisa demandados pelo mercado.

Como já explicitado, *mercado* é aqui considerado o conjunto de clientes externos, que, por sua vez, é constituído das organizações que potencialmente irão absorver os profissionais formados e colocados à disposição pelas instituições de ensino. Dessa forma, empresas públicas e privadas, indústrias manufatureiras, organizações governamentais e demais entidades que constituem os diferentes setores da economia são os clientes finais do produto (profissional formado) colocado à disposição da comunidade. O agrupamento de tais organizações com interesse real ou potencial por produtos educacionais ofertados pelas IESs constituiria o mercado.

Figura 15
Insumos, produtos e clientes

FORNECEDORES ⟶ Insumos ⟶ IES ⟶ Produtos ⟶ MERCADO/CLIENTES

Essa distinção é importante porque, na medida em que o cliente é identificado de forma ampla, torna evidente para quem a IES está formando o profissional e possibilita que as necessidades do cliente sejam identificadas e internalizadas no processo ensino-aprendizagem. Ou seja, ao identificar que tipo de cliente o mercado está demandando, a IES poderia traçar o perfil profissiográfico, especificando-o na forma de conteúdo curricular, a fim de tornar o produto final (profissional formado) compatível com as exigências requeridas pelo mercado.

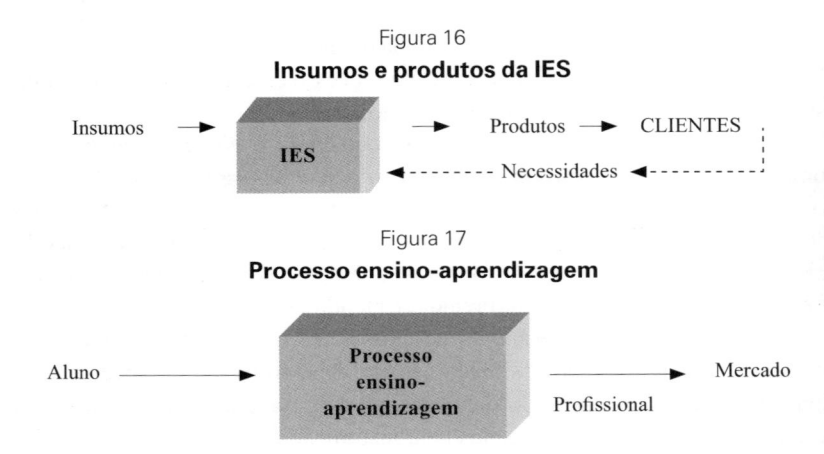

Figura 16
Insumos e produtos da IES

Insumos ⟶ IES ⟶ Produtos ⟶ CLIENTES
⟵ - - - - - - - Necessidades ⟵ - - - - - - - -

Figura 17
Processo ensino-aprendizagem

Aluno ⟶ Processo ensino-aprendizagem ⟶ Profissional ⟶ Mercado

Os modelos exemplificados anteriormente poderiam ser complementados com a inserção da figura do fornecedor, que é a origem dos insumos/entradas, e a do cliente e correspondente *feedback* do mercado (necessidades e expectativas atendidas e futuras), resultando no modelo da figura 18.

Figura 18
Insumos, produtos e clientes nas IESs

FORNECEDORES → Insumos → IES → Produtos → CLIENTES;
◄--- Necessidades ◄---------

Elementos componentes do modelo de gestão

O modelo de gestão tem como embasamento filosófico o *enfoque sistêmico*, no qual a compreensão do todo é mais importante do que o mero conhecimento das partes e a instituição é considerada um *macrossistema*. Nesse modelo, adota-se, ainda, a abordagem do geral para o particular e de *fora para dentro*, com a análise do ambiente ocorrendo de forma apriorística à análise interna da instituição de ensino.

Figura 19
Modelo de gestão da IES

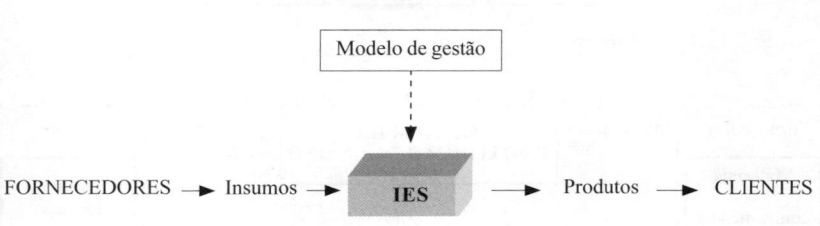

Modelo de gestão

FORNECEDORES → Insumos → IES → Produtos → CLIENTES

Nessa visão do modelo de gestão, destaca-se a existência de um fluxo físico, ou cadeia de agregação de valores, que se origina nos fornecedores, perpassa toda a instituição e se encerra no cliente final. Paralelamente, ocorre um fluxo virtual de decisões e informações, ao lado do ciclo econômico e financeiro, este último em sentido inverso à cadeia de agregação de valores (do recebimento de mensalidades ao pagamento de fornecedores).

No modelo de gestão é sugerido, com bastante ênfase, que se considere a instituição de ensino com suas *fronteiras ampliadas* de tal maneira que, virtualmente, a mesma se integre com as entidades externas, sobretudo com fornecedores e clientes finais (organizações empregadoras dos profissionais formados pela IES).

A instituição de ensino, nos contornos delineados pelo modelo de gestão, deve estar voltada para inserir os profissionais formados no mercado de trabalho, e não apenas para formá-los independentemente das necessidades das organizações empregadoras, que, na realidade, constituem os clientes finais das IESs. Para tanto, a proposta é que as instituições de ensino mantenham um permanente processo de pesquisa (projetos de pesquisas de mercado) ou consultas (criação de conselho de empresários/executivos no âmbito das IESs) junto às entidades componentes do mercado de trabalho. Iniciativas como empresa júnior, associações de ex-alunos, convênios de estágios, ciclo de palestras de executivos e outras formas de interação com o mercado podem promover uma estreita interligação com a comunidade empresarial.

Uma visão de conjunto do modelo de gestão proposto é mostrada na figura 20 e explicitada a seguir.

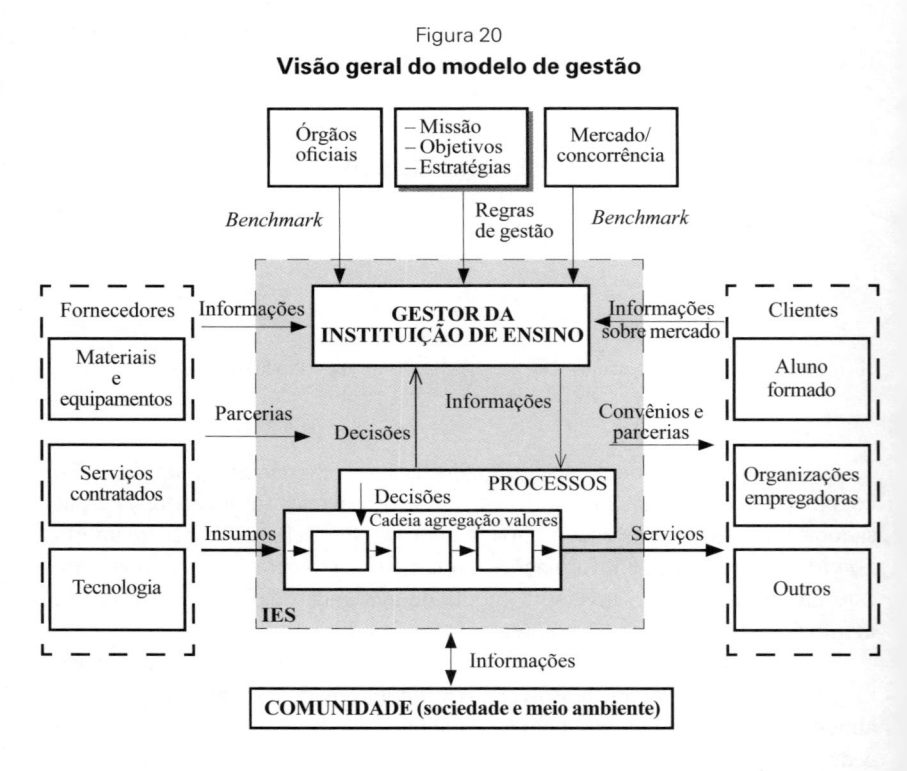

Figura 20
Visão geral do modelo de gestão

O modelo de gestão proposto não tem a pretensão de ser completo, assim como não inclui aspectos presumivelmente de pleno domínio dos gestores das IESs, tais como: contabilidade, custos, tesouraria, finanças, compras, suprimento e outros elementos correlatos. A tradicional função de marketing, tão comum nas estruturas e modelos gerenciais das organizações empresariais, encontra-se naturalmente incorporada na *gestão estratégica*.[11] Os costumeiros conceitos relacionados a composto de marketing e mercados-alvo, que podem ser decodificados em termos de decisões sobre produto/projeto pedagógico de curso, formulação de preço/mensalidade, comunicação e distribuição, aplicam-se perfeitamente à gestão das IESs.

Na concepção do modelo de gestão, conforme já explicitado, incorporou-se a noção conceitual preliminar de compreensão do meio ambiente no qual a IES está inserida, de sua caracterização em termos de traços comuns, de identificação das estratégias genéricas a que está sujeita, independentemente das singularidades próprias a cada instituição de ensino.

Como um modelo descritivo, de cunho sistêmico e metodológico, leva em conta ainda os princípios e pressupostos que, por sua vez, estabelecem os fundamentos conceituais e filosóficos que permeiam o processo de gestão da IES. O modelo de gestão se apoia nos elementos explicitados ao longo desta obra, quais sejam:

- planejamento estratégico;
- projeto pedagógico;
- indicadores e *benchmarking*;
- processos, configuração organizacional e tecnologias da informação;
- recursos humanos;
- qualidade e critérios de avaliação.

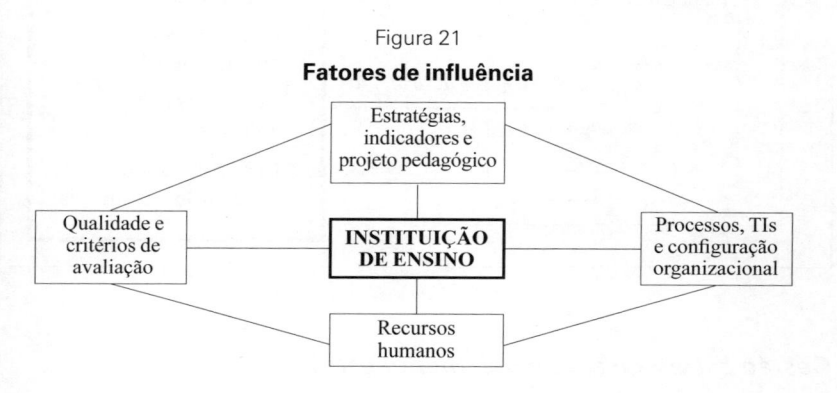

Figura 21
Fatores de influência

---
[11] Ver capítulo 5.

Mesmo em se tratando de uma IES sem fins lucrativos, aspectos relacionados à gestão econômica e aos recursos financeiros não poderiam deixar de ser considerados parte integrante do seu *modelo de gestão*. Ou seja, ao lado do fluxo produtivo/cadeia de agregação de valores e do ciclo de decisões/informações, existe o fluxo econômico e financeiro nas IESs, que deve ser levado em conta, com especial ênfase à sensibilidade dos embolsos financeiros das mensalidades/receitas às variáveis econômicas do meio ambiente. Entretanto, tais elementos foram omitidos na concepção do *modelo de gestão* proposto nesta obra, por serem assuntos exaustivamente tratados pela literatura existente, além de serem inerentes a qualquer tipo de organização, e não apenas às instituições de ensino.

Os mesmos elementos do modelo de gestão, vistos sob uma outra dimensão, poderiam ser representados como na figura 22.

Figura 22
Modelo de gestão aplicável a uma IES típica

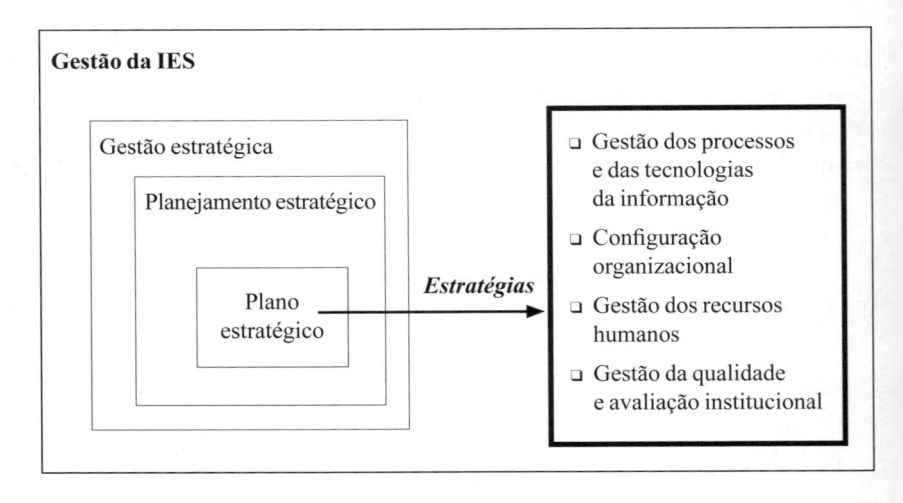

Gestão da IES

Gestão estratégica

Planejamento estratégico

Plano estratégico → *Estratégias*

- Gestão dos processos e das tecnologias da informação
- Configuração organizacional
- Gestão dos recursos humanos
- Gestão da qualidade e avaliação institucional

Gestão estratégica e planejamento estratégico

O planejamento estratégico em uma instituição de ensino pode ser entendido como o conjunto de decisões programadas previamente, relativas ao que deve ser feito na IES a longo prazo. Consoante Guerreiro Ramos,[12] "administrar é pôr em prática uma estratégia tanto no nível microssocial como no nível macrossocial", ou seja, operacionalmente, as estratégias devem direcionar a gestão das instituições de ensino.

Na figura 23, tem-se uma visão geral do processo de planejamento estratégico em uma IES típica e suas variáveis controláveis e não controláveis.

Figura 23
Modelo de gestão e fatores de influência

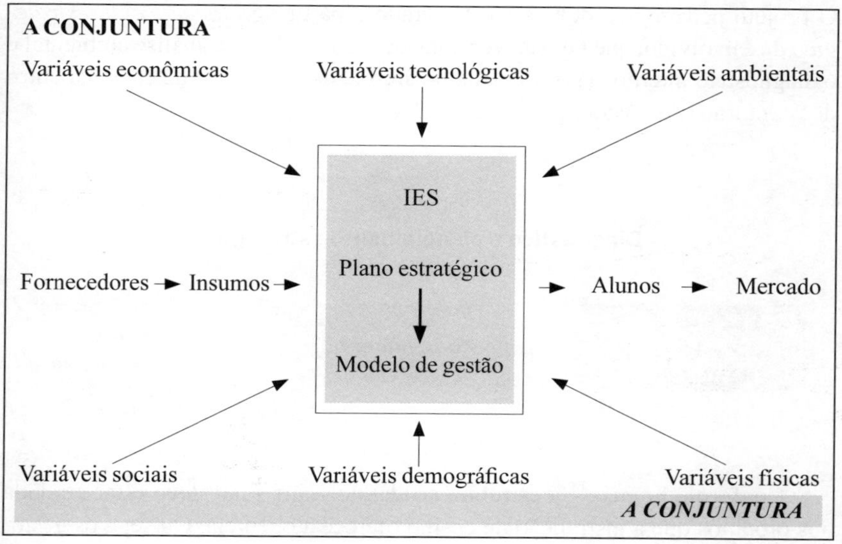

```
A CONJUNTURA
Variáveis econômicas    Variáveis tecnológicas    Variáveis ambientais

                        ┌─────────────────┐
                        │      IES        │
Fornecedores → Insumos →│ Plano estratégico│→ Alunos → Mercado
                        │       ↓         │
                        │ Modelo de gestão │
                        └─────────────────┘

Variáveis sociais    Variáveis demográficas    Variáveis físicas
                                                    A CONJUNTURA
```

O delineamento estratégico de uma instituição de ensino, conforme abordado no capítulo 5, tem como subprodutos, principalmente, o *projeto pedagógico* e o *regimento escolar*. Por projeto pedagógico entende-se a estrutura acadêmico-curricular, e como regimento escolar, as regras de gestão e de relacionamento com alunos, professores e demais agentes que influam no processo ensino-aprendizagem.

Já o controle estratégico e operacional, como etapa complementar ao ciclo de planejamento, é abordado no capítulo 6. A recomendação é que o

---
[12] Ramos, 1966.

controle seja exercido de forma objetiva e *macroscópica* na IES, através de indicadores de gestão, de qualidade e de desempenho. A visão dos autores é a de que não pode existir uma gestão eficaz sem a correspondente avaliação das ações desenvolvidas pela IES. É condição indispensável ao processo de gestão a adoção de indicadores que mensurem os resultados das ações dos gestores, de forma a subsidiar decisões corretivas a serem internalizadas, principalmente, no processo ensino-aprendizagem das instituições de ensino.

Projeto pedagógico

O projeto pedagógico deve ser estruturado a partir do *planejamento estratégico* desenvolvido, que por sua vez considera o teor de uma análise ambiental e o diagnóstico interno, a ser efetuado no âmbito da instituição de ensino, dentro dos contornos delineados pelo *modelo de gestão*.

Figura 24
Diagnóstico e planejamento estratégico

Modelo de gestão → Planejamento estratégico → Projeto pedagógico

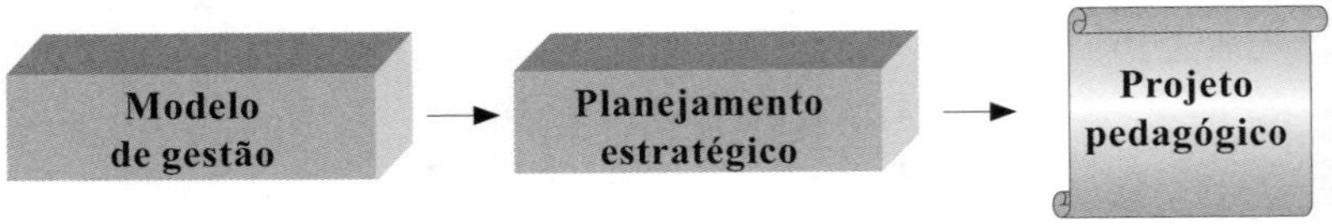

Conforme Franco,[13] a estrutura acadêmico-curricular deve estar atrelada aos produtos que a instituição de ensino oferece à clientela. Ou seja, os gestores da IES devem ter consciência do que estão oferecendo à comunidade, que não é, em qualquer grau ou nível, apenas a informação, mas também a formação; assim, terão que se preocupar não só com a disposição das matérias e disciplinas em currículos plenos, mas também com o modo como vão proceder para a mudança interior daqueles que a procuram.

Gestão dos processos e das tecnologias da informação

Uma outra dimensão do *modelo de gestão* diz respeito aos processos sistêmicos, configuração organizacional e tecnologias da informação, que são fatores

---
[13] Franco, 1998.

intraorganizacionais necessários ao fluxo de informações, dando suporte ao processo decisório das IESs. Ou, dito de outra maneira, as atividades inerentes a uma instituição de ensino típica poderiam ser representadas na forma de uma cadeia de agregação de valores, ou de um fluxo sistêmico, conforme explicitado a seguir.

Figura 25
Fluxo básico de uma IES

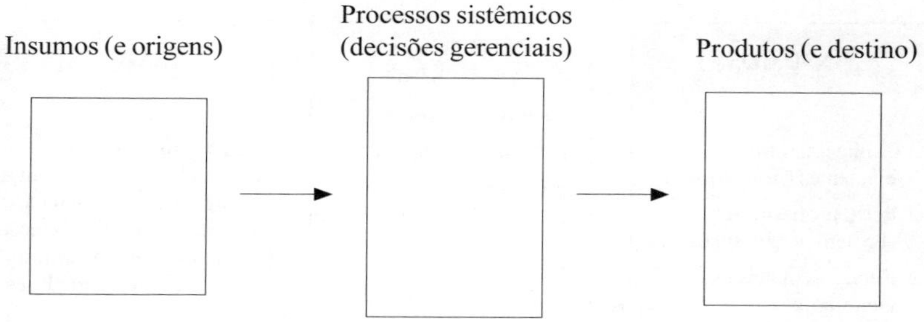

Insumos (e origens)　　Processos sistêmicos (decisões gerenciais)　　Produtos (e destino)

A cadeia de agregação de valores está relacionada às atividades-fim da IES, que são aquelas tarefas convergentes à finalidade maior da instituição — missão — e que podem ser traduzidas substantivamente em *admissão, matrícula, avaliação do aprendizado, acervo bibliográfico, tecnologias da informação aplicadas às funções acadêmicas* e *certificação final* dos alunos, entre outras atividades, ao longo do processo ensino-aprendizagem. É o conjunto de tarefas específicas e peculiares a uma instituição de ensino. Por outro lado, as atividades-meio, constituídas pelas funções que complementam aquelas atividades-fim, podem ser assim resumidas: contabilidade, registro e controle de pessoal, folha de pagamento, tesouraria, secretaria acadêmica, serviços gerais e demais atividades administrativas.

Nesta obra, no que tange aos processos sistêmicos, configuração organizacional e tecnologias da informação, o *modelo de gestão* procura enfocar, principalmente, as *atividades-fim*, uma vez que as atividades-meio são comuns e universais a qualquer tipo de organização. Essa distinção torna-se útil, inclusive, para a implementação de estratégias de subcontratação externa, junto a fornecedores/parceiros, dos serviços inerentes às atividades-meio, passíveis de terceirização.

Desdobrando o modelo, especificamente na dimensão da configuração organizacional, agora com o detalhamento das entradas, dos processos internos da IES e das saídas, ter-se-ia uma ilustração simplificada de sua aplicação, conforme explicitado na figura 26. Por processos internos entendem-se os processos produtivos (substantivamente voltados para o cumprimento da missão) e os processos de apoio (suporte aos processos produtivos).

Figura 26
Exemplo de fluxo básico de uma IES

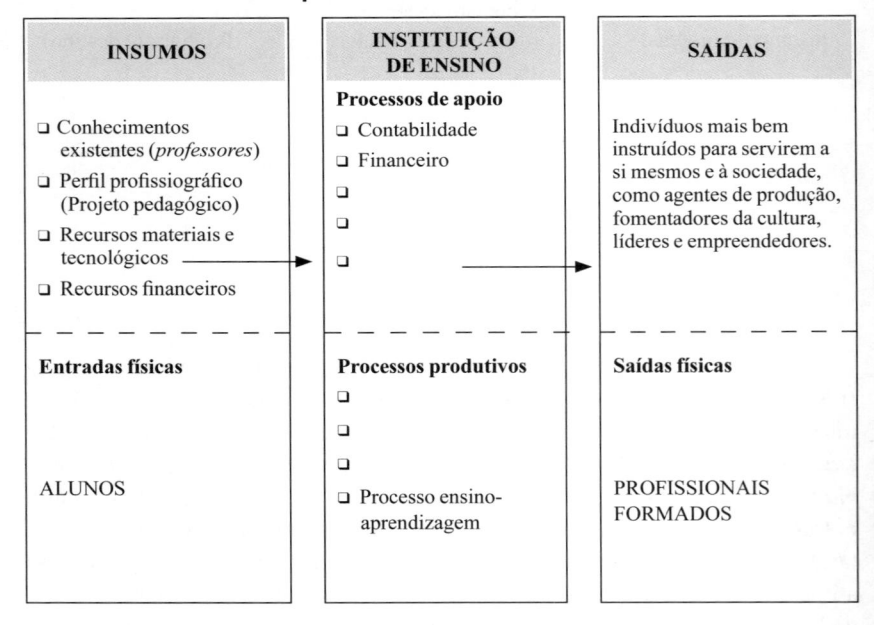

INSUMOS	INSTITUIÇÃO DE ENSINO	SAÍDAS
❑ Conhecimentos existentes (*professores*) ❑ Perfil profissiográfico (Projeto pedagógico) ❑ Recursos materiais e tecnológicos ❑ Recursos financeiros	**Processos de apoio** ❑ Contabilidade ❑ Financeiro ❑ ❑ ❑	Indivíduos mais bem instruídos para servirem a si mesmos e à sociedade, como agentes de produção, fomentadores da cultura, líderes e empreendedores.
Entradas físicas	**Processos produtivos** ❑ ❑ ❑	**Saídas físicas**
ALUNOS	❑ Processo ensino-aprendizagem	PROFISSIONAIS FORMADOS

Gestão dos recursos humanos

O paradigma pós-industrial é marcado por um confronto direto com a rigidez do fordismo. Ele se apoia na flexibilidade dos processos de trabalho, dos produtos, dos padrões de consumo e, principalmente, dos mercados de trabalho, com profundos reflexos na gestão dos recursos humanos no âmbito das organizações. Caracteriza-se pelo surgimento de setores de produção inteiramente novos, novas maneiras de fornecimento de serviços financeiros, novos mercados e, sobretudo, taxas altamente intensificadas de inovação comercial, tecnológica e organizacional.

O mercado de trabalho, portanto, diante das inúmeras transformações em marcha, vive uma radical reestruturação. Diante da forte volatilidade do mercado, do aumento da competição e do estreitamento das margens de lucro, as organizações empregadoras de pessoal tiram proveito do enfraquecimento do poder sindical e da grande quantidade de mão de obra excedente (desempregados ou subempregados) para impor regimes e contratos de trabalho mais flexíveis.

É difícil esboçar um quadro geral nítido, visto que o propósito dessa flexibilidade é satisfazer às necessidades normalmente muito específicas de cada organização. Mesmo para os empregados regulares, com jornada de trabalho de 40 horas semanais em média, há uma certa obrigatoriedade de trabalharem bem mais em períodos de pico de demanda, compensando com menos horas quando esta se reduz, o que vem se tornando muito comum.

Mais importante do que isso é a aparente redução do emprego regular em favor do crescente uso do trabalho em tempo parcial, temporário ou subcontratado. O resultado de tais mudanças, que afetam diretamente as instituições de ensino, pode evoluir para uma estrutura do mercado de trabalho *versus* organização do tipo ilustrado na figura 27.

Figura 27
A IES e uma nova estrutura de trabalho

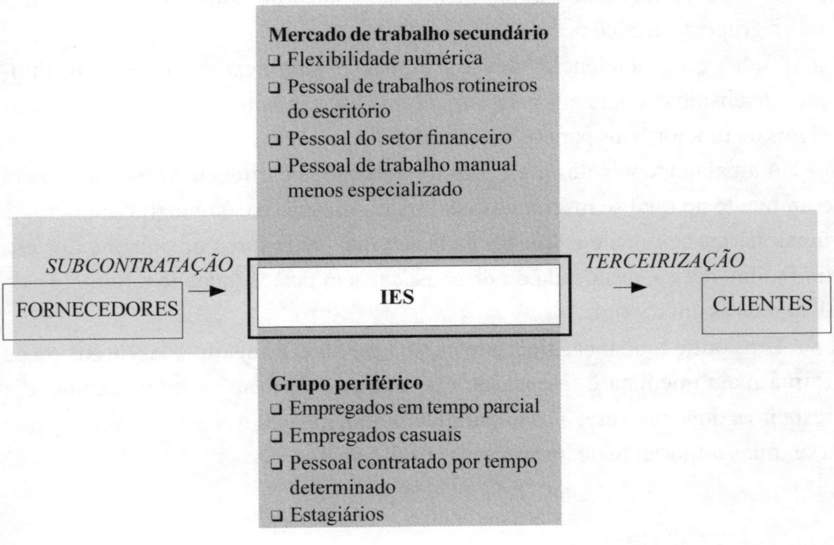

Mercado de trabalho secundário
- Flexibilidade numérica
- Pessoal de trabalhos rotineiros do escritório
- Pessoal do setor financeiro
- Pessoal de trabalho manual menos especializado

SUBCONTRATAÇÃO
FORNECEDORES → IES → CLIENTES
TERCEIRIZAÇÃO

Grupo periférico
- Empregados em tempo parcial
- Empregados casuais
- Pessoal contratado por tempo determinado
- Estagiários

O centro, grupo que diminui cada vez mais, se compõe de funcionários em tempo integral, condição permanente e posição essencial para o futuro de longo prazo da instituição de ensino.

Usufruindo de maior segurança no emprego, boas perspectivas de promoção e de reciclagem, e de vantajosos benefícios, esse grupo deve atender à expectativa de ser adaptável, flexível e, se necessário, móvel.

Os custos potenciais da dispensa temporária de funcionários do grupo central em época de dificuldade podem, no entanto, levar a IES a subcontratar externamente, mesmo para funções de alto nível, mantendo o grupo central relativamente pequeno.

A periferia abrange dois subgrupos distintos. O primeiro é formado de funcionários em tempo integral com habilidades facilmente disponíveis no mercado de trabalho, como o pessoal do setor financeiro, pessoal das áreas de trabalho rotineiro e de trabalho manual menos especializado.

Com menos acesso a oportunidades de carreira, esse grupo tende a se caracterizar por uma alta taxa de rotatividade, o que torna as reduções da força de trabalho relativamente fáceis por desgaste natural.

O segundo grupo periférico oferece uma flexibilidade numérica ainda maior e inclui funcionários em tempo parcial, empregados casuais, pessoal com contrato por tempo determinado, temporários, subcontratação e treinandos com subsídios, tendo ainda menos segurança de emprego do que o primeiro grupo periférico.

Todas essas tendências deverão impactar significativamente as instituições de ensino e sinalizam para um enorme crescimento dessas categorias flexíveis de funcionários para os próximos anos.

A atual tendência dos mercados de trabalho, e particularmente válida para o ambiente no qual se inserem as instituições de ensino, é reduzir o número de funcionários centrais e empregar cada vez mais uma força de trabalho que entra facilmente e é deslocada ou dispensada, sem custos, quando a flutuação da demanda assim o exigir.

Uma outra mudança, ainda em curso, que afeta as instituições de ensino de forma mais imediata e intensa do que outras organizações empresariais, diz respeito a uma nova era, a da economia digital, na qual o *capital humano* passa a ser mais importante do que o capital tradicional.

Figura 28
Gestão de recursos humanos e a IES

```
                    Missão              Dados do mercado
                       ↓                       |
              Delineamento estratégico         |
                       ↓                       |
              Gestão de recursos humanos       |
                       ↓                       ↓
FORNECEDORES → Insumos →  IES  → Produtos → CLIENTES
                       (indivíduos instruídos)
```

Conforme já explicitado, nesta era da economia baseada mais no cérebro do que nos recursos físicos e materiais, as inovações e vantagens competitivas tornam-se efêmeras e transitórias em um menor espaço de tempo. Tal economia passa a se apoiar intensamente em redes eletrônicas, que expandem virtualmente as fronteiras das organizações, com isso suprimindo os agentes intermediários entre a instituição, fornecedores e clientes. As organizações e, principalmente, as instituições de ensino, nesta nova economia, passam a ter como principal ativo o capital humano, intelectual ou do conhecimento. Ou seja, em vez do tradicional ativo patrimonial das demonstrações financeiras — balanços —, surge o ativo intelectual como o mais importante.

Esse novo contexto exige das organizações em geral e das instituições de ensino em particular mais ênfase no gerenciamento do conhecimento e não apenas na administração de dados ou informações. Exige, ainda, que as IESs compreendam e interpretem corretamente as novas gerações que estão chegando, a geração Internet ou da era digital, com uma nova cultura, valores e perfil psicológico.[14]

Tais mudanças, de caráter social, cultural e tecnológico, passam a enfatizar a gestão das pessoas que compõem a organização, o *capital humano*, que para ser efetiva necessita de motivação dos funcionários, trabalho em equipe, senso de compromisso e polivalência nas atividades desenvolvidas.

A gestão de uma instituição de ensino pode ser considerada o exercício de instrumentos quantitativos e qualitativos, para assegurar a formação de profissionais que atendam aos requisitos do mercado. Complementarmente, pode-se

---

[14] Sobre a influência das variáveis ambientais, ver capítulo 2.

afirmar que um *modelo de gestão,* nos contornos delineados nesta obra, estaria apoiado nos recursos humanos, necessários à execução das atividades de uma instituição de ensino. A gestão de recursos humanos é abordada na parte IV desta obra.

Gestão da qualidade nas istituições de ensino

Os princípios da qualidade em uma instituição de ensino, conforme o *modelo de gestão* proposto, devem ser aplicados em toda a cadeia de agregação de valores, desde os fornecedores até a entrega dos serviços educacionais, ou produto gerado, ao cliente final.

Figura 29
Qualidade e a IES

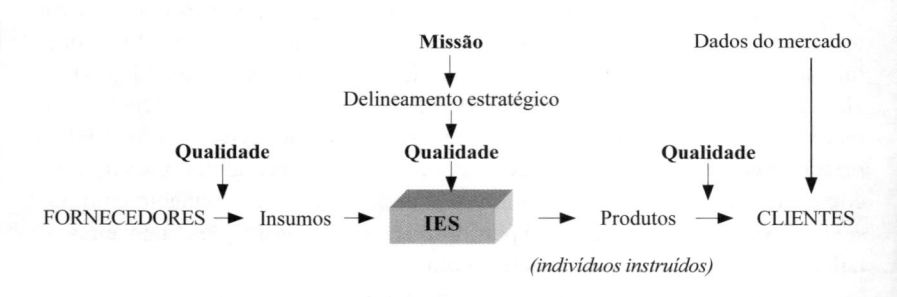

```
                              Missão              Dados do mercado
                                ↓                        │
                     Delineamento estratégico            │
                                ↓                        │
         Qualidade           Qualidade        Qualidade  │
            ↓                   ↓                ↓       ↓
FORNECEDORES → Insumos →      IES      → Produtos → CLIENTES
                              (indivíduos instruídos)
```

Os princípios da qualidade e critérios de avaliação da instituição de ensino, segundo critérios legais vigentes, serão abordados na parte V deste livro.

PARTE II
Delineamento estratégico de uma instituição de ensino

O conceito de gestão estratégica no âmbito de uma IES típica deve ser entendido como algo mais amplo do que planejamento estratégico ou mesmo plano estratégico.

Visão geral

A ação planejadora, conforme Ribeiro,[15] aplica-se desde às atividades mais simples, no cotidiano da vida doméstica e pessoal, até ao exercício das funções mais complexas, no contexto das organizações de conteúdo macrossocial, político ou econômico. A teoria do planejamento demonstrou que os princípios e fundamentos filosóficos que presidem o planejamento das funções simples são aplicados, também, ao planejamento das funções complexas, acrescidos, neste caso, de outros princípios e concepções filosóficas ou institucionais, inerentes à tipologia das organizações sujeitas à ação planejada.

Entre as organizações complexas, que exigem um alto nível de especialização funcional, está a instituição de ensino. Os autores visualizam a gestão estratégica de uma organização complexa como uma IES na forma de um processo permanente de tomada de decisões (ver figura 30).

Figura 30
Delineamento estratégico e as IESs

Modelo de gestão
↓
Delineamento estratégico ← — — Dados do mercado
↓
GESTÃO ESTRATÉGICA
↓
FORNECEDOES → Insumos → IES → Produtos → CLIENTES
(indivíduos instruídos)

A complexidade dessas instituições de ensino caracteriza-se, de um lado, pela pluralidade das áreas de ação, objeto do seu desempenho, compreendendo todo o universo do conhecimento humano, e, de outro, por entes educacionais em profunda interação com a sociedade, à qual tem de oferecer profissionais

---

[15] Ribeiro, 1990.

graduados, portadores de uma formação qualitativa e quantitativamente adequada às exigências e necessidades dessa comunidade. É necessário, para tanto, obter dados desse mercado para que a IES saiba definir que tipo de profissional deve ser formado, que curso e que conteúdo curricular deve ser oferecido. Na prática, a instituição de ensino típica em geral enfrenta o exercício dessas tarefas tão complexas através da simples atuação em salas de aulas e/ou da realização esporádica de projetos de pesquisas de mercado.

Capítulo 5

Gestão estratégica

Estratégias aplicadas às instituições de ensino

Adotou-se o conceito de *gestão estratégica* em vez de *planejamento estratégico,* ou mesmo *plano estratégico,* que é o tradicionalmente adotado pelas organizações empresariais. Os autores entendem *gestão estratégica* como algo mais amplo, como um processo e não como um mero conjunto de atividades finitas para produzir um documento ou plano, sendo, portanto, um conceito melhor aplicável às instituições de ensino — IESs.

Figura 31
Gestão estratégica na IES

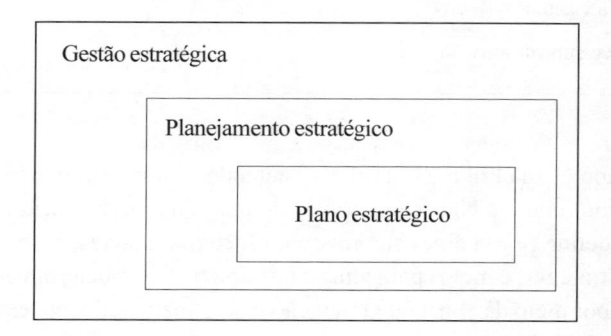

Gestão estratégica
Planejamento estratégico
Plano estratégico

A abordagem de gestão estratégica proposta, de acordo com o *modelo de gestão,* que é sistêmico e metodológico, requer o envolvimento de técnicos e gestores da IES, visando a garantir maior eficiência na implementação das estratégias institucionais. Tais profissionais, por conhecerem a realidade nos diferentes níveis da instituição de ensino, permitem maiores ganhos quanto à seletividade dos dados, bem como quanto ao tempo despendido nas atividades de planejamento estratégico (subconjunto da gestão estratégica). A sugestão metodológica é que se criem comitês e/ou grupos de trabalho, formados por técnicos e gestores que ocupem funções-chave da estrutura da instituição de ensino, para a condução das atividades inerentes ao planejamento estratégico.

O primeiro passo dessa abordagem metodológica é a avaliação da IES em termos de *gestão estratégica*, que pode ser desenvolvida com a observância dos direcionamentos metodológicos explicitados a seguir.

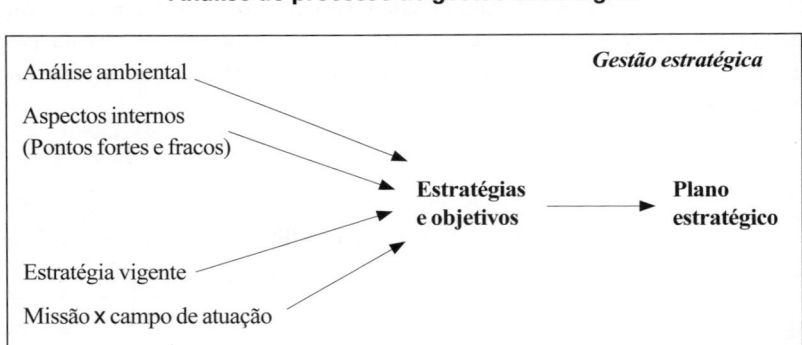

Figura 32
Análise do processo de gestão estratégica

```
Análise ambiental                          Gestão estratégica
Aspectos internos
(Pontos fortes e fracos)
                            ──▶  Estratégias    ──▶   Plano
                                 e objetivos          estratégico
Estratégia vigente
Missão x campo de atuação
```

Segundo Gama Filho e Carvalho,[16] entende-se por *gestão estratégica* um processo contínuo e adaptativo, através do qual uma organização, e portanto uma IES, define (e redefine) sua missão, objetivos e metas, bem como seleciona as estratégias e meios para atingir tais objetivos em determinado período de tempo, por meio da constante interação com o meio ambiente externo. Para efeito metodológico, propõe-se que este conceito seja ampliado mediante a incorporação das atividades de controle estratégico das variáveis internas e externas à instituição de ensino, utilizando-se, inclusive, indicadores de gestão, de qualidade e de desempenho. Seriam incluídas, ainda, as decisões de ajuste e realinhamento das ações internas da IES, em face das mudanças ambientais ocorridas.

---

[16] Gama Filho e Carvalho, 1998.

O *planejamento estratégico*, que constitui parte integrante da *gestão estratégica* da IES, considera o teor da análise ambiental e do diagnóstico inicial a ser efetuado no âmbito da instituição de ensino, para fins de geração do plano estratégico explicitado na figura 33.

Figura 33
Gestão estratégica como um processo

Análise ambiental e diagnóstico da IES ← Gestão estratégica ← Plano estratégico

O *plano estratégico*, mais que um documento estático, deve ser encarado como um instrumento de gestão que contém decisões antecipadas sobre a linha de atuação a ser seguida pela IES no cumprimento de sua missão.

Abordagem metodológica proposta

Sugere-se que a análise da gestão estratégica e, por consequência, o desenvolvimento do planejamento estratégico sejam realizados nas seguintes etapas principais:

- coleta de dados e informações;
- análise de informações;
- análise ambiental;
- análise dos aspectos internos;
- análise da estratégia vigente;
- análise comparativa da missão *versus* campo de atuação;
- formulação do plano estratégico;
- implementação e controle.

A gestão estratégica, pela abordagem proposta, incorpora, ao longo de suas diferentes etapas, o conhecido *planejamento de marketing/plano de marketing*, tão em voga nas organizações empresariais. Os autores entendem que, no caso das instituições de ensino, as decisões de marketing, como, por exemplo, aquelas relacionadas a mercados-alvo e ao composto de marketing, seriam mais pertinentes no contexto do próprio processo de planejamento estratégico.

Coleta de dados e informações

O levantamento de dados, conforme abordagem adotada, deve ser conduzido no plano interno e externo à IES, com o intuito de obtenção de informações relativas a:

- ambiente operacional e macroambiente nos quais a IES está inserida;
- aspectos internos;
- estratégias vigentes;
- demais aspectos relacionados ao processo de planejamento estratégico.

Uma vez obtidos os dados, informações e estratégias vigentes, procede-se às análises específicas.

Análise de informações

Nessa etapa, os trabalhos a serem desenvolvidos objetivam um maior aprofundamento das conclusões sobre o primeiro conjunto de dados primários obtidos. Procura-se complementar o levantamento inicial com a coleta de dados secundários, direcionando-a às variáveis de maior impacto, dentre aquelas de influência (variáveis econômicas, sociais, tecnológicas etc.) em geral presentes no ambiente de uma instituição de ensino. A análise, nessa etapa, deve levar em conta que as informações, para efeito do planejamento estratégico, necessitam refletir a condição particular que a IES assume em termos de mercado de atuação, cursos a serem oferecidos, tipo de aluno a ser formado, recursos de docência e recursos tecnológicos.

Análise ambiental

Nas atividades relacionadas à análise ambiental, que devem consubstanciar o delineamento da *conjuntura*, ou seja, do meio ambiente no qual a IES está inserida (parte-se do pressuposto de que a IES não se encontra num vácuo, e sim num contexto ambiental composto de variáveis controláveis e não controláveis), observa-se a seguinte segmentação:

- macroambiente clima (aspectos políticos);

- macroambiente solo (população e suas características);
- ambiente operacional (fornecedores, concorrentes, clientes e evolução tecnológica);
- ambiente interno (aspirações dos funcionários e gestores).

Análise dos aspectos internos

Na análise dos aspectos internos devem ser identificados os fatores críticos de sucesso e, pela comparação com a concorrência, estabelecidos os pontos fortes e fracos.

Análise da estratégia vigente

A análise da estratégia vigente visa a identificar as principais decisões tomadas nos últimos tempos — por exemplo, os 12 meses passados —, inclusive aquelas sobre alocação de capital.

Análise comparativa da missão versus campo de atuação

Na análise comparativa da missão *versus* campo de atuação, identificam-se as atividades que possam ser acrescidas ou reduzidas, quando comparadas às atuais, em função de algumas delas não convergirem para a missão ou, pelo contrário, estarem fora do contexto da missão.

Formulação do plano estratégico

A formulação do plano estratégico leva em conta os resultados das etapas anteriores. Assim, sua elaboração pode demandar eventuais ajustes e análises complementares em tais etapas.

Implementação e controle

Depois de formulado e aprovado, o plano estratégico entra em processo de implementação e, posteriormente, em fase de controle. Nessa fase, ele deve passar por uma revisão, em face dos eventos conjunturais ocorridos no meio ambiente.

Como elementos inseparáveis da fase de implementação e controle, se inserem os indicadores de gestão, de qualidade e de desempenho.[17]

---

[17] Ver capítulo 6.

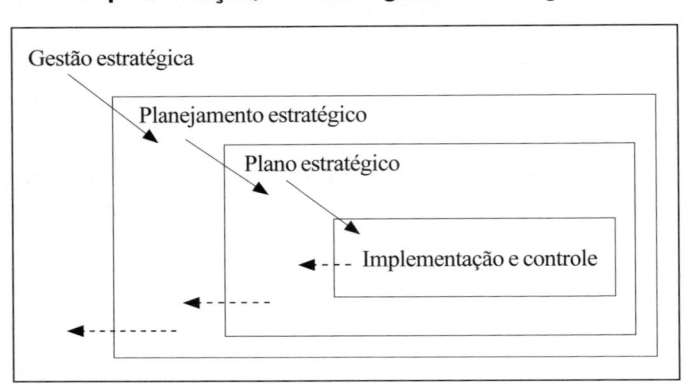

Figura 34
Implementação, controle e gestão estratégica

```
Gestão estratégica
    Planejamento estratégico
        Plano estratégico
            Implementação e controle
```

Pressupostos do planejamento estratégico

A missão, o objetivo central, as grandes estratégias, as ações estratégicas e as políticas, que consubstanciam o *plano estratégico*, são definidos a partir das análises sugeridas pela abordagem metodológica aqui descrita, cuja visão de conjunto é mostrada na figura 35.

A missão de cada instituição, segundo Franco,[18] define suas diferenças, demonstrando suas necessidades sociais e identificando os alunos que a IES procura servir, além de refletir suas tradições e sua visão de futuro. A missão necessita ser aceita por todos, de modo que todos lutem para torná-la realidade. Ainda conforme Franco, três fatores são importantes para bem definir a missão de uma instituição de ensino:

- definir o desempenho de uma instituição por aquilo que ela sabe fazer melhor, para realmente poder fazer benfeito, é condição elementar à IES;
- olhar para fora, para divisar oportunidades e necessidades, a fim de que a missão da IES venha ao encontro dessas oportunidades e necessidades;
- é preciso que a IES reconheça, com muita precisão, aquilo em que realmente crê; portanto, "...neste sentido a missão não é algo impessoal", e sim fruto da crença coletiva daqueles que fazem a instituição de ensino.

---

[18] Franco, 1998.

Figura 35
Visão geral da metodologia

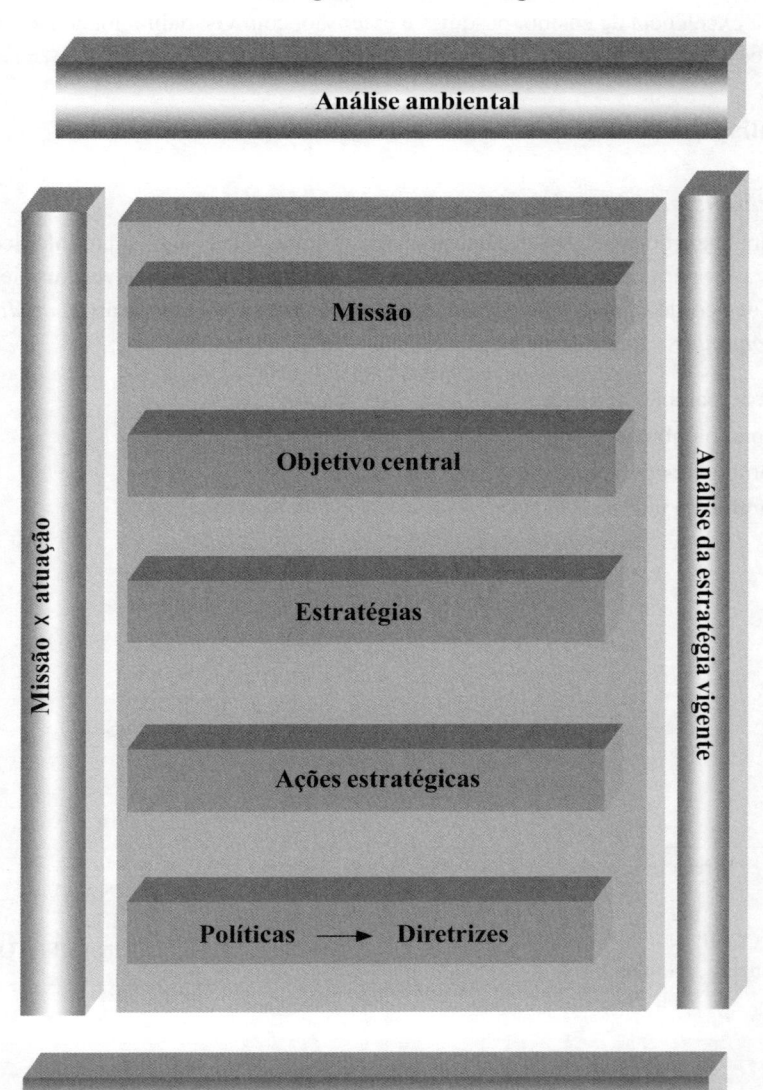

Análise ambiental

Missão x atuação

Missão

Objetivo central

Estratégias

Ações estratégicas

Políticas ⟶ Diretrizes

Análise da estratégia vigente

Análise dos aspectos internos

Um exemplo de missão aplicada a uma instituição de ensino típica poderia ser explicitado nos seguintes termos: "...atingir, e preservar, a condição de centro de excelência de ensino, pesquisa e extensão, com visão direcionada à vanguarda do conhecimento nas áreas de atuação da instituição...".

Análise ambiental

Variáveis ambientais

Na análise ambiental, naturalmente se incorporam os preceitos metodológicos utilizados para caracterizar uma instituição de ensino.[19] As variáveis ambientais, de acordo com a sua natureza intrínseca e visando à elaboração da *análise da conjuntura*, foram agrupadas em:

- macroambiente clima;
- macroambiente solo;
- ambiente operacional;
- ambiente interno.

Figura 36
Variáveis ambientais

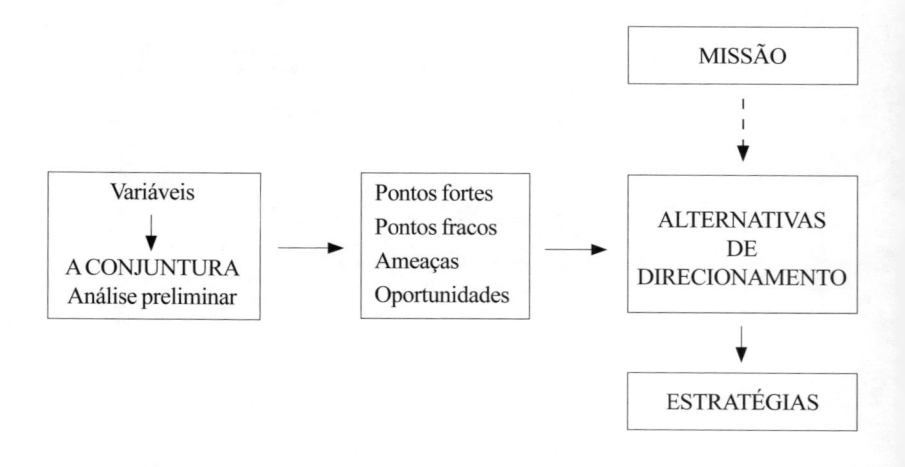

___
[19] Ver capítulo 2.

As variáveis agrupadas no *macroambiente clima* são aquelas que, direta ou indiretamente, decorrem do poder político, tais como: inflação, política governamental, PIB, e demais variáveis econômicas e legais. A abordagem metodológica sugere identificar aquelas que efetivamente têm influência sobre a IES, possibilitando, assim, localizar apenas algumas segmentações do ambiente.

Já as variáveis do *macroambiente solo* são aquelas que sofrem influências do macroambiente clima, como, por exemplo, um longo período recessivo, que irá reduzir a renda da população (e, como efeito específico das variáveis ambientais sobre as IESs, irá aumentar o índice de inadimplência). Nesta categoria se enquadram variáveis tratadas estatisticamente, por exemplo, os dados sobre população e suas caraterísticas, como: renda, distribuição geográfica e afins. Tais variáveis são responsáveis, entre outros efeitos, pelo crescimento vegetativo das matrículas das IESs, além de explicar as alterações quantitativas na faixa etária dos alunos, clientes potenciais das instituições de ensino. São variáveis previsíveis com uma razoável segurança, a ponto de instituições como o IBGE projetarem os mais variados dados da população.

No *ambiente operacional*, enquadram-se as entidades que mais de perto interagem com a instituição de ensino, tais como: instituições de ensino concorrentes, fornecedores, clientes, prestadores de serviços, instituições financeiras e correlatas. Devido à grande inter-relação dessas variáveis, é extremamente difícil fazer a previsão de apenas uma delas. Portanto, deve--se entender o funcionamento do ambiente operacional como um todo, isto é, as alterações na tecnologia e nos hábitos dos consumidores que terão influência na forma de atuar dos clientes; fornecedores de máquinas e equipamentos, de matérias-primas, de tecnologia; prestadores de serviços; e outras entidades afins.

O *ambiente interno*, por sua vez, é constituído pelas aspirações e valores daqueles que compõem a instituição (gestores, técnicos e funcionários). Como se trata de algo próprio das pessoas, isso não pode ser alterado por uma mera decisão de cima para baixo. Ao contrário, a instituição de ensino precisa conhecer esse ambiente interno para poder, através de sua estratégia, direcioná-lo para não só aproveitar as oportunidades que tais aspirações e valores poderão trazer, como também evitar possíveis ameaças.

Caracterização do ambiente IES

O ambiente em que a IES está inserido é continuamente dinâmico e pressionado por variáveis externas.

Figura 37
A IES e a conjuntura

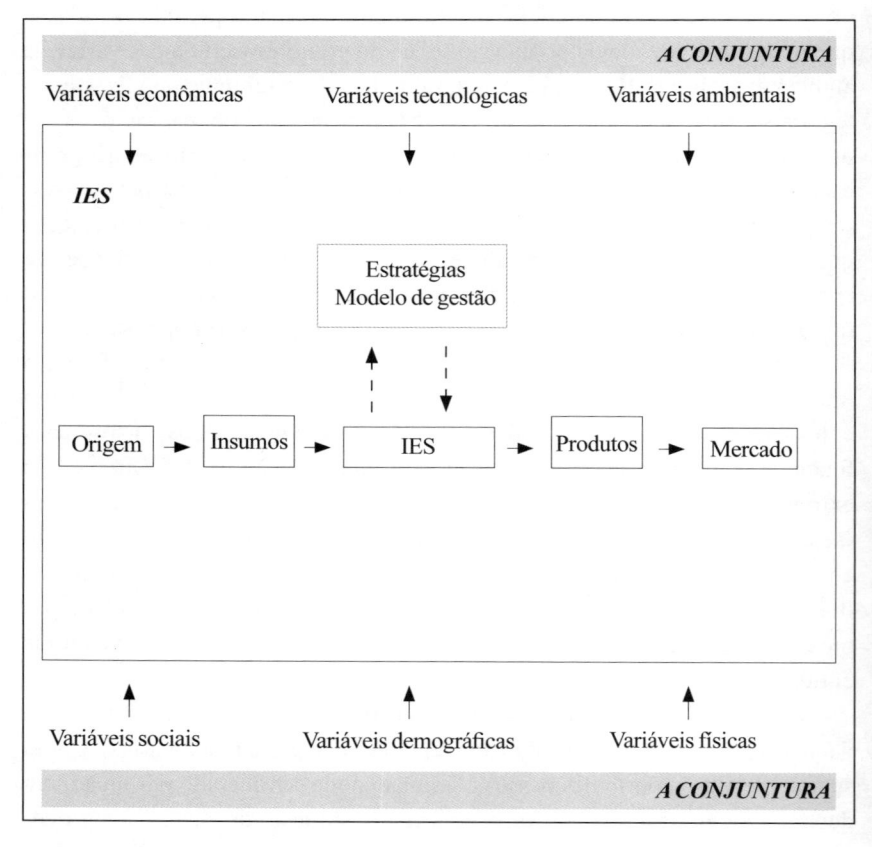

```
                                                          A CONJUNTURA
   Variáveis econômicas    Variáveis tecnológicas    Variáveis ambientais
           ↓                        ↓                        ↓
   IES
                            ┌──────────────┐
                            │  Estratégias │
                            │Modelo de gestão│
                            └──────────────┘
                                   ↑ ↓
   ┌────────┐   ┌────────┐   ┌─────────┐   ┌────────┐   ┌────────┐
   │ Origem │ → │Insumos │ → │   IES   │ → │Produtos│ → │Mercado │
   └────────┘   └────────┘   └─────────┘   └────────┘   └────────┘

           ↑                        ↑                        ↑
   Variáveis sociais    Variáveis demográficas    Variáveis físicas
                                                          A CONJUNTURA
```

Verifica-se que, na medida em que as variáveis do meio ambiente se alteram, o ambiente imediato da IES (ver figura 37) pode também estar se alterando, o que provocará inevitáveis alterações intraorganizacionais na instituição de ensino.

Tais mudanças internas na IES tendem a exigir um realinhamento de estratégias e, consequentemente, de seu modelo de gestão estratégica, o que sem dúvida pode induzir a mudanças nos processos sistêmicos, principalmente nos seus processos produtivos ou *processos-chave*.

A busca da abordagem correta no planejamento estratégico da IES é uma questão de alta complexidade, sobretudo quando são incorporados os aspectos institucionais advindos do meio ambiente legal no qual se insere a instituição de ensino.

Análise da conjuntura

Estimativas fidedignas quanto aos vários parâmetros essenciais que poderiam nortear as ações das IESs no Brasil são, para não dizer impossíveis, extremamente complexas de ser elaboradas.

Em vista disso, a sugestão é que *cenários* alternativos sejam considerados na abordagem metodológica proposta.

Para uma visão completa e abrangente, propõe-se um conjunto de cenários em três dimensões:

- dimensão macroeconômica (variáveis, em nível nacional, que influenciam o setor educacional);
- dimensão setor das instituições de ensino (variáveis intrínsecas ao setor educacional);
- dimensão *IES* (variáveis que influenciam a ambiência externa e impactam diretamente a instituição de ensino).

Por outro lado, como o *planejamento estratégico* considera que qualquer variável pode estar permanentemente submetida às mutações política, econômica e setorial, há necessidade de agrupá-las de acordo com as perspectivas de viabilidade, quais sejam:

- cenário otimista;
- cenário pessimista;
- cenário mais provável.

O planejamento estratégico da IES deve ser desenvolvido levando em conta o *cenário mais provável* para a dimensão IES. Entretanto, ao menor sinal de alteração de uma de suas variáveis, estas deverão ser confrontadas com as dos cenários otimista e pessimista.

A IES deve desenvolver ações para se precaver contra as ameaças e aproveitar as oportunidades visualizadas. Dessas ações estratégicas dependerão os resultados a serem obtidos.

Cenários

Segundo Jones e Twiss,[20] *cenários* são previsões que se baseiam em um conjunto de hipóteses que, para fins práticos, são aceitas como dadas. Ao gestor caberia a decisão de reagir à ameaça ou oportunidade que esse desenvolvimento específico possa representar para a instituição.

Criar cenários significa projetar determinadas situações ou eventos com probabilidade de ocorrência, que servirão de base para a elaboração de políticas, planos de ação, planos operacionais e, principalmente, plano estratégico. É a descrição do quadro futuro do ambiente.

Nesse contexto, o delineamento de cenário deve se apoiar em técnicas voltadas para prever prováveis eventos e mudanças ambientais.

Nesse delineamento, é altamente desejável que sejam considerados cenários alternativos com estudos específicos de cenário mais provável de ocorrer, cenário otimista e cenário pessimista.

Dessa forma, pode-se considerar que *cenário mais provável* é aquele com mais probabilidade de acontecer, em comparação com outros que teriam probabilidade de ocorrência em termos otimista e pessimista.

O *cenário mais provável*, portanto, é aquele que deve ser considerado pela instituição de ensino, orientando as ações em busca dos resultados almejados, ou seja, deve servir de parâmetro para a tomada de decisões inerentes ao planejamento estratégico.

A criação de cenários alternativos assegura o eficaz planejamento e o posterior monitoramento das ações estratégicas da IES. Com o seu uso, o gestor pode controlar o atingimento dos objetivos estratégicos e, portanto, alterar suas ações estratégicas em face do cenário que estiver predominando.

Por exemplo, se, em vez do *cenário mais provável*, prevalecer o *cenário otimista* ou *pessimista*, a instituição pode, respectivamente, modificar suas es-

---

[20] Jones e Twiss, 1986.

tratégias de modo a se beneficiar desse cenário, ou direcionar suas ações no sentido de minimizar as dificuldades criadas.

Segundo a literatura existente sobre prospecção do futuro e avaliação de cenários, são estes os principais tipos de estudos:

- métodos de avaliação quantitativa;
- método de avaliação temporal;
- método de avaliação probabilística;
- técnica Delphi ou método de consenso;
- análise de impactos transversais.

A técnica ou método mais aplicável em uma organização, por sua vez, pode variar em função do:

- tipo de organização, ou seja, do segmento econômico a que pertence a organização sob estudo (no caso da IES, deve-se considerar o delineamento ambiental do setor educacional;[21]
- momento que a organização estiver vivenciando;
- estágio da organização em termos de planejamento estratégico, que pode variar entre a fase de iniciação e o extremo superior, que é a fase de maturidade.

Os cenários, tanto para *gestão estratégica*, quanto para *planejamento estratégico*, podem ser projetados a partir da combinação de três técnicas, passíveis de ser utilizadas pelos gestores das IESs, para prever eventos e tendências futuras, quais sejam:

- monitoramento ambiental através do acompanhamento sistemático do meio ambiente, envolvendo a obtenção de informações genéricas de jornais, revistas, publicações especializadas e coleta de dados específicos junto a institutos e órgãos oficiais;
- análise de conteúdo, que busca interpretar o que está nas entrelinhas dos dados específicos e das informações genéricas;

---

[21] Ver capítulo 2.

❏ técnica Delphi, que consiste em pesquisa de opinião de profissionais, executivos, técnicos, empresários, educadores e professores, acerca de suas preocupações para o próximo exercício.

Ao construir um cenário, a instituição de ensino, organização típica do setor educacional, deve levar em conta as seguintes variáveis: econômicas, tecnológicas, político-legais, sociais, demográficas e físicas.

Figura 38
Variáveis de influência na construção de cenários

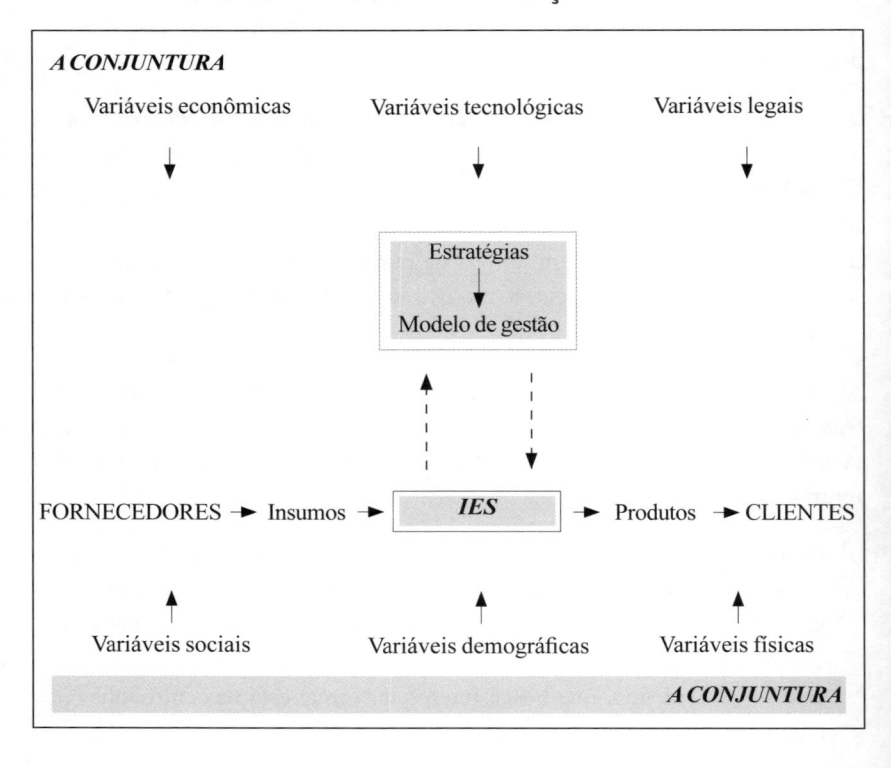

A CONJUNTURA

Variáveis econômicas	Variáveis tecnológicas	Variáveis legais
↓	↓	↓

Estratégias
↓
Modelo de gestão

FORNECEDORES → Insumos → *IES* → Produtos → CLIENTES

Variáveis sociais	Variáveis demográficas	Variáveis físicas

A CONJUNTURA

Para maior aprofundamento em prospecção do futuro e concepção de cenários, encontram-se relacionadas na bibliografia as obras que representam o atual estado da arte sobre o assunto.

EXEMPLO DE ANÁLISE DE CONJUNTURA E CENÁRIOS

A. Análise da Conjuntura

- Os próximos anos serão marcados por uma extraordinária incerteza na área econômica, devido, basicamente, ao excesso de intervenção do governo no setor. Por outro lado, na área educacional, existe uma certa previsibilidade, dado o desenvolvimento recente de proposta de orientações, de caráter geral, que tendem a configurar novas diretrizes educacionais.

- Outro fator que se apresenta com razoável previsibilidade é o relativo à regulamentação governamental, uma vez que a produção e a demanda por serviços educacionais devem enquadrar-se em um conjunto de leis, regulamentos e outros instrumentos legais voltados para assegurar a eficácia, a segurança e a qualidade dos cursos oferecidos pelas instituições de ensino.

- Há previsibilidade e tendências claras com relação ao setor educacional, quando considerado em nível mundial, devido à progressiva globalização do processo ensino-aprendizagem nas instituições de ensino dos diferentes países. Nesta linha de inequívoca propensão de ocorrência, agora no plano interno do país, está a crescente demanda por serviços educacionais (crescimento vegetativo da população, aumento do número de estudantes formados no segundo grau, de jovens em idade escolar de terceiro grau, e demanda reprimida de potenciais alunos do ensino superior).

- Entretanto, estimativas fidedignas quanto aos vários parâmetros essenciais que poderiam nortear as ações das instituições de ensino no Brasil são, para não dizer impossíveis, extremamente complexas de ser elaboradas.

- Diante desses fatos, formulou-se o cenário mais provável, a partir do qual foram desenvolvidas as análises, com vistas a compatibilizar as propostas do planejamento estratégico, em suas várias etapas, observando-se as dimensões macroeconômica, setor educacional e instituição de ensino.

B. Cenário Macroeconômico

- Diminui parte do custo Brasil.
- Aumenta a arrecadação.
- Os gastos públicos diminuem.
- A política monetária fica mais restritiva.
- As taxas de juros, em termos de longo prazo, para pessoas jurídicas tendem a diminuir.

continua

- A atividade econômica é mantida de forma coerente com o atual plano macroeconômico.
- A oferta de crédito a longo prazo, para pessoas jurídicas, tende a aumentar.
- A correção do câmbio será maior que a inflação, ocasionando aumento das reservas.
- As exportações crescem de volume.
- As importações diminuem, com melhoria nas contas externas.
- O déficit público diminui em virtude da rolagem da dívida a custos mais baixos, com o controle de parte dos gastos públicos e aumento da arrecadação com recursos das privatizações.
- O desemprego mantém o nível atual, com pequena melhoria a longo prazo.
- A importância do Brasil no cenário geopolítico internacional aumenta ou, no mínimo, se mantém como está.
- Consolidação do país na liderança das decisões para a América Latina.
- Criação de algumas barreiras localizadas, temporárias, como forma de defesa da agressividade dos países emergentes.
- O volume dos negócios no Mercosul aumenta gradativamente.

Objetivo central

DEFINIÇÃO

"Alvo ou situação que a instituição de ensino deve atingir, determinando para onde deve dirigir seus esforços. Dele depende a formulação das estratégias, traduzindo de forma mais concreta o foco de sua atenção."

Com base na análise, efetuada anteriormente, deve ser delineado o objetivo central da IES, apoiando-se nos seguintes elementos: análise ambiental, análise dos aspectos internos, análise da(s) estratégia(s) vigente(s) e missão *versus* campo de atuação.

São exemplos de objetivo central: capacidade para identificação e contratação de docentes qualificados junto ao mercado de trabalho; competência para manter e desenvolver o corpo docente; iniciativa para a contínua atualização do projeto pedagógico dos cursos da IES; implementação de novas práticas pedagógicas, métodos e técnicas de ensino.

Análise das alternativas de direcionamento estratégico

Inicialmente, procura-se estabelecer um completo inventário das alternativas de direcionamento para a IES, ainda sem a preocupação de se identificar o que seria de nível estratégico ou de nível operacional (ver figura 39).

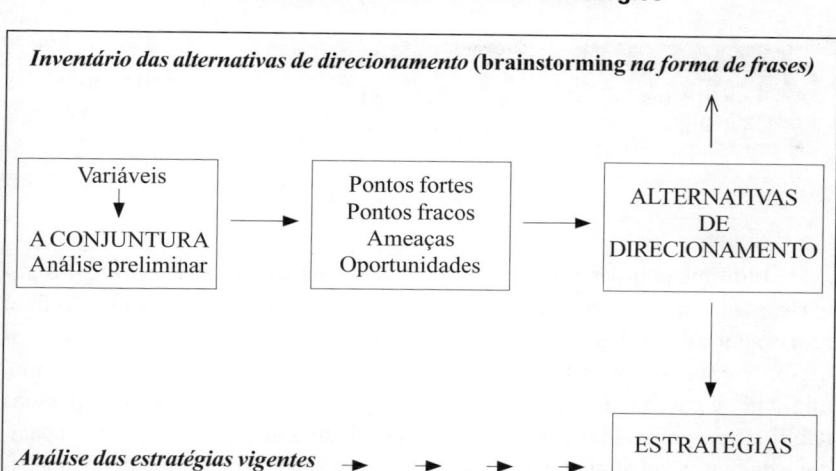

Figura 39
Alternativas de direcionamento estratégico

```
Inventário das alternativas de direcionamento (brainstorming na forma de frases)

  Variáveis              Pontos fortes
     ↓                   Pontos fracos          ALTERNATIVAS
 A CONJUNTURA     →        Ameaças        →          DE
 Análise preliminar       Oportunidades        DIRECIONAMENTO
                                                      ↓
 Análise das estratégias vigentes  →  →  →  →    ESTRATÉGIAS
```

Posteriormente, através da análise das frases contendo os elementos estratégicos, obtêm-se as estratégias da IES, sintetizadas, classificadas e ordenadas em reunião de grupos de trabalhos formados com gestores e técnicos ocupantes de funções-chave da estrutura da instituição de ensino.

Inventário das alternativas de direcionamento

O inventário das alternativas de direcionamento estratégico deve ser gerado sem a preocupação, ainda, de distinção entre o que seria de nível estratégico, tático ou nível operacional. A rigor, é um *brainstorming* para se listar ações estratégicas/operacionais necessárias ao atingimento dos objetivos da IES.

Estratégias na IES

Com base na análise do inventário das alternativas de direcionamento estratégico, explicitado na figura 39, obtêm-se as *estratégias específicas* da IES (figura 40), sintetizadas, classificadas e ordenadas em reunião dos grupos de trabalho.

Figura 40
Estratégias específicas da IES

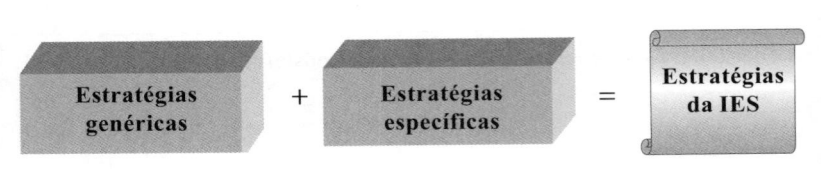

Estratégias genéricas + Estratégias específicas = Estratégias da IES

Conforme abordado no capítulo 2, e de forma adicional às *estratégias genéricas*, devem ser formuladas as *estratégias específicas*, cujo agregado final irá compor as estratégias da IES. Como exemplo de estratégia específica poder-se-ia explicitar a "ampliação da base de atuação da instituição de ensino, migrando-a para uma instituição orientada para o mercado, formando pessoas habilitadas e preparadas para solucionar criativamente problemas, com capacidade de reunir, selecionar e analisar dados relevantes para a solução de uma situação não usual".

Na formulação das *estratégias específicas* podem ser adotadas, como ponto de partida, as *estratégias genéricas* aplicáveis a uma instituição de ensino típica:[22]

- criação e manutenção de um verdadeiro banco de dados de talentos (professores), dada a exigência de mão de obra altamente qualificada;
- diferenciação estabelecida com enfoque na qualidade e nos serviços agregados, em face da homogeneidade dos produtos educacionais;
- adoção de tecnologias educacionais inovadoras como meio de se obter um posicionamento competitivo;
- melhoria da qualidade do corpo docente e dos cursos oferecidos à clientela;
- implementação de cursos de especialização, cursos sequenciais e outras formas de ensino complementares aos cursos de graduação, com estreita interação teoria-prática;
- implementação de novos produtos/cursos, tendo em vista fazer frente à concorrência, inclusive com a preparação de novos cursos a serem lançados quando a conjuntura assim permitir, ou em função de mudanças havidas no mercado;

---

[22] Ver relação de estratégias genéricas no capítulo 2, p. 51-53.

- utilização de formas alternativas de prestação de serviços ao mercado, do tipo *empresa júnior*, com a consequente criação de espaço de atuação para os docentes e alunos, que teriam oportunidade de unir a teoria à prática, na medida em que projetos de apoio às organizações empresariais são desenvolvidos;
- convênios com potenciais organizações empregadoras da mão de obra formada pela instituição de ensino, tendo em vista a colocação dos profissionais formados;
- desenvolvimento de programas de integração com a comunidade empresarial da região, promovendo uma interação nos dois sentidos, tanto com visitas de alunos às organizações locais, quanto com a participação dessas organizações em palestras na IES;
- convênios e parcerias com instituições de ensino similares nacionais e do exterior, com vistas ao intercâmbio de conhecimentos, de programas conjuntos e de projetos de pesquisa;
- realização de programa permanente de pesquisa socioeconômica (e projetos correlatos) junto às organizações de seu entorno, com a participação do corpo docente e discente, visando a conhecer seu perfil, bem como a servir de um centro de informações sobre a comunidade local (criação e preservação de acervo e banco de dados);
- realização de programa permanente de pesquisa junto às organizações empresariais com o objetivo de conhecer o tipo de profissional, tipo de curso e disciplinas demandadas pelo mercado;
- criação de conselho de empresários, executivos e lideranças locais, que, através de reuniões com representantes da IES, professores e alunos, crie um canal de comunicação e subsidie a gestão estratégica da *instituição de ensino* em seus diferentes níveis (plano estratégico, plano pedagógico, currículo do curso e avaliação institucional). Estímulo à criação de associação de ex-alunos, uma vez que tais profissionais egressos das IESs são executivos/empresários militantes do mercado;
- parcerias com fornecedores de tecnologia e equipamentos na área educacional;
- participação intensiva em entidades de classe, visando a colaborar e a influenciar na regulamentação legal do setor;
- incentivo ao corpo docente para a publicação de trabalhos científicos e de iniciação nessa área, na forma de artigos, livros, relatórios de pesquisas e outros equivalentes, através de mídia própria ou de veículos da comunidade acadêmica e não acadêmica;

- utilização das tecnologias da informação para fins de gerenciamento do conhecimento, dando-se menos ênfase à administração de dados e de informações;
- convênios com bibliotecas de instituições de ensino e outras entidades, visando ao acesso *on line* ao acervo bibliográfico disponível na comunidade.

Ações de nível operacional

Como subproduto da segregação das alternativas de direcionamento, conforme apresentado em "Inventário das alternativas de direcionamento", identificam-se as *ações de nível operacional*, que complementam as estratégias a serem implementadas no âmbito da IES. Tais ações, que devem ser detalhadas pelos grupos de trabalhos formados pelos gestores e técnicos, ou, individualmente, por estes funcionários que representam as áreas-chave da instituição de ensino, podem resultar em *planos operacionais*, a serem desdobrados e formalizados a partir do *plano estratégico*.

Grandes estratégias

Estratégias

"São atitudes de execução imprescindível para alcançar os objetivos da instituição de ensino. Estabelecem o que fazer para pôr em prática os objetivos estratégicos no horizonte de planejamento e, simultaneamente, reforçar a posição competitiva da IES."

A análise do *inventário das alternativas de direcionamento* e das *indicações estratégicas*, a ser realizada pelos grupos de trabalho da IES (Comitê de Planejamento Estratégico e/ou Grupo Operacional de Planejamento Estratégico), permitiria definir os novos rumos que a instituição de ensino poderia trilhar no contexto vigente.

Ações estratégicas

ações estratégicas

"São as que estabelecem o movimento do que fazer para pôr em prática estratégias no horizonte de planejamento, reforçando a posição competitiva da instituição de ensino."

A pergunta sobre o que fazer para viabilizar as grandes estratégias da IES pode gerar, a partir das reflexões obtidas e registradas, e das reuniões de desenvolvimento do planejamento estratégico, propostas de *ações* que permitirão transformar as intenções das estratégias em realidade.

Políticas

As políticas de uma IES, portanto, refletem a linha de atuação que a instituição de ensino adota. É muito comum, quando da mudança nos altos níveis de gestão, haver um ajustamento dessas políticas para que reflitam as orientações dos novos gestores.

> **Políticas**
>
> "São orientações de caráter geral que apontam os rumos e as linhas de atuação de uma determinada gestão. Devem ser apresentadas de forma a se tornar de domínio do público interno da instituição de ensino, explicitando as intenções de sua administração."

Além de servirem para dar maior clareza às ações pretendidas, as políticas evitam que áreas internas da instituição de ensino desperdicem recursos de toda ordem para atingir objetivos comuns. Quando bem explicitadas, é maior a otimização de esforços de toda a equipe.

Por outro lado, as políticas refletem o direcionamento a ser dado a todas as atividades da instituição de ensino, devendo ser formuladas pela alta administração da IES, logo após a aprovação do seu plano estratégico.

Para tal, sugere-se a designação de grupos de trabalho, no âmbito da instituição de ensino, formado por diretores, coordenadores funcionais, coordenadores de curso, chefes de departamento, e outros gestores de nível compatível com a área a ser focalizada. É desejável que haja um assessoramento técnico externo com o objetivo de preservar a condução metodológica do processo e permitir maior amplitude dos debates em termos de ambiência externa.

Como *políticas* passíveis de ser implementadas em uma instituição de ensino típica, relacionam-se, por exemplo, aquelas inerentes à qualidade:

- atender às necessidades das organizações-clientes, empregadoras da mão de obra formada, com profissionais egressos de seus cursos, de alto nível e detentores de conhecimentos coerentes com as exigências do mercado;
- praticar o conceito de parceria com fornecedores, clientes e colaboradores, considerando que qualidade é responsabilidade de todos;

- buscar tecnologias e práticas pedagógicas inovadoras, para excelência do processo ensino-aprendizagem;
- estimular, na instituição de ensino, um clima de colaboração e confiança mútua, buscando o reconhecimento e a realização das pessoas;
- proporcionar, aos colaboradores, treinamento e recursos necessários ao desenvolvimento e capacitação profissional.

Diretrizes e metas

Diretrizes

"São instruções e indicações para se tratar e levar a termo um plano (ex.: Plano Diretor de Informática), uma ação (ex.: aumentar o número de turmas de um determinado curso) ou uma negociação (ex.: formalizar uma parceria)."

Metas

"São resultados mensuráveis a serem atingidos em datas preestabelecidas".

As diretrizes decorrem das políticas, viabilizando-as.

Recomenda-se que, tão logo sejam definidas as políticas da IES, os próprios grupos de trabalho, designados na forma sugerida neste capítulo, estendam suas atividades para a formulação das diretrizes.

Para cada ação estratégica da IES deverão ser definidas *metas*, as quais, diferentemente da missão, além de temporárias, terão que ser factíveis.

Sugere-se que os grupos de trabalho que explicitarem as *políticas* e *diretrizes* se responsabilizem também pela fixação das *metas*.

Gestão estratégica e seus desdobramentos na IES

O planejamento estratégico da IES deve ser entendido como um processo, cujo objetivo final é o de dotá-la de um instrumento de gestão estratégica de longo prazo — *plano estratégico* —, que, por sua vez, representa a súmula do conceito estratégico da instituição de ensino, servindo de orientação para a definição e o desenvolvimento dos planos e programas de curto e médio prazos, bem como permitindo a convergência de ações em torno de objetivos comuns.

Figura 41
Gestão estratégica e seus desdobramentos na IES

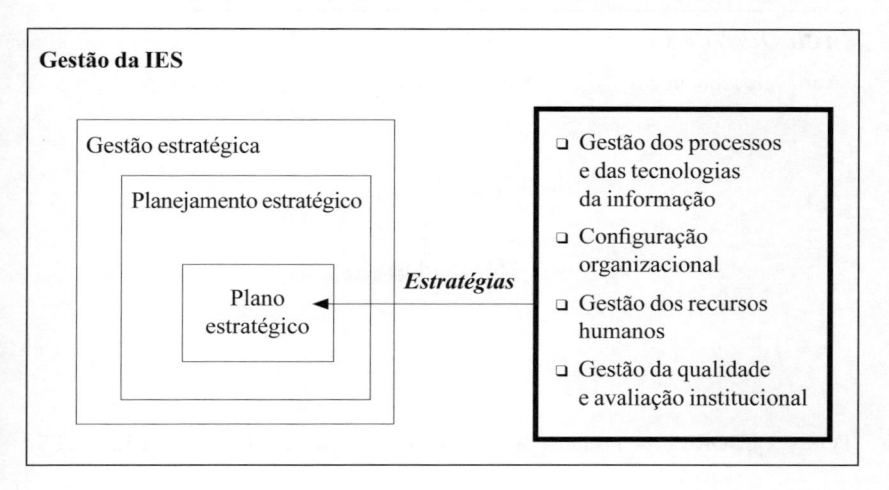

Gestão da IES

Gestão estratégica
Planejamento estratégico
Plano estratégico ← *Estratégias*

- Gestão dos processos e das tecnologias da informação
- Configuração organizacional
- Gestão dos recursos humanos
- Gestão da qualidade e avaliação institucional

O plano estratégico delineado caracteriza a instituição de ensino em termos do que será e como pretende que as coisas aconteçam. É necessário, porém, que a comunicação e o compartilhamento dessas diretrizes se estendam a todos os níveis organizacionais e funcionais da IES. De fato, a partir do *plano estratégico* delineado, sugere-se que sejam desenvolvidos, além do *plano pedagógico*, os seguintes principais planos:

- plano econômico-financeiro;
- plano do orçamento anual;
- plano diretor de automação;
- plano de desenvolvimento de recursos humanos.

O plano estratégico como instrumento de gestão

O modelo de gestão recomendado enfatiza a ativa participação de todos os professores, técnicos e funcionários da IES. Tanto a comunicação interna quanto a externa são fundamentais no processo de gestão estratégica. As gerências/chefias formalmente responsáveis pelo desenvolvimento das suas várias etapas deverão estimular o corpo de funcionários a contribuir para o processo de planejamento estratégico.

Figura 42
Planejamento estratégico como instrumento de gestão

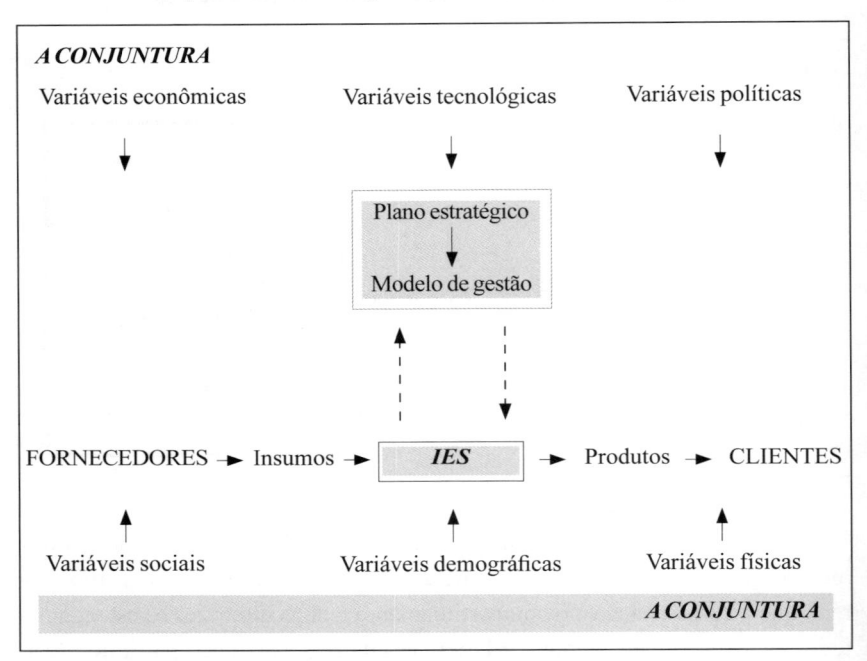

A CONJUNTURA

| Variáveis econômicas | Variáveis tecnológicas | Variáveis políticas |

↓ ↓ ↓

Plano estratégico
↓
Modelo de gestão

FORNECEDORES → Insumos → **IES** → Produtos → CLIENTES

| Variáveis sociais | Variáveis demográficas | Variáveis físicas |

A CONJUNTURA

Para se tornar um instrumento de gestão efetivo e flexível, o *plano estratégico* deve considerar o delineamento de cenários, conforme estabelecido nesta obra. A criação de cenários alternativos assegura o eficaz planejamento e o posterior monitoramento das ações estratégicas da instituição de ensino. Com o seu uso, o gestor pode controlar o atingimento dos objetivos estratégicos e, assim, alterar suas ações estratégicas em face do cenário predominante.

Por exemplo, se o *cenário mais provável* não estiver acontecendo, e prevalecer o *cenário otimista* ou *pessimista*, a organização pode, respectivamente, modificar suas estratégias de modo a se beneficiar desse cenário, ou direcionar suas ações no sentido de minimizar as dificuldades criadas.

O planejamento estratégico como um processo

O planejamento estratégico na IES deve ser encarado como um processo, permanente e dinâmico, e não como uma fase estanque cujo produto final seja um relatório ou algo finito. Conceitos relativos a processos sistêmicos na instituição de ensino, dos quais o planejamento estratégico constitui um dos *processos-chave*, serão abordados na parte III desta obra.

Estratégias, configuração organizacional e tecnologias da informação

O plano estratégico, em sua fase de implementação nas instituições de ensino, sofre a influência dos componentes de desenvolvimento organizacional, tais como: estratégia institucional, estrutura e cultura organizacional, recursos humanos, processos sistêmicos e tecnologias da informação — TIs.

Figura 43
Estratégia e configuração organizacional

```
                    Configuração
                    organizacional

   Estratégia          PLANO            Processo,
   institucional    ESTRATÉGICO      sistemas e TIs

                      Recursos
                      humanos
```

Portanto, a implementação de um plano estratégico deve ocorrer de forma integrada ao equacionamento desses elementos de influência denotadores de que:

- a mudança é uma atividade crucial;
- o contexto institucional deve determinar o conjunto de soluções possíveis;
- as questões tratadas são de natureza estratégica;
- o realinhamento das tecnologias da informação e de sistemas *softwares* se faz necessário devido à hierarquização e à redefinição dos processos sistêmicos.

Figura 44
Dimensões estruturais e o planejamento estratégico da organização

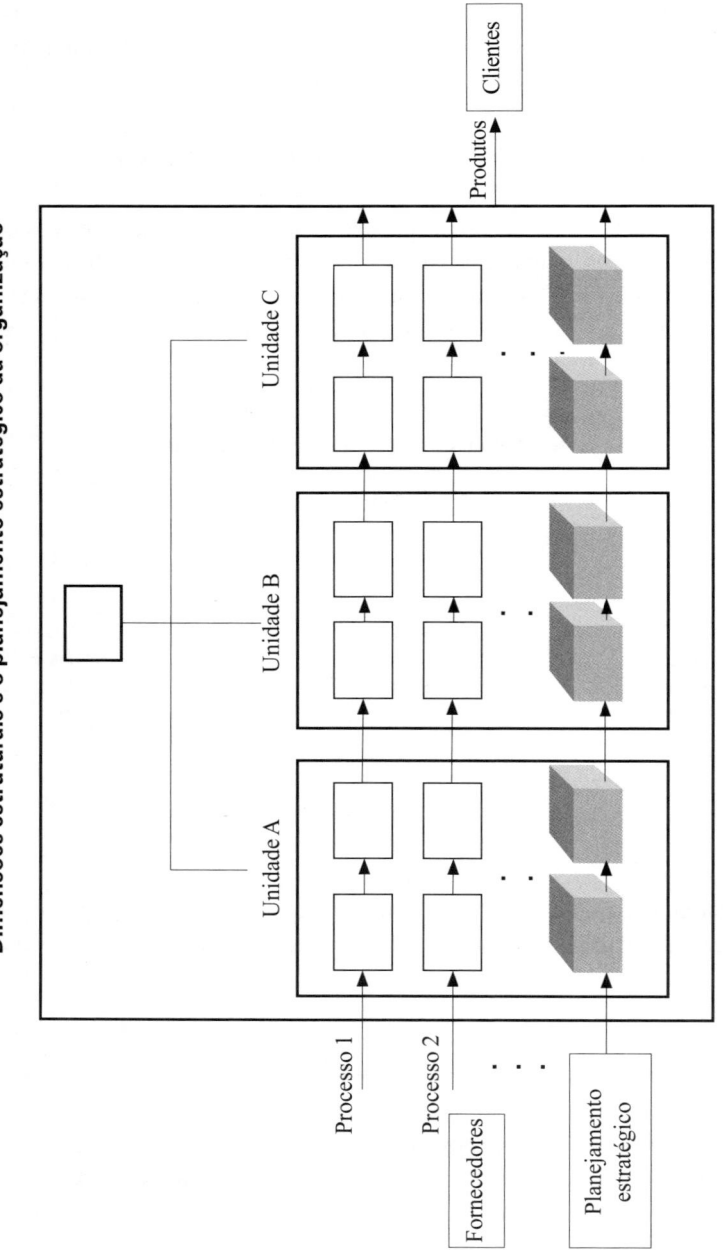

A tal constatação, acrescenta-se o fato de que não há solução única para as necessidades de tecnologias da informação em uma determinada instituição de ensino, assim como não existe apenas um caminho para a construção de sistemas de informação ou de *softwares* flexíveis e poderosos.

Para melhor controle sobre a execução do *plano estratégico*, a *alta administração* da instituição de ensino, com a existência ou não de plano diretor de automação (ou plano diretor de informática), deve observar, de forma permanente:

❏ o cumprimento dos objetivos e da filosofia, previstos para cada projeto de sistema/tecnologia da informação;

❏ o desenvolvimento dos projetos de sistemas/tecnologias da informação, de acordo com as prioridades definidas;

❏ o respeito aos cronogramas estabelecidos;

❏ monitoramento dos gastos, analisando-os segundo as estimativas e verbas orçadas.

O controle dos desvios entre o previsto no *plano* e o ocorrido na prática é fator de vital importância para que sejam atingidos os objetivos e metas planejados, assegurando a perfeita alocação dos recursos, o cumprimento dos prazos estabelecidos, a avaliação do desenvolvimento de sistemas e outros aspectos relacionados à implementação de tecnologias da informação no âmbito das instituições de ensino.

Projeto pedagógico

O projeto pedagógico deve ser desenvolvido com base nos dados provenientes do planejamento estratégico da instituição de ensino. É o subconjunto mais importante do planejamento estratégico, na medida em que consolida a programação das atividades acadêmicas de ensino, pesquisa e extensão da IES.

Segundo Ribeiro,[23] a primeira noção conceitual que ocorre na formulação de um *currículo* é o seu compromisso com a cultura da comunidade (mercado) para a qual deverão se orientar os alunos que através dele serão

---

[23] Ribeiro, 1990.

formados. As instituições e estruturas sociais tornam-se presentes nas instituições de ensino através do currículo, mediante o qual, por sua vez, a IES vai ao encontro dessas estruturas para que possa exercer suas funções com mais eficácia e autenticidade.

Figura 45
Projeto pedagógico

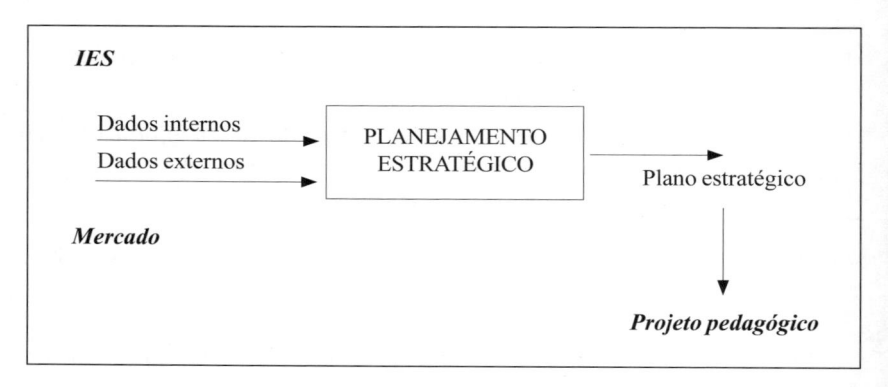

IES

Dados internos → PLANEJAMENTO
Dados externos → ESTRATÉGICO → Plano estratégico

Mercado

Projeto pedagógico

Ainda segundo o autor, o grande obstáculo para se desenvolver o planejamento curricular decorre da dificuldade da instituição de ensino para assimilar a dinâmica da sociedade moderna (mercado), que vive em permanente mudança, o que torna extremamente difícil, se não impossível, que os currículos atendam às suas exigências. O planejamento curricular deve evitar se organizar em disciplinas distintas, nas quais o ensino é transmitido de forma estanque e linear. Ou seja, deve enfatizar a relação entre as disciplinas, evitando a separação entre teoria e prática.

Como núcleo do *projeto pedagógico*, o *currículo* transfere a este tais dificuldades, razão pela qual demanda que tal projeto pedagógico seja flexível e possa atenuar a defasagem entre as exigências da sociedade (mercado), em mudança contínua, e as respostas da instituição de ensino, que só se efetivam por medidas internas inerentes ao seu processo de gestão.

O *projeto pedagógico*, conforme o *modelo de gestão*, deve ser estruturado para cada curso da instituição de ensino, com base no planejamento curricular e a partir da definição do planejamento estratégico (ver figura 46).

Figura 46
Projeto pedagógico e planejamento estratégico

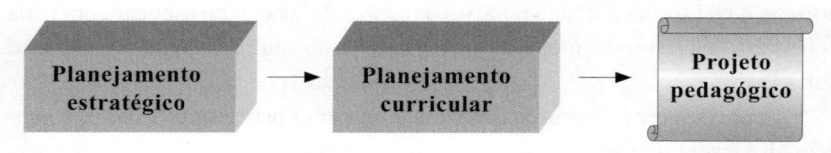

Planejamento estratégico → **Planejamento curricular** → **Projeto pedagógico**

O *projeto pedagógico* da IES deve estar coerente com a Lei de Diretrizes e Bases da Educação Nacional, considerando, inclusive, que este dispositivo legal fixa responsabilidades aos docentes, em termos de: a) participar da elaboração da proposta pedagógica do estabelecimento de ensino; b) elaborar e cumprir plano de trabalho, de acordo com a proposta pedagógica do estabelecimento de ensino.

Segundo Zainko,[24] certos princípios podem ser sintetizados num projeto pedagógico, em constante processo de aperfeiçoamento, que certamente aproximaria a instituição de ensino superior do padrão de eficiência que dela requer a sociedade (mercado). Tais princípios gerais, balizadores das ações da IES rumo à melhoria da qualidade do fazer universitário, poderiam ser assim explicitados:

- o resgate da qualidade do ensino, que implica a compreensão dessa mesma qualidade como uma opção política de cada curso no contexto do plano estratégico que se quer em um dado momento histórico;
- as questões concretas do ensino primário e secundário como ponto de partida para o desenvolvimento de ações que visam a valorizar e a dar consistência à área de educação e do ensino no interior da instituição de ensino superior;
- o currículo como o eixo articulador do processo de avaliação institucional, entendido não como documento (grade) e mero rol de conteúdos acabados, mas em sua perspectiva mais ampla, que compreende o desempenho acadêmico de docentes e discentes, bem como todo o esquema de meios para consecução de um fim, o profissional formado, síntese das múltiplas relações institucionais;
- a prática avaliativa como um processo unitário de monitoramento, controle e avaliação, considerada a avaliação na sua função fundamental, que é a de diagnosticar situações problemáticas que merecem correções de rumos para que sejam atingidos os objetivos almejados.

---
[24] Zainko, 1997.

Consoante Ribeiro,[25] a formulação de uma teoria para o planejamento curricular não pode deixar de definir os parâmetros fundamentais que a devem nortear, de tal forma que seja possível à instituição de ensino esboçar com mais consistência a sua linha metodológica na busca do seu modelo de organização curricular.

Ribeiro sugere sete princípios para expressar os aspectos filosóficos e conceituais a serem internalizados no *planejamento curricular*, conforme explicitado a seguir.

O *primeiro princípio*, relativo à flexibilidade, enfatiza que os currículos rígidos são incompatíveis com a liberdade acadêmica. Só a flexibilidade acadêmica permitirá a diversificação do desempenho docente-discente, orientando-o para a busca incessante da verdade e a construção do saber universal.

No *segundo princípio*, o da sobriedade, enfoca-se a estruturação dos currículos, que deve-se caracterizar pela simplicidade e inteligibilidade, com moderação de linguagem, clareza de forma, explicitação de conteúdos, evitando a atomização exagerada dos conteúdos curriculares ou a dilatação dos horizontes de conhecimentos a serem incluídos na sua estrutura (currículos enciclopédicos), que distorcem a formação do aluno.

O *terceiro princípio* diz respeito à adequação, com os currículos voltados para objetivos predeterminados, coerentes com o nível de graduação do curso. Não devem ser incluídos, nesse nível de formação, conhecimentos próprios de níveis anteriores (segundo grau) ou posteriores (pós-graduação), como tantas vezes costuma ocorrer.

Como *quarto princípio* tem-se a autenticidade, segundo a qual o currículo deve ter por conteúdo a resposta que a instituição de ensino oferece às exigências do meio em que atua. A inserção da instituição de ensino na comunidade deve provocar um diálogo intenso, permanente e construtivo com a sociedade a que serve, para que possa adquirir autenticidade enquanto organização a serviço do seu meio. O currículo é o principal instrumento no qual a instituição irá consignar as respostas que oferece às interrogações que o seu ambiente lhe formula.

No *quinto princípio*, a especificação, a organização de um currículo é sempre uma decomposição dos conhecimentos existentes, segundo as áreas de ensino definidas. É necessário especificar o conhecimento, situando-o nas di-

---

[25] Ribeiro, 1990.

versas áreas do saber, ou por matérias, ou no programa da disciplina, ou na unidade do plano de aula. Especificar no currículo é definir as particularidades do conteúdo nos diversos campos do saber.

O *sexto princípio*, a integração, evidencia que o currículo de um determinado curso, apesar de vinculado a uma área específica do conhecimento, está estreitamente integrado aos mais diversos campos do saber humano, com os quais mantém uma interação constante e, sobretudo, interdependência.

No *sétimo princípio*, a sistematização, a organização curricular deve sempre exprimir a ordenação do conhecimento a ser transmitido, sendo necessário que ela reflita a hierarquia que os conhecimentos guardam entre si, seja na relação de anterioridade e posterioridade, seja na relação de generalidade e particularidade.

O *projeto pedagógico* de cada curso da instituição de ensino deve conter pelo menos os seguintes elementos:

- concepção, finalidades e objetivos;
- currículo pleno proposto, com ementário das disciplinas e indicação de bibliografia básica;
- indicação do responsável pela implantação do curso com a respectiva qualificação profissional e acadêmica;
- perfil dos profissionais que pretende formar;
- perfil pretendido do corpo docente quanto a número, qualificação, experiência profissional docente e não docente;
- previsão do regime de trabalho, do plano de carreira e de remuneração do corpo docente;
- regime escolar, vagas anuais, turnos de funcionamento e dimensão das turmas;
- período mínimo e máximo de integralização do curso;
- descrição da organização da biblioteca, das edificações/instalações, laboratório de informática e itens correlatos.

O *currículo* do curso, produto do *planejamento curricular*, após formalizado e aprovado, deve ser implantado junto ao corpo discente (são os alunos os seus principais usuários), através do engajamento do corpo docente no processo. De fato os docentes, sob a moderação do coordenador do curso, constituem os principais agentes de uma implementação bem-sucedida de um currículo de curso.

Figura 47
Implementação do currículo do curso

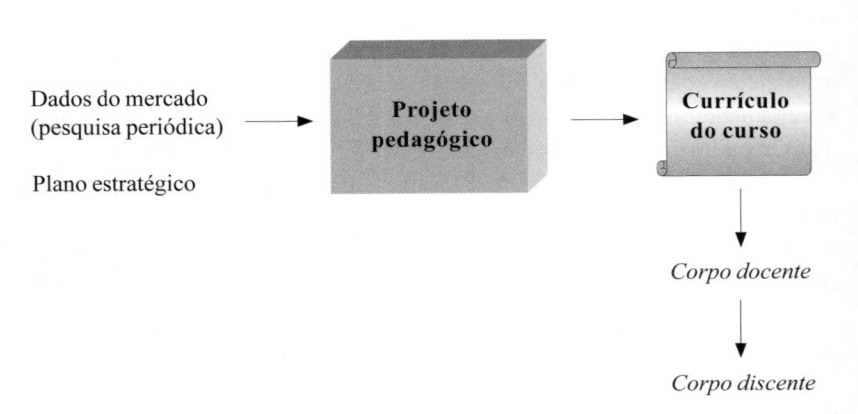

Dados do mercado (pesquisa periódica)

Plano estratégico

→ **Projeto pedagógico** → **Currículo do curso**

↓

Corpo docente

↓

Corpo discente

O planejamento curricular, à semelhança do planejamento estratégico, é um processo permanente, devendo ser realimentado periodicamente, com dados da própria IES, bem como do mercado.

Figura 48
Enfoque sistêmico no projeto pedagógico

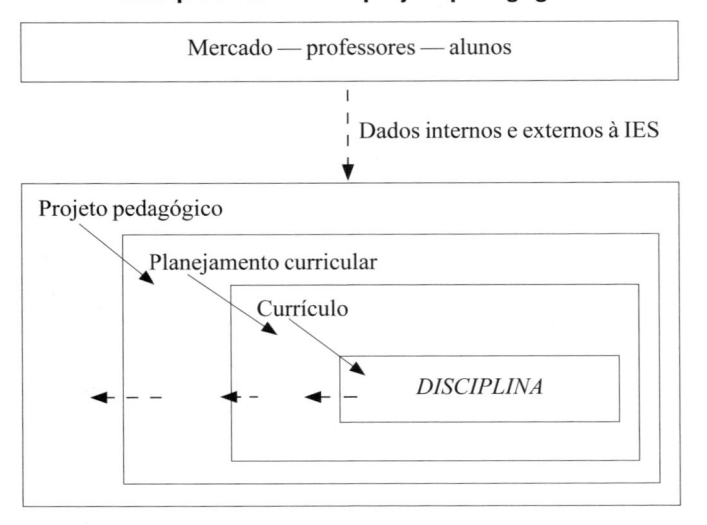

Mercado — professores — alunos

Dados internos e externos à IES

Projeto pedagógico
   Planejamento curricular
      Currículo
         DISCIPLINA

Por dados internos, coletados junto aos professores e alunos, entendem-se os aspectos relacionados ao desempenho do curso quanto a disciplinas, ementários, bibliografia e afins.

Por outro lado, consideram-se dados externos as opiniões obtidas junto às organizações empregadoras dos profissionais formados pelas instituições de ensino, no que diz respeito à qualidade do curso e dos seus alunos à disposição no mercado.

A presente obra não procurou entrar em detalhes do projeto pedagógico uma vez que existem trabalhos específicos nessa área.

EXEMPLO DE ESTRUTURA DE UM PLANO ESTRATÉGICO EM UMA IES TÍPICA

Conteúdo

Introdução

1. Missão

2. Objetivo central

3. Estratégias

4. Ações estratégicas

5. Políticas, diretrizes e metas

5.1 Políticas

5.2 Diretrizes e metas

6. Análise da conjuntura e cenários

6.1 Análise da conjuntura

6.2 Cenários

6.2.1 Cenário macroeconômico

6.2.2 Cenário para o setor educacional

6.2.3 Cenário instituição de ensino superior

Capítulo 6

Controle estratégico e operacional

Segundo Silva Filho,[26] para a implantação de mudanças é indispensável que seja instalado um programa permanente de avaliação, a partir do qual possa ser feito um diagnóstico institucional e sejam acompanhadas criticamente as modificações implantadas no processo. É preciso levar em conta que qualquer processo de avaliação induz a comportamentos adaptados ao tipo de prioridade que o processo focaliza. Por isso, é necessário prever e modificar, ao longo do caminho, o próprio programa de avaliação, para evitar que ele seja um indutor de práticas indesejáveis.

Por que a avaliação está tão em moda? Há várias razões para isso. Entre elas, o crescimento do ensino superior, que passa a impactar as IESs em particular e, genericamente, a onerar os orçamentos nacionais de maneira competitiva com outras prioridades; a queda da qualidade e de seu controle pela mesma razão; o custo intrínseco do ensino pela incorporação de novas tecnologias e laboratórios caros; a diversidade das profissões; as mudanças gerenciais em curso na sociedade, que priorizam os clientes; e a eficiência baixando custos desnecessários.

Ainda consoante Silva Filho, o desempenho da instituição pode ser melhorado tendo em vista os resultados obtidos; e/ou a qualidade dos insumos (infraestrutura); e/ou os processos. Dessa forma, indicadores da instituição podem ser comparados com os de outras instituições tomadas como modelo, com base em um conceito abstrato de como uma instituição de ensino superior deveria ser.

Para efeito de controle estratégico e operacional, a IES pode-se valer, inclusive, das possibilidades legais instituídas pelo Decreto nº 2.026/96, que estabeleceu procedimentos para o processo de avaliação dos cursos e

---

[26] Silva Filho, 1997.

instituições de ensino superior, mediante indicadores de desempenho global do sistema nacional de ensino superior, por região e unidade da Federação, segundo as áreas de conhecimento e o tipo ou a natureza das instituições de ensino.

Neste capítulo serão abordados os indicadores de gestão, na forma de indicadores de negócio, indicadores de desempenho global e indicadores de qualidade e de desempenho.

Indicadores de gestão

Nesta abordagem metodológica, devem ser definidos os *indicadores de gestão* do processo. Tais indicadores devem ser estruturados como uma relação entre duas variáveis, na forma de numerador e denominador, com a preocupação de que seus atributos e valores sejam factíveis de medição.

Normalmente podem ser estruturados a partir do relacionamento entre o produto gerado pelo processo (ou tarefa) e o agregado de insumos aplicados no mesmo processo (ou tarefa). Conforme mostrado na figura 49, de forma simplificada seria algo do tipo produto/insumos.

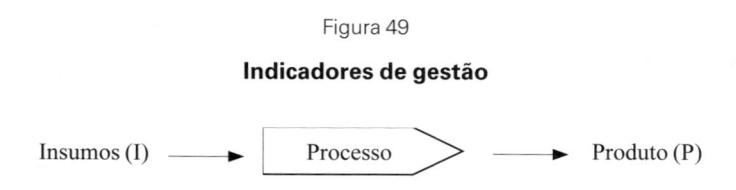

Figura 49

Indicadores de gestão

Insumos (I) ⟶ Processo ⟶ Produto (P)

Conceitualmente pode-se dizer que um sistema moderno de gestão depende de medição, informação e análise. As medições precisam ser uma decorrência da estratégia da instituição de ensino, abrangendo os principais processos, bem como seus resultados. As informações necessárias para a avaliação e a melhoria do desempenho incluem, entre outras, as relacionadas com o cliente, o desempenho de produtos, as operações, o mercado, as comparações com a concorrência — *benchmarking* — ou com referenciais de excelência, os fornecedores, os funcionários e os aspectos de custo e financeiro.

O estado da arte da gestão é descrito como um sistema em que um dos seus elementos estruturais é a chamada inferência científica. Este elemento responde pela maneira como são tomadas as decisões nas organizações, as quais se baseiam em fatos, dados e informações quantitativos. A premissa adotada é a de que aquilo que não é passível de medição não pode ser avaliado. Consequentemente, não há como decidir sobre ações a tomar.

Análise significa extrair das informações conclusões mais relevantes para apoiar a avaliação e a tomada de decisões nos vários níveis da organização. Tal análise serve para revelar tendências, projeções e relações de causa e efeito que poderiam não ficar evidentes. Esse conjunto de medições, informações e análise é a base para o planejamento, a análise crítica do desempenho, a melhoria das operações e comparações com a concorrência ou com referenciais de excelência.

Uma consideração importante para a análise da melhoria do desempenho envolve a criação e utilização de indicadores de qualidade e de desempenho para avaliar resultados globais, produtos, serviços de apoio, processos, tarefas e atividades.

Um sistema de indicadores vinculados aos requisitos dos clientes ou de desempenho da organização representa uma base clara e objetiva para alinhar todas as atividades com as metas da organização.

A análise das informações permite que os próprios indicadores sejam reavaliados e modificados. Por exemplo, para julgar se os indicadores selecionados para monitorar a qualidade do produto são adequados, pode-se correlaciná-los com os resultados das medições da satisfação dos clientes e da sua manutenção.

A seleção de objetivos e métricas relacionadas é o único determinante significativo da eficácia de uma organização, uma vez que as decisões são tomadas com base em fatos, dados e informações quantitativas.

É com este propósito que surgem os *indicadores de gestão,* como uma relação matemática que mensura atributos de um processo ou de seus resultados, com o objetivo de comparar esta métrica advinda de eventos reais com metas-padrão preestabelecidas.

Em sua determinação podem ser visualizadas algumas características descritivas, tais como:

- é uma relação matemática que resulta em uma medida quantitativa;
- identifica-se um estado do processo ou um resultado deste;
- associa-se a metas numéricas preestabelecidas.

Como métricas consistentes para o processo/tarefa, devem-se:

- identificar as saídas mais importantes de cada processo-chave;
- identificar as dimensões críticas de desempenho para cada uma dessas saídas;
- determinar as métricas para cada dimensão crítica;
- desenvolver metas ou padrões para cada métrica.

Indicadores de gestão na instituição de ensino

O conjunto de indicadores (ver figura 50) a ser utilizado no âmbito da instituição de ensino pode levar em conta três níveis de abrangência:

- indicadores de negócio;
- indicadores de desempenho global;
- indicadores de qualidade e de desempenho.

Os *indicadores de negócio* destinam-se a avaliar a IES como uma instituição prestadora de serviços aos seus clientes atuais e potenciais, através da mensuração dos parâmetros estratégicos, principalmente em seu processo de interação com o meio ambiente externo.

Indicadores de desempenho global visam a avaliar o desempenho da IES como um todo, embora também possam ser utilizados para a avaliação de clientes institucionais. Destinam-se, basicamente, à permanente análise do corpo gerencial da instituição de ensino. A figura 50 ilustra a relação entre os indicadores no contexto da instituição de ensino.

Figura 50
Mensuração através de indicadores

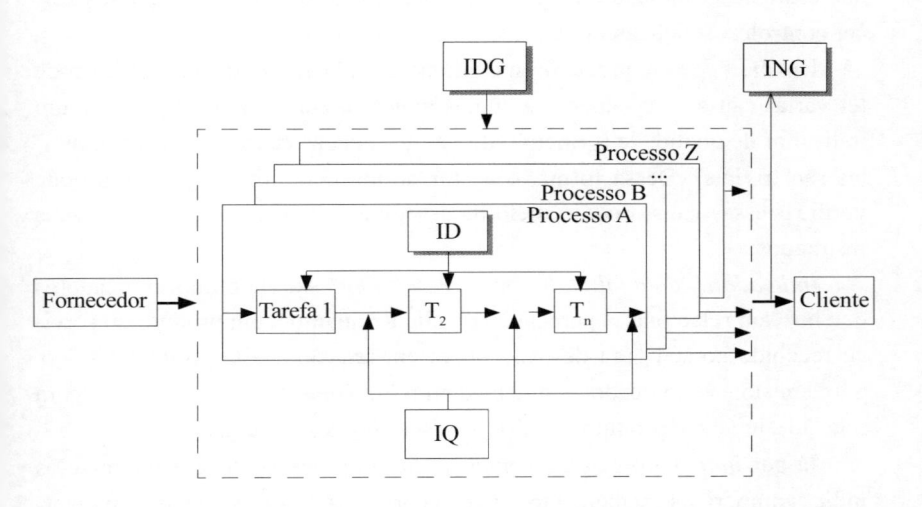

O terceiro conjunto, os *indicadores de qualidade* e de *desempenho* (ou indicadores setoriais), se destina à avaliação da qualidade e de desempenho relativa a cada processo/tarefa. Para tanto, recomenda-se que os indicadores sejam estabelecidos através de:

- identificação das saídas mais significativas do processo ou da tarefa;
- identificação das dimensões críticas do desempenho para cada uma dessas saídas. As dimensões críticas da qualidade incluem precisão, facilidade de uso, confiabilidade, facilidade de ajuste e aparência. As dimensões críticas da produtividade envolvem quantidade, índice e cumprimento de prazo. As dimensões críticas do custo abrangem mão de obra, despesas gerais, capital e demais recursos materiais. As dimensões críticas devem originar-se das necessidades dos clientes internos e externos, que recebem as saídas, bem como das necessidades financeiras do negócio;
- desenvolvimento das medidas para cada dimensão crítica;
- estabelecimento de objetivos ou padrões para cada medida.

Indicador de qualidade de um processo são aqueles índices numéricos estabelecidos sobre os efeitos de cada processo para medir a sua qualidade total.

São indicadores que normalmente medem a qualidade, custos e entrega de serviços, estando, pois, voltados e relacionados a clientes. A recomendação é não estabelecer indicador de qualidade sobre algo de que não se possa exercer controle, ou seja, atuar na causa do desvio.

Um efeito de um processo (medido pelos indicadores de qualidade) pode ter várias causas, mas apenas algumas poucas afetam a grande parte de um indicador de qualidade (princípio de Pareto: poucas causas são vitais e muitas são triviais). Dessa forma, o gestor de um determinado processo pode verificar essas causas como meio de assegurar um adequado nível de seus resultados.

Indicadores de qualidade (ou *de resultados*) são, portanto, indicadores que buscam relacionar a percepção do cliente quanto a um produto ou serviço recebido ao seu grau de expectativa em relação a este produto/serviço. São, em síntese, indicadores que medem o grau de satisfação do cliente com relação a um dado produto adquirido ou serviço experimentado.

Já por *indicadores de desempenho* de um processo subentendem-se os índices numéricos estabelecidos sobre as principais causas que afetam determinado indicador de qualidade. Portanto, os resultados de um indicador de qualidade são garantidos pelo acompanhamento dos indicadores de desempenho. Estes indicadores podem ser chamados de itens de controle das causas, sendo estabelecidos sobre os pontos de verificação do processo. Um indicador de desempenho de um processo pode ser um indicador de qualidade de um processo anterior. Isto ocorre tanto na linha hierárquica de uma IES, na qual o indicador de desempenho do gestor é o item de qualidade do subordinado, quanto no relacionamento entre processos, em que o indicador de desempenho de um processo pode ser item de qualidade de um processo anterior.

Portanto, *indicadores de desempenho* (ou *de produtividade*) são indicadores que refletem a relação de produtos (serviços)/insumos, ou seja, buscam medir a eficiência de um dado processo ou operação em relação à utilização de um recurso ou insumo específico (mão de obra, equipamento, energia, instalações etc.). Tais indicadores deverão existir à medida que forem necessários ao controle da qualidade e do desempenho no âmbito do processo/tarefa. Podem ser ampliados, reduzidos ou ajustados.

Estruturação de indicadores

Uma regra prática para identificar necessidades de indicadores em um determinado processo/tarefa é conduzir uma discussão do assunto em grupo, percorrendo a mesma sequência de análise do *fluxo básico* do processo/tarefa, ou seja:

a) identificar quais são os produtos gerados para atender às necessidades dos clientes;
b) correlacionar os clientes, identificando aqueles internos e os externos, para cada produto;
c) definir a forma de mensuração dos principais atributos de cada produto: *qualidade* — de cada um dos produtos em termos de atendimento das necessidades dos clientes (grau de satisfação dos clientes, reclamações e afins); *entrega de produto* — procurando identificar o cumprimento de entrega para cada produto (percentagem de entrega fora do prazo, percentagem de entrega com dados incorretos e afins);
d) definir, para cada indicador, a fórmula de cálculo, frequência de apuração, origem dos dados e forma de interpretação do indicador.

A adoção de indicadores que mensurem o desempenho no tocante a clientes, a processos e a nível global constitui um fator fundamental para a instituição de ensino viabilizar a adoção da configuração organizacional por processos conjugada à estrutura vertical (estrutura funcional ou tradicional).

Em um ambiente voltado para o processo, cada gerente funcional é responsável por atingir resultados, alocar recursos e executar as políticas e os procedimentos estabelecidos. A única diferença para uma organização tradicional é que cada função é medida com relação a objetivos que reflitam sua contribuição para os processos. Os gerentes de linha têm tanta autoridade como em qualquer organização tradicional, não havendo, portanto, atrito entre chefias, como acontece em muitas organizações estruturadas por matriz.

Uma unidade organizacional contribui para o bem geral. Em uma estrutura de gerenciamento por processo institucionalizado, o bem geral são os processos que apoiam a estratégia da instituição de ensino, podendo coexistir com a estrutura tradicional, já que:

- o direcionamento estratégico não é mudado;
- não necessariamente muda a estrutura da instituição;
- assegura que os objetivos funcionais se alinhem aos objetivos do processo;
- muda o modo como a instituição é conduzida somente porque assegura a racionalidade dos processos existentes.

A seleção de objetivos e métricas relacionadas é um determinante importante da eficácia de uma instituição, uma vez que as decisões são tomadas com base em fatos, dados e informações quantitativos. É com este propósito que surgem os indicadores de desempenho.

Na determinação de métricas consistentes para a IES devem-se:

- identificar as saídas mais importantes da instituição de ensino e de cada processo-chave;
- identificar as dimensões críticas de desempenho para cada uma dessas saídas;
- determinar as métricas para cada dimensão crítica;
- desenvolver metas ou padrões para cada métrica.

A definição do que medir na instituição deve estar relacionada aos fatores críticos[27] que afetam o comportamento e a própria sobrevivência da IES. Como tais fatores são função direta do setor educacional ao qual pertence a instituição de ensino, influem estrategicamente nos resultados, na sobrevivência e, portanto, no posicionamento competitivo da organização no contexto de seu ramo de atividades.[28]

O referencial a ser estabelecido na forma de indicador de desempenho deve ser, em primeira instância, externo à instituição de ensino. Torna-se, então, necessário considerar a compatibilização, equivalência e ajuste para efeito de comparação entre as métricas apuradas internamente e os indicadores-padrão divulgados pelas associações, entidades de classe, sindicatos, órgãos governamentais e publicações especializadas do setor educacional.

Os indicadores de desempenho, instrumentos de suporte ao processo decisório, devem ser de fácil compreensão, citando-se como exemplo o indicador

---

[27] Ver capítulo 5.
[28] Ver capítulo 2.

de produtividade e qualidade, sem definições detalhadas, que pode ter significado diverso para diferentes funções da instituição de ensino.

Produtividade para a área de ensino pode significar *produtos/hora*, ao passo que para a área de finanças pode significar *faturamento/horas trabalhadas*. Métricas demasiadamente complexas, apesar de amplas, perdem o vínculo com a realidade, como, por exemplo, o rendimento global, definido através de difícil fórmula que inclui aulas, percentagem de reprovações, horas de docência, horas paradas e coeficientes de rendimento, o que dificulta e torna inviável a efetiva análise da situação real.

A mensuração do desempenho deve contemplar a instituição de ensino de fora para dentro — *orientação para o mercado* — e de cima para baixo — *hierarquia organizacional*. A partir do ambiente externo, pode-se definir indicadores voltados para: satisfação do cliente, atividades de fornecedores, desempenho financeiro junto a instituições financeiras, desempenho da concorrência.

Já associadas à hierarquia, as métricas podem ser determinadas na forma de macroindicadores, que correspondem ao nível estratégico e que efetivamente mensuram os resultados globais da instituição de ensino. Mensurando-se o desempenho, pode-se obter como resultados: a IES é monitorada em todos os seus níveis; todos os executores ao longo da cadeia visualizam o impacto de seu trabalho sobre as saídas críticas da instituição de ensino; e fica evidenciada a vinculação entre as saídas da instituição e as saídas dos processos e dos seus executores.

Ou seja, com as métricas estabelecidas na forma de indicadores de desempenho, pode-se:

❑ assegurar que o desempenho na instituição está sendo gerenciado;
❑ identificar adequadamente os problemas e o ordenamento de prioridades;
❑ estabelecer uma compreensão clara para os funcionários do que a IES espera deles;
❑ garantir uma base objetiva e equitativa para recompensas e programas de incentivos.

Conforme já salientado, os indicadores de desempenho se subordinam às peculiaridades do ramo de atividades da instituição, sendo estabelecidos de uma forma macro, na linguagem do mercado, para efeito de cotejamento com as entidades externas, como instituições concorrentes, instituições de ensino do exterior, entidades de classe e órgãos governamentais (dados agregados).

Genericamente, e apenas para efeito de ilustração, uma vez que cada instituição deve ter seu próprio conjunto de indicadores, podem ser considerados alguns fatores básicos, ou áreas de abrangência das métricas, tais como: gestão global; satisfação do cliente; qualidade dos produtos, bens ou serviços; e recursos humanos.

Como *gestão global*, podem ser aferidos indicadores voltados para a mensuração do grau de liderança da alta direção, dos valores da instituição de ensino quanto à qualidade, da responsabilidade comunitária e dos resultados econômicos.

No que tange à *satisfação do cliente*, podem ser mensurados: determinação dos requisitos e das expectativas do cliente; gestão do relacionamento com os clientes; padrões de serviços aos clientes; compromisso com os clientes; e reclamações e resultados inerentes ao grau de satisfação dos clientes.

Quanto à *qualidade dos produtos*, podem ser considerados: projeto e lançamento de produtos/serviços no mercado; controle da qualidade no processo; qualidade dos fornecedores; qualidade do processo do negócio e dos serviços de apoio; e melhoria contínua.

Já na utilização de *recursos humanos* podem ser mensurados itens como: gestão dos recursos humanos; envolvimento dos funcionários; educação e treinamento em qualidade; reconhecimento e desempenho dos funcionários; e bem-estar e motivação do pessoal da IES.

Sugere-se que, para cada indicador, sejam preenchidos: uma meta (valor a ser atingido e prazo para sua obtenção); uma visualização gráfica a partir de dados em uma série histórica; o valor do *benchmark* (referenciais para cotejo através de *benchmarking*), para fins de comparação com o mercado.

Conceitualmente, pode-se dividir o *benchmark* em três tipos: a) quando se comparam atividades semelhantes dentro de uma mesma instituição; b) quando se comparam atividades com as similares dos concorrentes; c) quando se comparam atividades semelhantes conduzidas dentro de organizações de setores econômicos diferentes.

O *benchmark* envolve a obtenção de *feedback* regular do cliente, acompanhando o desempenho real ao longo das dimensões das métricas estabelecidas nos indicadores, alimentando as tarefas relevantes com informações do desempenho, tomando ações corretivas caso o desempenho não esteja atingindo a meta e restabelecendo objetivos para que a instituição de ensino continuamente se adapte à realidade externa e interna, via *benchmarking* (ver figura 51).

Figura 51
Indicadores da IES e *benchmarking*

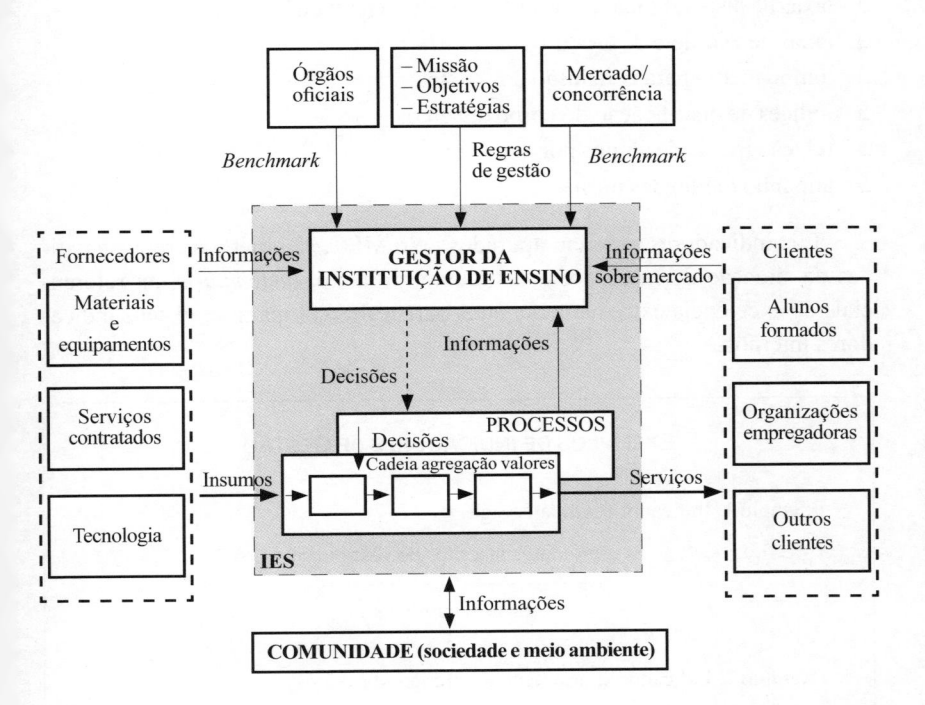

É a fase de gestão do processo através de seus indicadores que mede, principalmente, a qualidade, o custo e a entrega dos serviços educacionais. Se todos os padrões estabelecidos nos passos anteriores forem cumpridos, obter-se-

-á uma qualidade-padrão, um custo-padrão ou uma entrega-padrão. Nesta fase podem ser constatados desvios em relação ao planejado, devendo-se então atuar no resultado para repor imediatamente o processo em funcionamento, ou atuar na causa para prevenir o reaparecimento do desvio.

Nesse monitoramento, até mesmo em relação ao meio externo à IES, é lícito utilizar as possibilidades instituídas pelo Decreto nº 2.026/96, que estabeleceu procedimentos para o processo de avaliação dos cursos e instituições de ensino superior, mediante indicadores de desempenho global do sistema nacional de ensino superior, por região e unidade da Federação, segundo as áreas de conhecimento e o tipo ou a natureza das instituições de ensino, quais sejam:

- taxas de disponibilidade e de utilização de vagas para ingresso;
- taxas de evasão e de produtividade;
- tempo médio para conclusão dos cursos;
- índices de qualificação do corpo docente;
- relação média de alunos por docente;
- tamanho médio das turmas.

Tais indicadores, a serem apurados pelo MEC, são métricas representativas da situação do mercado, constituindo, portanto, *benchmarks* ou referenciais de excelência extremamente úteis para a IES comparar com seus indicadores internos.

EXEMPLOS DE INDICADORES DE GESTÃO

Exemplo 1: Indicador candidato/vaga

$$\frac{\text{Candidatos inscritos no vestibular}}{\text{Vagas disponíveis}}$$

Exemplo 2: Indicador faturamento *vs.* número de alunos

$$\frac{\text{Valor do faturamento do período}}{\text{Número de alunos existentes}}$$

---

continua

Exemplo 3: Indicador faturamento *vs.* número de funcionários

$$\frac{\text{Valor do faturamento do período}}{\text{Número de funcionários existentes}}$$

Exemplo 4: Indicador faturamento *vs.* número de professores

$$\frac{\text{Valor do faturamento do período}}{\text{Número de professores existentes}}$$

Exemplo 5: número de profissionais formados *vs.* número de professores

$$\frac{\text{Número de profissionais formados}}{\text{Número de funcionários}}$$

Exemplo 6: número de profissionais formados *vs.* número de funcionários

$$\frac{\text{Número de profissionais formados}}{\text{Número de funcionários}}$$

Exemplo 7: Número de profissionais formados *vs.* custo operacional da instituição

$$\frac{\text{Custo operacional da IES}}{\text{Número de profissionais formados}}$$

Exemplo 8: Número de profissionais formados *vs.* número de alunos ingressantes

$$\frac{\text{Número de profissionais formados por classe}}{\text{Número de alunos ingressantes por classe}}$$

Exemplo 9: Número de horas-aula *vs.* número de professores

$$\frac{\text{Número de horas-aula}}{\text{Número de professores na ativa}}$$

continua

Exemplo 10: Número de créditos *vs.* número de alunos

$$\frac{\text{Número de créditos}}{\text{Número de alunos na ativa}}$$

Exemplo 11: Número de horas-aula *vs.* número de alunos

$$\frac{\text{Número de horas-aula}}{\text{Número de alunos}}$$

Exemplo 12: Número de alunos *vs.* número de disciplinas

$$\frac{\text{Número de alunos na ativa}}{\text{Número de alunos de disciplinas}}$$

Exemplo 13: Número de professores *vs.* número de disciplinas

$$\frac{\text{Número de profissionais na ativa}}{\text{Número de disciplinas}}$$

Exemplo 14: Volume de receitas e mensalidades *vs.* custo operacional

$$\frac{\text{Volume de receitas}}{\text{Custo operacional}}$$

Exemplo 15: Custo total anual *vs.* número de alunos

$$\frac{\text{Custo total anual}}{\text{Número de alunos}}$$

Exemplo 16: Valor da anuidade *vs.* custo total anual por aluno (segregado por curso/programa)

$$\frac{\text{Valor da anuidade}}{\text{Custo anual por aluno}}$$

PARTE III
Processos, configuração organizacional e tecnologias da informação

*Tecnologia é a resposta,
mas qual foi a pergunta?*

Visão geral

Segundo Tapscott,[29] mudanças de paradigmas provocam forte impacto nas organizações dos dias atuais. A mudança em nível mundial, em termos de ordem econômica e política, é bastante visível para qualquer pessoa que leia jornais. Ninguém está realmente seguro sobre o que seja tal mudança, ou que direção está tomando, porém a era pós-II Guerra Mundial já terminou. O mundo está se tornando mais aberto e volátil.

Uma mudança relacionada com a anterior está ocorrendo no ambiente das organizações empresariais, nos mercados e, consequentemente, nas instituições de ensino. O estável período do pós-guerra, caracterizado pela competição limitada, chegou ao final. Os mercados e as economias nacionais estão sendo transformados. As regras antigas vão desaparecendo, assim como as barreiras à competição.

Está ocorrendo uma mudança na natureza das organizações e, por reflexo natural, nas IESs. A organização de antigamente já não funciona mais. A transformação organizacional, possibilitada pela informação, é necessária para se obter sucesso num novo ambiente. A nova organização é dinâmica e pode responder rapidamente a mudanças no mercado. Ela possui uma estrutura diferente, mais achatada e apoiada em equipes, eliminando a hierarquia burocrática. Ela se baseia em compromisso em vez de controle. Os processos empresariais são simplificados em favor da produtividade e da qualidade. A nova organização é aberta e atua em rede.

A idade da informação está entrando numa nova era. O novo paradigma de tecnologia surge de forma paralela às outras mudanças. Do mesmo modo que a nova organização, o *sistema de informação* neste novo contexto é aberto e operado em rede. Ele é modular e dinâmico, baseando-se em componentes intercambiáveis. Ele induz a organização ao *empowerment*, distribuindo informação e poder decisório aos usuários. Mediante padrões, ele se encontra integrado, transpondo as organizações para adiante das ilhas de sistemas (e seus equivalentes organizacionais) da era da informática tradicional. O sistema de informação opera da mesma maneira que as pessoas, integrando dados, texto, voz, informação e imagem em seus diversos formatos, proporcionando uma

---

[29] Tapscott, 1995.

espinha dorsal para as estruturas organizacionais orientadas para equipes. Ele torna indistinta as barreiras entre as organizações, possibilitando a reformulação dos relacionamentos externos. Acima de tudo, o sistema de informação já atingiu o ponto de maturidade no qual se tornou atingível e economicamente viável. No contexto desse novo paradigma de tecnologia, quanto mais tempo a instituição de ensino esperar para iniciar esta transição, maior será a exigência de investimentos e gastos, de longo e curto prazos.

Esta parte III analisa as dimensões críticas da mudança, de modo a auxiliar as instituições de ensino a descobrir as possibilidades *das tecnologias da informação*, portanto, dos *processos* e *sistemas de informação*, e oferecer uma abordagem que permita conduzir a transição da IES para um novo patamar, nos contornos delineados pelo *modelo de gestão* proposto.

Figura 52
Tecnologias e sistemas de informação nas IESs

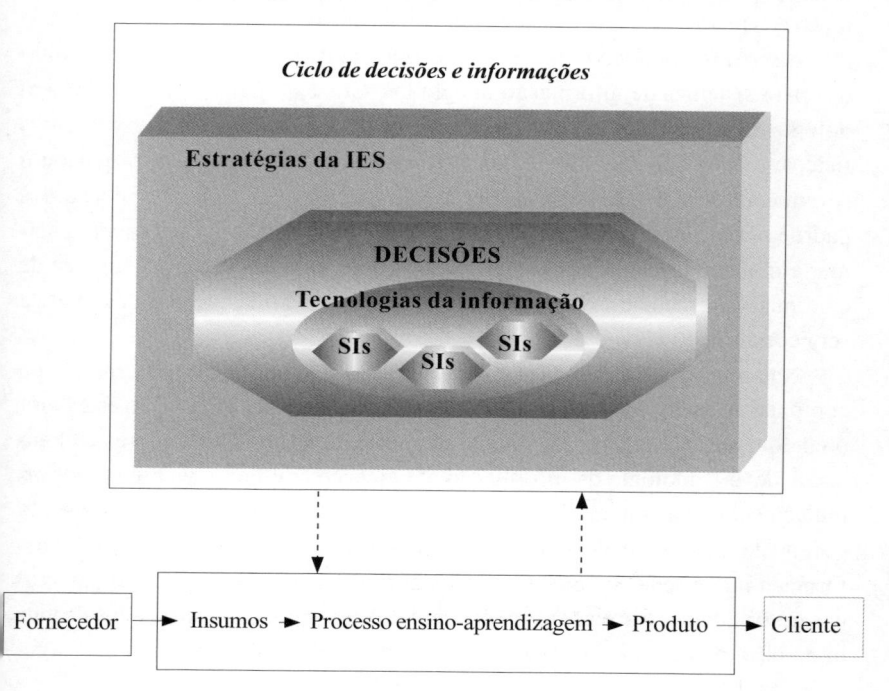

Nas últimas décadas, registraram-se quatro mudanças fundamentais, algumas ainda em curso, quanto à forma de aplicação da computação nas organizações. A *primeira mudança* consistiu na passagem da computação pessoal para a computação em grupo. Os computadores pessoais penetraram em todas as partes das organizações, tendo alcançado praticamente todas as áreas e níveis organizacionais. No entanto, seu impacto raramente pode ser descrito como estratégico. O principal fator limitante é que o microcomputador, PC isolado, não funcionava da mesma maneira que as pessoas, em termos de comunicação com os outros, especialmente dentro de um grupo de trabalho.

Este novo avanço valorizaria a importância do trabalho em equipe como unidade básica e as imensas oportunidades para dar suporte às equipes dentro da execução das funções organizacionais. A computação em grupos de trabalho proporcionou instrumentos, informação e capacidade tanto em nível pessoal quanto de equipe, dando suporte direto a todas as categorias de pessoas no contexto organizacional. Quando bem-concebidos e implementados, os sistemas para grupos de trabalho podem-se tornar o ponto focal para a reconfiguração dos processos e das posições funcionais da organização.

A *segunda mudança* foi e é caracterizada pela passagem de sistemas ilhados para sistemas de informação integrados. Ou seja, tradicionalmente, a tecnologia da informação era utilizada para apoiar o controle dos recursos: ativos físicos; recursos financeiros; e recursos humanos. Tal abordagem provocou o surgimento de sistemas isolados por toda a organização. Com a evolução dos padrões da tecnologia da informação, tornou-se possível migrar para um patamar em que a arquitetura da organização, como um todo, é viável, em vez de continuar acrescentando mais unidades isoladas à medida que elas passavam a ser necessárias.

Na *terceira mudança*, a organização passa da computação interna para a computação interorganizacional. Ou seja, os sistemas de informação estão ampliando o alcance externo, ligando a organização a seus fornecedores e clientes. A nova tecnologia da informação, de alcance ampliado, viabiliza a reformulação do relacionamento das instituições com organizações externas. A cadeia de agregação de valor, *fornecedores-IES-clientes*, está sendo transformada numa rede de valor eletrônica que serve também para interligar grupos de afinidade e até mesmo concorrentes. A informática, restrita e de alcance interno (intraorganizacional), está se transformando em computação interorganizacional.

Figura 53
Ampliação da informática nas IESs

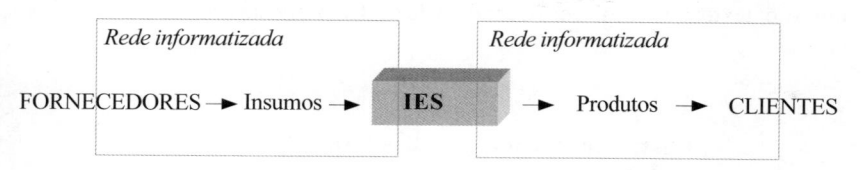

```
        Rede informatizada                    Rede informatizada
FORNECEDORES → Insumos →    IES    → Produtos → CLIENTES
```

Nesse novo ambiente, a tecnologia da informação pode ser vista em termos de classe de sistemas de informação, que vão desde o nível pessoal até o nível interorganizacional. As aplicações pessoais dão suporte direto aos seus usuários finais e são por eles controladas. As aplicações para trabalho em grupo são compartilhadas por membros de equipes ou funções, que podem estar centralmente localizadas ou então amplamente dispersas por toda as partes da organização. As aplicações corporativas ou institucionais dão suporte a uma ampla gama de usuários em todas as partes da organização, e podem envolver muitas áreas e/ou departamentos. As aplicações interorganizacionais implicam a interação com usuários e sistemas localizados externamente à organização.

A *quarta mudança*, ainda em curso, afeta de forma mais imediata e intensa as instituições de ensino do que outras organizações empresariais. Ela diz respeito a uma nova era, a da *economia digital,* em que o capital humano passa a ser mais importante do que o capital tradicional. Nesta era da economia baseada mais no cérebro do que nos recursos físicos e materiais, as inovações e vantagens competitivas tornam-se efêmeras e transitórias em um menor espaço de tempo. Tal economia se apoia intensamente em redes eletrônicas, que expandem virtualmente as fronteiras das organizações, com a possibilidade de supressão de agentes entre a organização e fornecedores e clientes. As organizações e, principalmente, as instituições de ensino, nesta nova economia, passarão a ter como principal ativo o capital humano, intelectual ou do conhecimento. Ou seja, em vez do tradicional ativo patrimonial das demonstrações financeiras — balanços —, é o *ativo intelectual* que é considerado o mais importante.

Este novo contexto exige, das organizações em geral e das instituições de ensino em particular, mais ênfase no gerenciamento do conhecimento e não apenas na administração de dados ou informações. Exige, ainda, das IESs a correta compreensão e interpretação das novas gerações que estão chegando, ou seja, a geração Internet ou da era digital, detentora de uma nova cultura, valores e perfil psicológico.

Esta parte III procura abordar a gestão das tecnologias da informação neste novo contexto, de acordo com o modelo de gestão proposto (ver figura 54).

Figura 54
Gestão das tecnologias da informação nas IESs

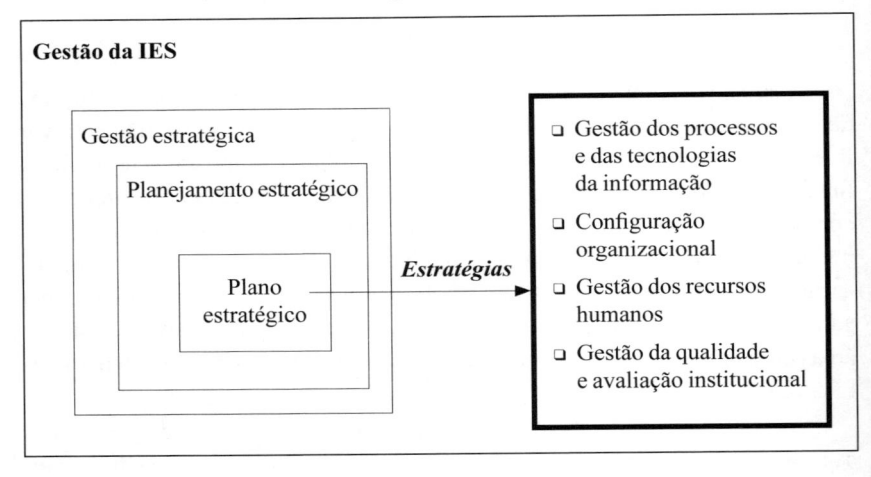

Gestão da IES

- Gestão estratégica
  - Planejamento estratégico
    - Plano estratégico

Estratégias →

- ❏ Gestão dos processos e das tecnologias da informação
- ❏ Configuração organizacional
- ❏ Gestão dos recursos humanos
- ❏ Gestão da qualidade e avaliação institucional

CAPÍTULO 7

Determinação dos processos-chave

Pressupostos básicos relativos aos processos sistêmicos

A abordagem apresentada neste capítulo procura estabelecer uma compreensão a respeito das finalidades da instituição, anteriormente à determinação das necessidades de decisões, de sistemas de informação ou mesmo do tipo de tecnologia da informação a ser adotada.

Figura 55
Planejamento das tecnologias da informação

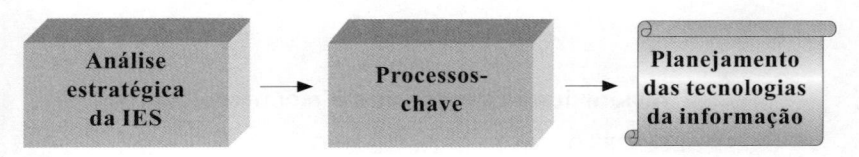

Análise estratégica da IES → Processos-chave → Planejamento das tecnologias da informação

Essa compreensão da instituição de ensino passa pela: a) análise estratégica da IES; b) determinação dos processos-chave; c) planejamento das tecnologias da informação através da hierarquização das decisões e sistemas de informação.

Na análise estratégica da IES busca-se estabelecer uma compreensão global da instituição de ensino, segundo as características e estratégias genéricas inerentes a uma instituição típica do setor educacional, como ponto de partida para as análises subsequentes.

A identificação e a análise dos *processos-chave* podem revelar a necessidade de serem feitas mudanças nos objetivos e metas institucionais, bem como nos sistemas de informação e nas práticas gerenciais. A abordagem de análise dos processos resulta em implicações significativas para os *gestores* na medida em que podem usar a perspectiva e abordagem de processo: a) para correlacionar os objetivos da instituição ao desempenho individual, medir o que realmente está acontecendo na IES, comparar o desempenho com outras instituições, estabelecer vantagens sobre a concorrência, estimar o impacto de incorporações e avaliar estruturas alternativas para a organização; b) para identificar e preencher lacunas de tempo de ciclo, custo e qualidade, gerenciar as interfaces entre departamentos e as interfaces dentro de suas próprias unidades, implementar mudanças e alocar recursos de forma efetiva; c) para diagnosticar necessidades institucionais e recomendar aperfeiçoamentos que terão um impacto importante sobre o desempenho da instituição, para avaliar ações que devem tomar e para facilitar as equipes de aperfeiçoamento.

A abordagem de *processos sistêmicos* constitui a área de maior ganho de eficiência, através da melhoria da interface entre o nível *estratégico* e o *operacional* da instituição, bem como possibilita incremento da eficácia organizacional na medida em que permite estruturar uma IES centrada no cliente e no mercado, com características de flexibilidade e adaptabilidade às novas situações, além de implementar mudanças e quebrar barreiras entre unidades organizacionais.

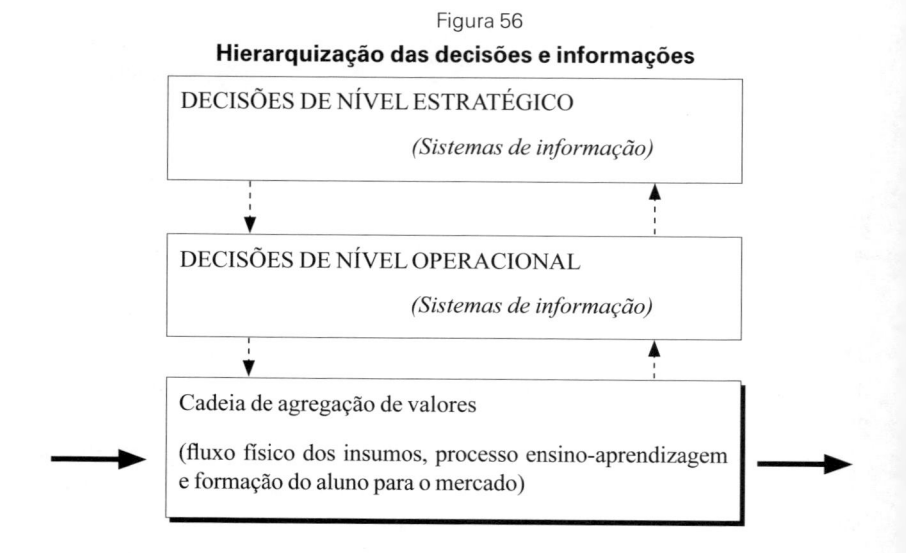

Figura 56
Hierarquização das decisões e informações

DECISÕES DE NÍVEL ESTRATÉGICO

(Sistemas de informação)

DECISÕES DE NÍVEL OPERACIONAL

(Sistemas de informação)

Cadeia de agregação de valores

(fluxo físico dos insumos, processo ensino-aprendizagem e formação do aluno para o mercado)

Como análise vinculada à abordagem de processos no âmbito da instituição de ensino, têm-se os *sistemas de informação*, que constituem módulos menores do ciclo de decisões/informações que, por sua vez, interagem com o ciclo produtivo, ou cadeia de agregação de valores da IES. Os sistemas de informação, tanto as *aplicações informatizadas* como aquelas *não informatizadas*, são analisados de forma complementar, nesta parte III.

Análise sistêmica da IES

A análise sistêmica da IES procura estabelecer uma visão global da instituição de ensino, observando os diferentes tipos de organização existentes. Ou seja, a análise ambiental permitiu que fosse feito o enquadramento da IES em termos de elementos estratégicos genéricos no que tange a: a) produtos/serviços; b) grupos de clientes que constituem os mercados; c) vantagens sobre a concorrência; d) prioridades de produto e mercado, e estabelecendo as áreas de ênfase.

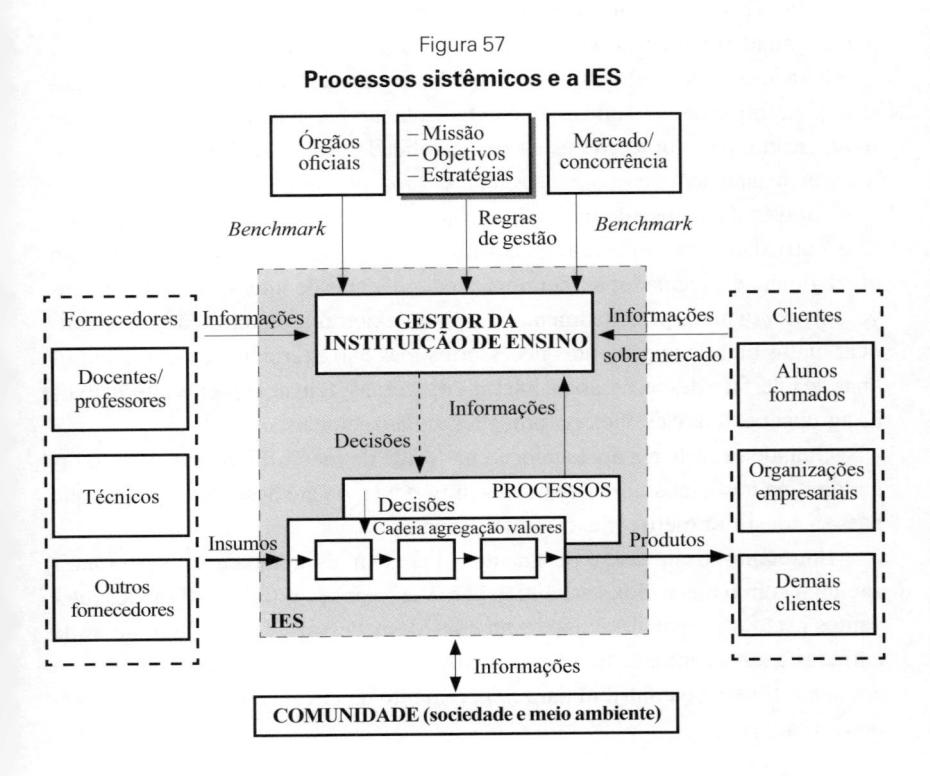

Figura 57
Processos sistêmicos e a IES

Posteriormente à identificação dos elementos estratégicos que são inerentes ao setor educacional ao qual pertence a instituição de ensino, podem ser explicitados os objetivos da IES[30] em termos de como devem ser implementados seus cursos nos diversos mercados em que são oferecidos.

Um conjunto efetivo de objetivos da IES, conforme visto no capítulo 5, inclui: a) as estratégias da instituição; b) as especificações advindas dos desejos dos clientes; c) as expectativas financeiras e não financeiras; d) metas para cada grupo de cursos e para cada mercado; e) expectativas para cada vantagem sobre a concorrência a ser estabelecida ou ampliada.

Quanto aos *processos sistêmicos*, tais objetivos devem ser: a) baseados nos indicadores de gestão válidos para o setor educacional; b) originados das informações sobre a concorrência e do meio ambiente; c) derivados de informações internas e quantificáveis, na forma de indicadores.

Para averiguar a viabilidade dos objetivos corporativos, é necessário avaliar se a atual organização apoia a consecução desses objetivos.

Para isso, é possível utilizar um modelo de representação sistêmica (ver figura 57), na forma de macrofluxo, que enfatiza tanto o relacionamento da IES com seu mercado, com fornecedores e demais entidades do meio ambiente, quanto o das principais funções intraorganizacionais.

Através da análise do macrofluxo sistêmico pode-se: a) visualizar as principais atividades da instituição de ensino; b) compreender como o trabalho, em nível global, é executado; c) identificar redundâncias de interações tanto em nível interno quanto, principalmente, no plano externo à organização; d) identificar hiatos ou relacionamentos necessários mas não exercidos; e) identificar linhas de interface desnecessárias, internas e externas; f) avaliar meios alternativos de agrupar pessoas e estabelecer unidades organizacionais.

Quando se utiliza a apresentação na forma de macrofluxo sistêmico, o organograma tradicional torna-se menos importante, ou até desnecessário, porque passa a constituir mero reflexo daquele modelo.

Entretanto, nesta fase é pertinente a análise integrada da estrutura organizacional com o macrofluxo sistêmico para verificar se: a) todas as funções relevantes estão no lugar; b) existem funções desnecessárias; c) o fluxo atual de entradas e saídas entre as funções é eficaz; d) a estrutura formal da organização apoia a estratégia e contribui para o incremento da eficácia dos resultados corporativos.

---

[30] Ver capítulo 5.

Identificação dos processos-chave

A análise efetuada anteriormente torna claro quais são os clientes da instituição de ensino para cada curso, subsidiando, portanto, a identificação dos *processos-chave*, ou seja, as células fundamentais da IES. Por processo(s)-chave em uma instituição de ensino entende-se o conjunto de atividades principais (atividades-fim), diretamente relacionadas à cadeia de agregação de valores. Esta última entendida como o fluxo físico da instituição de ensino, desde a contratação de insumos junto aos fornecedores, passando pelo processamento interno da IES, até a geração do produto final ao cliente.

Figura 58
Processos-chave na IES

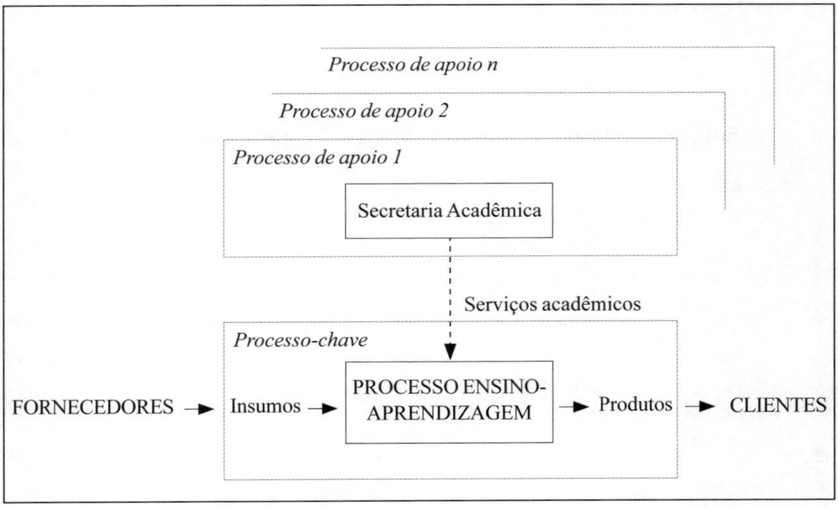

```
                    Processo de apoio n
                Processo de apoio 2
            Processo de apoio 1
                    Secretaria Acadêmica
                            |
                            | Serviços acadêmicos
            Processo-chave  v
                         PROCESSO ENSINO-
FORNECEDORES → Insumos →  APRENDIZAGEM     → Produtos → CLIENTES
```

Ou seja, a escolha dos processos relativamente mais importantes da organização recai naqueles processos sistêmicos que estão:

- voltados para o atendimento de clientes;
- com alto grau de contribuição para os objetivos dos clientes;
- com expressivos volumes/valores envolvidos e que possam afetar significativamente os resultados da instituição de ensino.

Estes três fatores de avaliação, juntamente com um quarto parâmetro, que é constituído pelos elementos estratégicos genéricos definidos para a IES em função do setor educacional a que pertence, induzem a escolha dos processos estratégicos, ou *processos-chave*, da instituição de ensino. Essa escolha, de preferência, deve ser conduzida de forma colegiada por um grupo de gestores, a cúpula da IES, que julgaria e ordenaria os atuais processos sistêmicos inventariados. Ou seja, é necessário relacionar todos os atuais processos sistêmicos, a partir de um levantamento inicial (que pode ser representado graficamente pela construção de um macrofluxograma sistêmico).

Uma vez definidos os processos-chave, que seriam as prioridades em termos de racionalização e de informatização e, portanto, sérios candidatos a permanecer na instituição de ensino (os demais poderiam ser eliminados ou terceirizados), pode-se implementar uma segunda fase de análise, com a aplicação de fatores de escolha internos à IES.

Figura 59
Enfoque sistêmico na determinação dos processos-chave

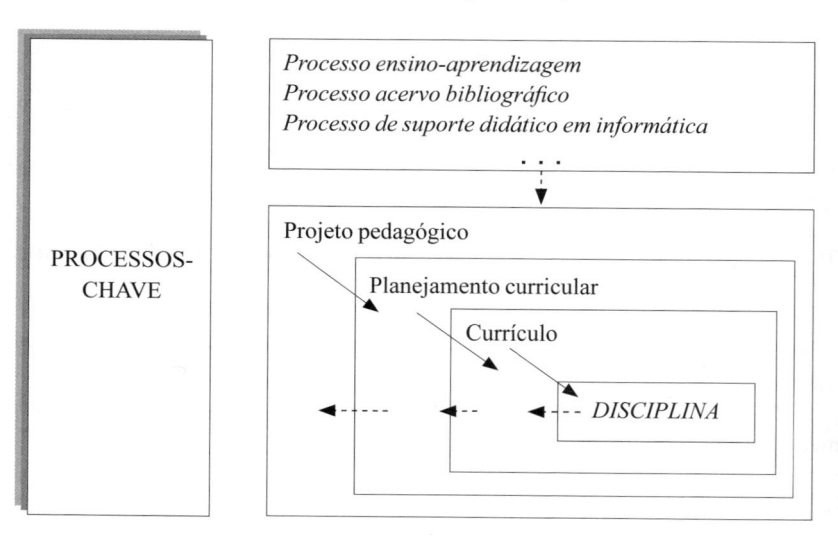

PROCESSOS-CHAVE

Processo ensino-aprendizagem
Processo acervo bibliográfico
Processo de suporte didático em informática
...

Projeto pedagógico
Planejamento curricular
Currículo
DISCIPLINA

Essa segunda fase de análise, também conduzida de forma colegiada pelo grupo de gestores, visa a ratificar as prioridades anteriormente definidas de desenvolvimento de projetos de aperfeiçoamento dos processos-chave. Ou seja, confirmar se os processos sistêmicos são realmente passíveis de racionalização e padronização, com a análise dos seguintes parâmetros:

- processos integradores de unidades organizacionais, ou seja, aqueles intersetoriais que unem diferentes tarefas/atividades, horizontalmente na estrutura;
- o atual estágio de evolução/estabilidade do processo sob análise; uma vez que, mesmo considerado de nível estratégico, o processo pode estar num nível de padronização satisfatório, que dispensaria uma intervenção imediata. A recíproca também pode ocorrer: um determinado processo de nível operacional, que eventualmente se encontre em estágio de evolução precário, poderia justificar uma definição maior de prioridade;
- o resultado da avaliação dos clientes quanto à qualidade dos cursos fornecidos pelos atuais processos; através desses parâmetros pode-se identificar um processo estratégico que se encontra em um nível satisfatório de atendimento às expectativas de seu mercado (ou vice-versa);
- pressões externas à instituição, exigências contingenciais, que demandem uma urgente intervenção no processo, independentemente de seu grau de importância relativa (mudanças na legislação; alterações na política econômica; e demais variáveis externas incontroláveis).

Com a aplicação dos fatores de análise, em ambas as fases, identificam-se os *processos-chave* e, por decorrência, os demais *processos não estratégicos* (ou de nível operacional). Portanto, por processos de nível operacional podem-se enquadrar aqueles: a) que são voltados para clientes internos; b) de abrangência intrassetorial; c) de natureza estruturada ou de menor complexidade; d) inerentes a baixos volumes/valores envolvidos.

Metodologicamente propõe-se visualizar a instituição de ensino além das fronteiras funcionais que compõem o organograma tradicional, tendo em vista a explicitação do fluxo de trabalho da IES como um todo.

Parte-se da premissa, ainda, de que uma IES típica é composta de vários processos de trabalho interfuncionais, tais como: criação de novos cursos, elaboração e revisão da grade curricular, avaliação do corpo docente, programa do vestibular e outros correlatos.

Deve-se assegurar que os processos sejam implementados para atender às necessidades do cliente, e sem perder de vista os produtos, mercados e fornecedores. Os processos-chave dos negócios da instituição de ensino devem ser estabelecidos de modo a visualizar a organização horizontalmente, como um sistema, contrapondo-se, pois, à tradicional visão de estrutura vertical definida com a mera hierarquia de funções.

A seleção dos processos estratégicos é feita, portanto, a partir do enquadramento inicial no ramo de negócios e da aplicação dos demais fatores de análise, de forma a identificar os poucos e críticos *processos sistêmicos*, que têm maior impacto sobre os resultados da instituição de ensino. O processo estratégico é aquele que influencia uma vantagem competitiva no contexto de atuação da IES.

Alternativamente, a abordagem adotada possibilita uma outra dimensão de análise com o desdobramento dos processos sistêmicos, de forma a identificar processos produtivos da instituição de ensino.

Um *processo produtivo*, como uma série de etapas criada para produzir um produto ou serviço, pode estar totalmente contido em uma função, como também pode abranger várias funções, atravessando horizontalmente a estrutura e incluindo os espaços em branco entre as unidades representadas no organograma.

É possível identificar os *processos produtivos* com a correlação entre produtos *versus* clientes e a caracterização dos mercados de atuação da instituição de ensino, criando condições para relacionar os fornecedores e concorrentes com cada tipo de produto (ou família de produtos).

No desenvolvimento desta análise, deve ser feito o cruzamento dos produtos com fornecedores/concorrentes, juntamente com a determinação dos mercados de atuação da IES, foco da análise, o que permite delimitar os processos produtivos da instituição de ensino.

Alguns processos resultam em um produto ou serviço que é recebido por um cliente externo à instituição de ensino, constituindo neste caso processo de clientes. Outros produzem serviços internos, essenciais à gestão dos negócios, na forma de processos administrativos.

Um processo pode ser visto como uma cadeia de agregação de valores, na qual, pela sua contribuição para a criação ou entrega de um produto, cada etapa de um processo acrescenta valor às etapas precedentes.

Os *processos produtivos* identificados levam em conta o tipo de organização ou setor/ramo de negócios ao qual pertençam, permitindo, portanto, delimitar as prioridades, conforme se pode ver no quadro, com exemplos de processos produtivos por tipo de instituição, inclusive para uma instituição de ensino típica.

Exemplos de processos produtivos por tipo de organização

Processos	Ramo de negócios/setor econômico
Garantia da qualidade	Aeronáutico
Processamento de empréstimos	Bancos
Controle de estoques	Supermercados
Avaliação de sinistros	Seguros
Controle de prateleira	Comércio varejista
Fluxo de caixa	Transporte rodoviário
Preparação de alimentos	Restaurante
Logística e manuseio materiais	Transporte aéreo
Serviços de telefonia	Telecomunicações
Reservas	Hotelaria
Ensino-aprendizagem	Instituição de ensino

Para isolar e conhecer o núcleo fundamental de cada IES é preciso, primeiro, dissecá-lo em suas partes constitutivas, identificando-se os processos sistêmicos necessários para a instituição de ensino cumprir sua missão. Ou seja, identificar os processos produtivos que compõem a cadeia de agregação de valores da instituição de ensino. Para exercer a *gestão de instituições de ensino*, é necessário, antes de mais nada, determinar qual o processo produtivo (ou processos) capaz de melhor tipificar a IES, sem o qual o gestor incumbido de sua administração tende a dispersar tempo e esforço no que não é fundamental para o êxito da instituição. O quadro acima exemplifica o(s) processo(s)-chave para diversos tipos de organizações pertencentes a setores econômicos diferenciados.

A lógica da análise efetuada permite ainda deduzir que:

- se o tempo de ciclo do curso é uma vantagem competitiva em potencial, então o processamento desse produto pode ser um processo estratégico;
- se a qualidade do curso é uma vantagem competitiva, então o(s) processo(s) direcionado(s) a assegurar a qualidade dos serviços prestados ao cliente pode(m) ser processo(s) estratégico(s);
- se novos produtos são vitais para se obter vantagem competitiva, então o desenvolvimento e a implementação de novos cursos podem ser um processo estratégico;
- se a habilidade em responder rapidamente às necessidades de uma comunidade em constante mudança é uma vantagem competitiva, a pesquisa de mercado pode ser um processo estratégico.

Um processo estratégico pode ser identificado mesmo entre os processos administrativos. Por exemplo: se o custo operacional de um curso for uma vantagem competitiva, o processo de orçamento e gastos com capital pode ser estratégico tanto quanto aqueles relacionados às atividades-fim da instituição de ensino (projeto de novos cursos, ensino-aprendizagem, entre outros).

Ainda como interpretação dos conceitos da abordagem, pode-se deduzir que cada *processo produtivo* (voltado para os clientes) e cada *processo de apoio* (administrativo) existem para alavancar o atingimento dos objetivos da instituição de ensino.

Metodologicamente, propõe-se visualizar a instituição de ensino além das fronteiras funcionais que compõem o organograma tradicional, tendo em vista a explicitação do fluxo de processos da organização como um todo. Na identificação e priorização dos processos, podem ser adotados os seguintes critérios:

- tratar-se de clientes (órgãos) externos à instituição;
- valores envolvidos no processo;
- grau de impacto sobre os clientes;
- natureza integradora do processo (intersetorial);
- estágio de padronização do processo;
- pressões externas (à organização) sobre o processo.

Os processos da instituição de ensino, conforme o modo como o cliente enxerga a organização, podem ser considerados processos produtivos ou processos de apoio (ver figura 60).

Figura 60
Processos produtivos e de apoio

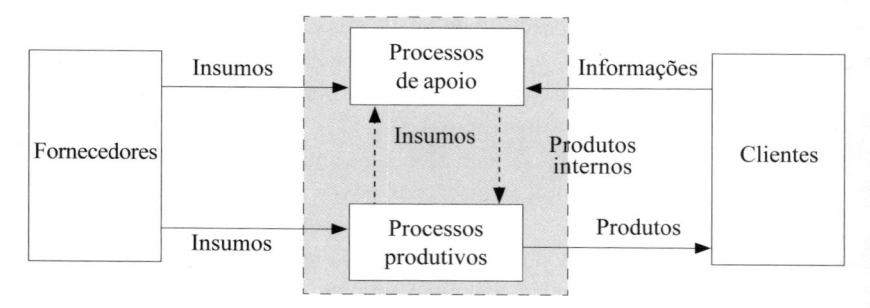

Os *processos produtivos* são aqueles que geram produtos aos clientes, ou seja, aqueles diretamente envolvidos no atendimento aos principais requisitos dos clientes, portanto, voltados primordialmente para o cumprimento da missão da IES.

Por *processos de apoio* entendem-se aqueles que proporcionam suporte aos processos produtivos (processo ensino-aprendizagem), ou seja, são essencialmente voltados para o atendimento dos órgãos internos da instituição de ensino. Os requisitos de gerenciamento para os processos de apoio dependem muito de requisitos internos predefinidos para a IES, consoante critérios do PNQ — Prêmio Nacional da Qualidade (entre outros critérios possíveis).

Capítulo 8

Configuração organizacional

Organização da instituição de ensino em torno de processos

A configuração organizacional é uma peça fundamental para a obtenção de um melhor desempenho no processo de gestão de uma instituição de ensino. O que normalmente prevalece nas IESs é a estrutura tradicional, do tipo verticalizada e funcional (ver figura 61). Esse tipo de estrutura caracteriza-se pela existência de áreas estanques, em que se adota a departamentalização das atividades, tanto acadêmicas quanto administrativas, a saber: Departamento de Ensino Geral, Secretaria de Curso, Setor de Registro e Controle Acadêmico, Setor Financeiro e afins.

Figura 61
Estrutura tradicional de uma IES

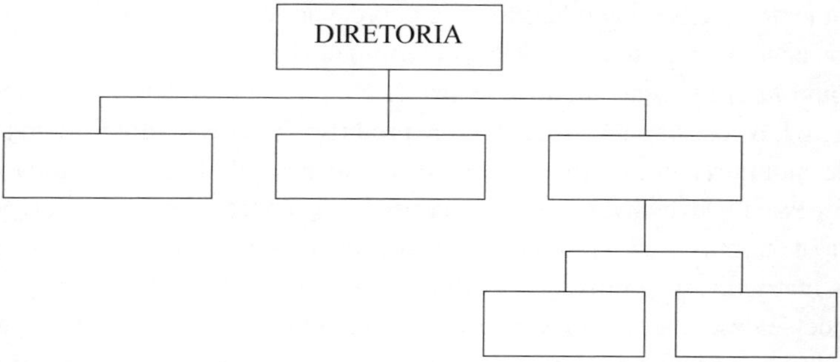

Qualquer que seja a alternativa organizacional adotada, sugere-se, para a avaliação individual das IESs, seguir o Decreto nº 2.026/96, que regulamenta a matéria, devendo-se observar os seguintes aspectos:

- administração geral: efetividade do funcionamento dos órgãos colegiados, relações entre a entidade mantenedora e a instituição de ensino, eficiência das atividades-meio em relação aos objetivos finalísticos;

❑ administração acadêmica: adequação dos currículos dos cursos de graduação e da gestão da sua execução, adequação do controle do atendimento às exigências regimentais de execução do currículo, adequação dos critérios e procedimentos de avaliação do rendimento escolar;
❑ integração social: avaliação do grau de inserção da instituição na comunidade, local e regional, por meio de programas de extensão e de prestação de serviços;
❑ produção científica, cultural e tecnológica: avaliação da produtividade em relação à disponibilidade de docentes, qualificados considerando-se o seu regime de trabalho na instituição.

No *modelo de gestão* proposto, procura-se estabelecer uma compreensão dos *processos sistêmicos* como um todo, através do instrumento analítico *fluxo básico da instituição,* com base na qual é estabelecida a configuração organizacional por processos da instituição de ensino. Essa configuração por processos pode coexistir com a estrutura funcional (organograma tradicional).

Por *processo sistêmico* entende-se o conjunto de tarefas com um ou mais itens de controle, realizado por várias pessoas (por exemplo: processo ensino-aprendizagem). Deve haver sempre um gestor do processo, que eventualmente pode ser o responsável por um determinado órgão de linha. Um chefe de departamento de ensino geral pode ser o coordenador do curso, ou o gestor do processo ensino-aprendizagem de um determinado curso.

Como *tarefa* subentendem-se as partes em que se desdobram o processo sistêmico. É o conjunto de atividades que produzem um resultado/produto passível de monitoramento através de item de controle. Pode ser realizada por uma só pessoa. Deve haver sempre uma pessoa responsável pela tarefa (como exemplo de tarefas desdobradas do processo ensino-aprendizagem, tem-se: admissão, matrícula, integralização, avaliação, certificação).

Pode-se descrever um *processo sistêmico,* ainda, como uma série de tarefas criadas para produzir um produto/serviço. Alguns processos sistêmicos podem estar totalmente contidos em uma função. No entanto, a maioria dos processos sistêmicos inclui várias funções que abrangem as interfaces entre os quadros do organograma funcional da estrutura tradicional de uma instituição de ensino. É a compatibilização da dimensão funcional (organograma tradicional) com a dimensão por processos sistêmicos, conforme mostrado na figura 62.

CONFIGURAÇÃO ORGANIZACIONAL 151

Figura 62
Dimensão funcional e a dimensão por processos de uma IES

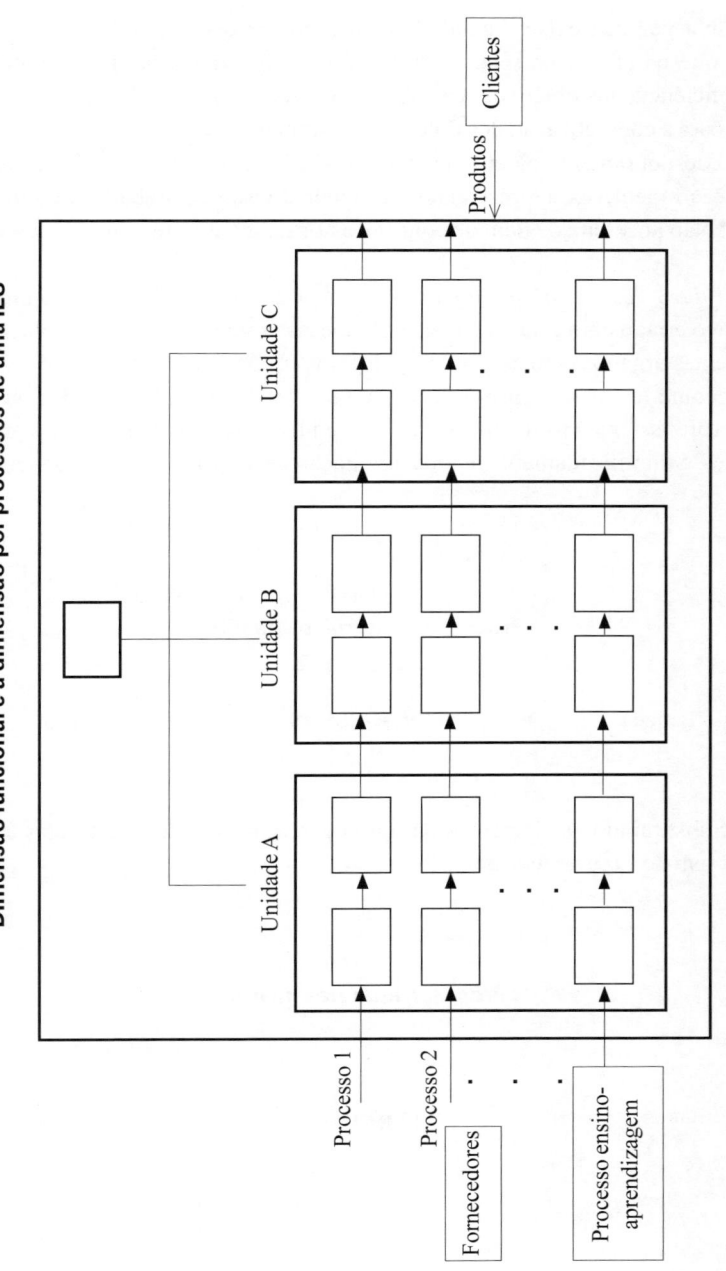

Uma vez que existe finalidade para o processo sistêmico, deve-se assegurar que os processos sejam estruturados/padronizados de modo a atender com eficiência aos objetivos. Os processos devem ser caminhos lógicos e fluentes para a concretização dos objetivos e estratégias da IES.

O desdobramento da tarefa resulta nas atividades. *Atividade* é o conjunto de ações repetitivas, representando a menor divisão do trabalho de um processo. Não necessita de item de controle e normalmente é feita por uma só pessoa.

O *fluxo básico da instituição* (ou a nível do processo) é um instrumento analítico criado com a aplicação do enfoque sistêmico e destinado à solução de problemas organizacionais. Essa abordagem propõe que a instituição de ensino opere como um sistema processador que converte entradas em saídas ou produtos (profissionais formados ou serviços educacionais) que ela fornece a seus clientes. Simplificadamente, é uma ampliação da abordagem ilustrada na figura 63.

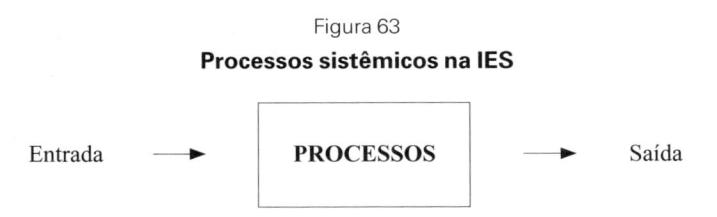

Figura 63
Processos sistêmicos na IES

Entrada ⟶ PROCESSOS ⟶ Saída

Substituindo os elementos da figura anterior por insumos, tarefas e produtos, tem-se a representação da figura 64.

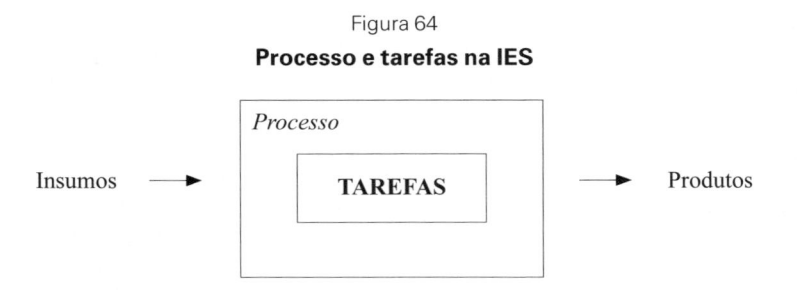

Figura 64
Processo e tarefas na IES

Insumos ⟶ *Processo* [TAREFAS] ⟶ Produtos

Tal representação constitui uma visão simplificada de um *processo*, que é composto de um conjunto de tarefas executadas a partir de insumos e transformadas em produtos (bens e/ou serviços). Incorporando-se as entidades relevantes do processo (fornecedores e clientes) no contexto da IES como um todo, tem-se o fluxo básico da instituição (ou a nível do processo), estruturado conforme modelo da figura 65.

Figura 65
Fluxo básico na IES

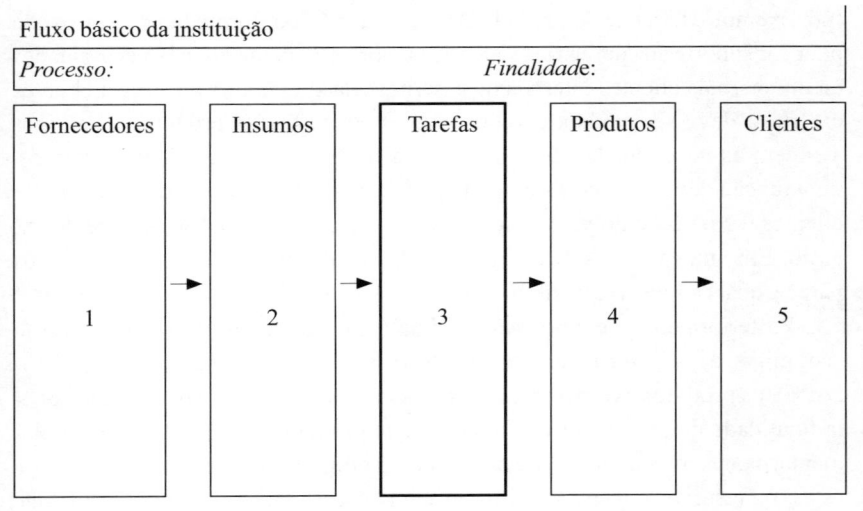

Fluxo básico da instituição

Processo:			Finalidade:	
Fornecedores	Insumos	Tarefas	Produtos	Clientes
1	2	3	4	5

Modelo da instituição de ensino como um fluxo de processos

A construção do *fluxo básico da instituição* (ou a nível do processo) deve-se iniciar com a descrição da finalidade, que é o propósito maior da IES, ou do *processo sistêmico* (missão ou objetivos do processo). Tal providência procura responder à seguinte indagação: os objetivos da instituição/processo estão ligados aos requisitos da organização e dos clientes? Ou seja, a finalidade ou missão do processo deve guardar estreita coerência com a missão da IES.

Uma vez que os *processos sistêmicos* constituem o meio através do qual o trabalho é produzido, há necessidade de estabelecer a sua finalidade. A finalidade que diz respeito ao cliente externo (admissão, matrícula, ensino, avaliação, certificação, outros) deve vir dos objetivos/missão da IES e de outras exigências do cliente.

Os propósitos para os processos internos (secretaria acadêmica, registro e controle de alunos etc.) devem ser movidos pelas necessidades dos clientes internos.

Os objetivos funcionais que fazem parte da gestão da instituição de ensino não devem ser finalizados até se evidenciar a contribuição que cada *função* (dimensão vertical da estrutura tradicional) precisa dar aos processos sistêmicos. Cada função, pertencente a uma unidade organizacional da estrutura da IES (por exemplo: unidade A, unidade B ou unidade C, conforme figura 62), existe para dar suporte aos processos sistêmicos, portanto, para servir às necessidades de um ou mais clientes internos ou externos. Caso uma função sirva a clientes externos, deve ser medida quanto ao grau em que seus produtos e serviços atendem às necessidades dos clientes. Caso sirva apenas a clientes internos, uma função deve ser medida pelo modo como atende às necessidades daqueles clientes e com base no valor que acrescenta, em última análise, ao cliente externo. Em ambos os casos, as ligações-chave com o cliente são os processos para os quais a função contribui.

Posteriormente à explicitação da finalidade da instituição ou do processo sistêmico, devem ser inseridos, *no fluxo básico da instituição* (ou *do processo*), os produtos e respectivos clientes extraídos da própria descrição daquela finalidade do processo (relacionar os clientes para cada produto). Complementarmente, devem-se associar a cada produto as tarefas pertinentes, e a estas, os insumos e respectivos fornecedores (correlação dos fornecedores de cada insumo da instituição ou do processo).

Outra forma de montar o *fluxo básico da instituição* é relacionar as tarefas inerentes ao processo. Às tarefas devem ser associados os produtos (serviços) gerados pelas mesmas, e a cada produto, os respectivos clientes (clientes). De forma análoga, devem ser associados às tarefas os insumos necessários à sua realização, bem como os respectivos fornecedores (órgãos ou entidades externas à instituição de ensino).

Análise do fluxo básico

Os processos devem ser caminhos lógicos e fluentes para a concretização da sua finalidade básica (ou objetivos). Como parte da análise do fluxo básico da instituição, deve ser respondida a pergunta-chave que aborda essa variável: *o* processo sob estudo consiste em tarefas que permitem atender eficientemente à sua finalidade básica? Na análise do fluxo básico da instituição, outras questões podem ser levantadas, tais como:

- As finalidades do processo estão ligadas aos requisitos do cliente?
- Este é o processo mais eficiente e efetivo para atingir a finalidade da IES?
- Foram estabelecidos os devidos objetivos (desdobramento da finalidade do processo e da tarefa)?
- São alocados recursos suficientes para o processo?
- As interfaces entre as etapas do processo estão previstas e estão sendo gerenciadas?

A análise do fluxo básico da instituição pode ser feita averiguando se:

- os produtos do processo estão relacionados de forma completa;
- os clientes, correlacionados aos produtos, estão completos, contemplando-se, portanto, os clientes externos, bem como os internos à instituição de ensino;
- não existe hiato ou redundância nas tarefas que geram os produtos inerentes ao processo;
- os insumos necessários à realização das tarefas estão inteiramente relacionados;
- os fornecedores dos insumos, tanto entidades externas quanto órgãos internos à instituição de ensino, guardam completa correlação.

No decorrer da análise do fluxo básico da instituição, sugere-se que seja diagnosticada a situação da informatização no processo (ou na instituição de ensino como um todo). São oportunas questões do tipo:

- Os *softwares*/sistemas de informação em uso têm problemas?
- Existem problemas com os *hardware*/equipamentos?
- Existem informações (saídas do sistema) não geradas pelos atuais *softwares*/sistemas de informação que possam melhorar as decisões, o desempenho e a qualidade dos trabalhos inerentes ao processo (ou relacionados à instituição de ensino)?

E esse modelo inicial simplificado para representar a instituição de ensino ou os processos sistêmicos pode ser desenvolvido como na forma apresentada na figura 66.

Figura 66
Insumos, produtos e clientes nas IESs

FORNECEDORES → Insumos → IES → Produtos → CLIENTES

Outra forma de representação seria por um fluxo sistêmico, conforme mostrado na figura 67. Para torná-lo completo, acrescentam-se as figuras do *fornecedor*, que é a origem dos insumos/entradas, e do *cliente*, associado ao produto.

Figura 67
Fluxo básico de uma IES

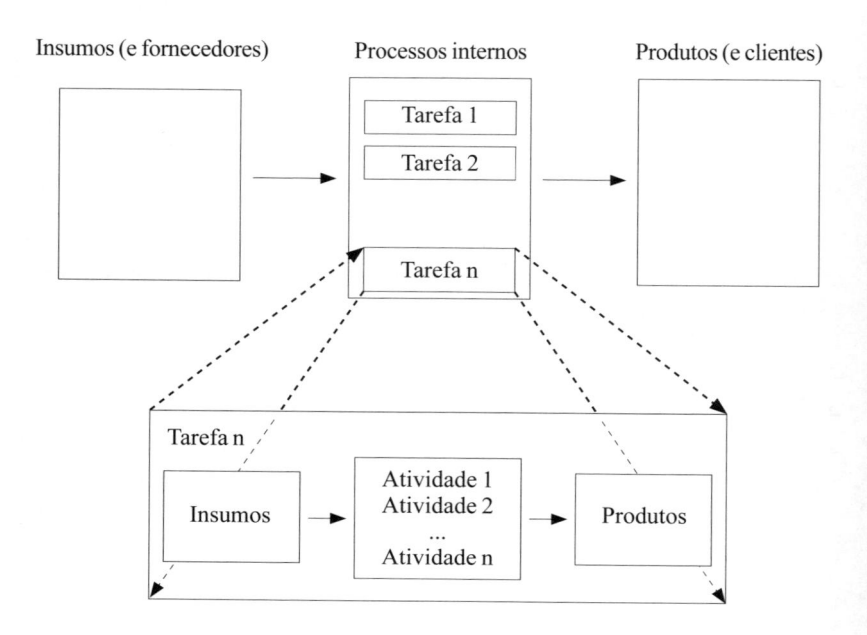

Nesta obra, enfocam-se principalmente as *atividades-fim*, uma vez que as atividades-meio são comuns e universais a qualquer tipo de organização. Tal distinção torna-se útil, até para a implementação de estratégias de subcontratação externa, junto a fornecedores/parceiros, de serviços inerentes às atividades-meio, passíveis, portanto, de terceirização. Desdobrando o modelo proposto, agora com o detalhamento e o exemplo das entradas, dos processos internos da IES e das saídas, tem-se o modelo explicitado na figura 68.

Figura 68
Exemplo de fluxo básico de uma IES típica

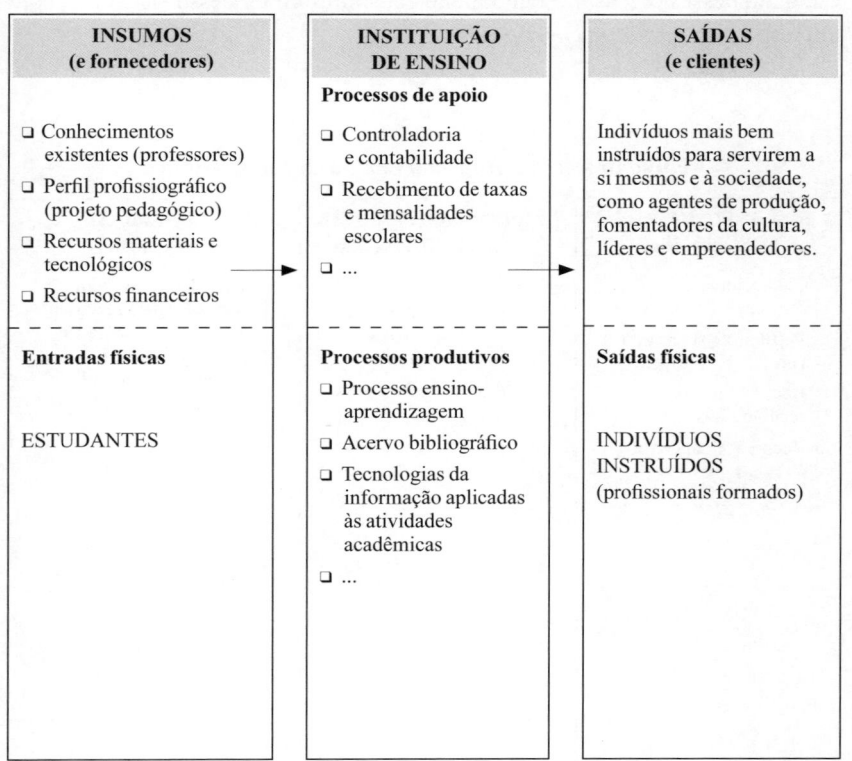

INSUMOS (e fornecedores)	INSTITUIÇÃO DE ENSINO	SAÍDAS (e clientes)
	Processos de apoio	
❏ Conhecimentos existentes (professores) ❏ Perfil profissiográfico (projeto pedagógico) ❏ Recursos materiais e tecnológicos ❏ Recursos financeiros	❏ Controladoria e contabilidade ❏ Recebimento de taxas e mensalidades escolares ❏ ...	Indivíduos mais bem instruídos para servirem a si mesmos e à sociedade, como agentes de produção, fomentadores da cultura, líderes e empreendedores.
Entradas físicas ESTUDANTES	**Processos produtivos** ❏ Processo ensino-aprendizagem ❏ Acervo bibliográfico ❏ Tecnologias da informação aplicadas às atividades acadêmicas ❏ ...	**Saídas físicas** INDIVÍDUOS INSTRUÍDOS (profissionais formados)

Detalhando em tarefas o processo ensino-aprendizagem, obtém-se o fluxo básico do processo, conforme explicitado na figura 69.

Figura 69
Processo ensino-aprendizagem

→ Processo ensino-aprendizagem →

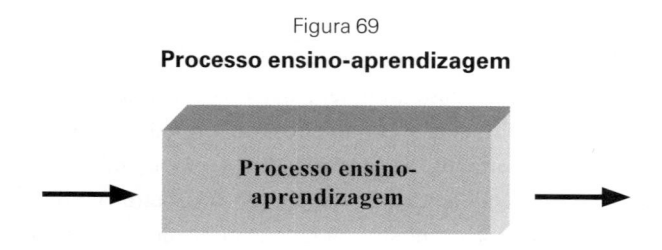

A rigor, o processo ensino-aprendizagem de uma IES típica é composto dos cursos de graduação (de extensão, especialização ou outros correlatos). Cada um desses cursos, portanto, pode constituir um processo sistêmico, com um respectivo *gestor* ou *coordenador*.

Figura 70
Fluxo básico do processo ensino-aprendizagem

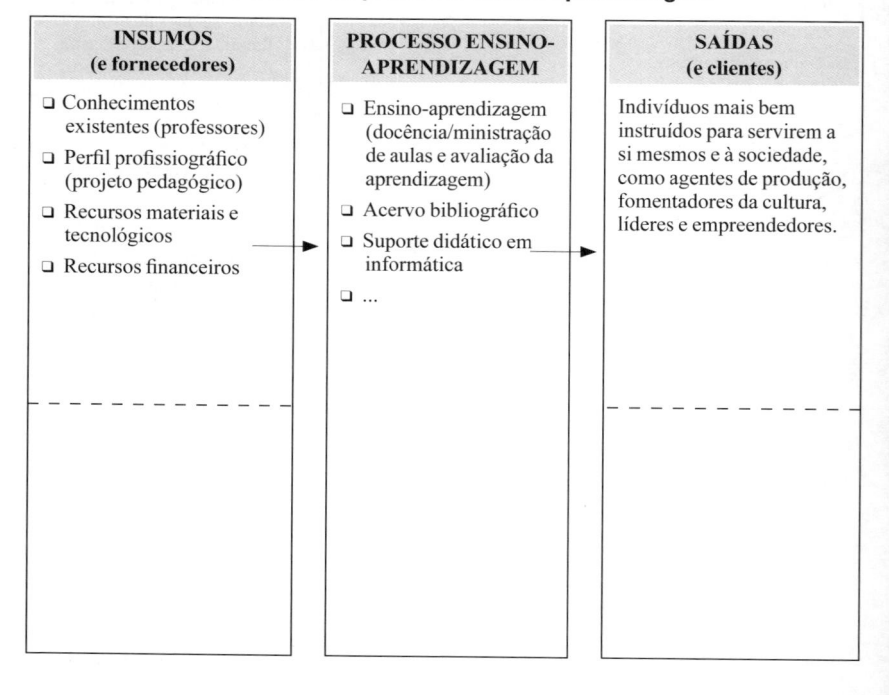

INSUMOS (e fornecedores)	PROCESSO ENSINO-APRENDIZAGEM	SAÍDAS (e clientes)
❏ Conhecimentos existentes (professores) ❏ Perfil profissiográfico (projeto pedagógico) ❏ Recursos materiais e tecnológicos ❏ Recursos financeiros	❏ Ensino-aprendizagem (docência/ministração de aulas e avaliação da aprendizagem) ❏ Acervo bibliográfico ❏ Suporte didático em informática ❏ ...	Indivíduos mais bem instruídos para servirem a si mesmos e à sociedade, como agentes de produção, fomentadores da cultura, líderes e empreendedores.

EXEMPLO DE DEFINIÇÃO DE ATRIBUIÇÕES E RESPONSABILIDADES PARA O COORDENADOR DE CURSO (OU GESTOR DE CURSO)

O papel do coordenador de curso de graduação em administração

No atual contexto educacional, organizacional e societário, observa-se que os coordenadores dos cursos de graduação em administração devem tirar proveito das oportunidades internas e externas com o intuito de se tornarem mais competitivos.

A conscientização dos coordenadores acerca deste novo cenário universal e a adaptação a ele são fundamentais para os cursos alcançarem seus objetivos, sob pena de não sobreviverem. Já se faz presente a demanda de novos modelos de gestão delineados por novos procedimentos acadêmicos e por coordenadores, dotados dos requisitos da era da informação e do conhecimento. Para os cursos/instituições que permanecerem alheios a essa nova realidade poderá ocorrer um crescimento menor que o seu potencial permite, tornando-os dependentes do aparato burocrático pelo fato de esta nova realidade exigir, acima de tudo, uma mudança de mentalidade, de atitudes ou de percepção.

A principal mudança se dá no papel desempenhado pelo coordenador do curso, ou seja, do simples exercício do comando e do controle para o gerenciamento das potencialidades internas e externas. Tal gerenciamento poderá ser resultante tanto da experimentação quanto dos riscos assumidos, que podem ampliar a capacidade de ação. O gerenciamento requer uma integração do saber e do fazer, de forma que as ideias possam ser testadas e as capacidades humanas ampliadas. Isto requer que o coordenador leve a sério o aperfeiçoamento contínuo e encoraje ativamente as pessoas que estão dentro da sua esfera de influência a fazer o mesmo. A simplicidade está nas ideias e atividades sugeridas para o incremento de mudanças que venham assegurar a eficiência, eficácia e a efetividade dos cursos de graduação em administração.

Desta forma, constata-se que o coordenador tem uma responsabilidade fundamental no gerenciamento das mudanças na medida em que os ambientes das instituições estão se tornando menos analisáveis, por conterem menos respostas observáveis e mensuráveis, e mais não analisáveis, por conterem mais fatores desconhecidos e por estarem sujeitos a menos interpretações racionais, ou seja, os ambientes estão se tornando cada vez mais complexos, turbulentos e incertos.

Por isso é que os coordenadores como gestores devem monitorar, sentir, reagir e aprender com situações de evolução através das suas interações com processos produtivos, clientes e fornecedores, tanto internos quanto externos à instituição.

continua

Assim, o coordenador deve atuar como gestor de oportunidades, procurando, antes de tomar qualquer tipo de decisão, verificar o que está "do outro lado da mesa", ou quais as repercussões das decisões para seus públicos internos e externos. Aqui fica nítida a necessidade de um coordenador com postura de gestor que valoriza o diálogo, a participação e a mudança com vistas a buscar o aperfeiçoamento contínuo do curso em prol da sua melhoria como um todo.

O coordenador como gestor de oportunidades sabe que tem que aprender a suportar, guiar, influenciar e administrar essas transformações. O mesmo deve ter a capacidade de empreendê-las, de forma integral, tanto aos membros como às suas instituições. É necessário que todos se tornem habilitados ao processo de mudança, para que não só sejam capazes de transformar as instituições, em resposta a situações de mudança, mas também desenvolver cursos de administração que incorporem sistemas capazes de causar suas próprias e contínuas transformações. Deve, ainda, atuar como um cosmopolita do tipo "construtor de impérios", comprometidos e preocupados com o curso e com a busca sistemática de referenciais externos. Trata-se, aqui, do coordenador com perfil do homem "parentético", ou seja, daquele que possui uma consciência crítica altamente desenvolvida das premissas de valor presentes no dia a dia para alcançar um nível de pensamento conceitual e, portanto, de liberdade.

Já o coordenador como gestor de recursos, caracterizado como burocrata e guardião da casa, está muito mais preocupado com o desenvolvimento de atividades internas, sem levar em conta o que se passa dentro e fora dos cursos de graduação. Não se interessa pelas consequências das decisões tomadas no âmbito do curso e da instituição. Tem medo de dialogar com o grupo. Prefere ficar sentado atrás de uma mesa decidindo, sem identificar o que está "do outro lado da mesa" e fora do curso/instituição.

O coordenador do curso como gestor de recursos demonstra que está atuando como um homem "operacional" ou "reativo". Operacional no sentido de ver seus públicos internos como agentes passivos do processo de mudança e, ainda, por estar preocupado com as práticas de treinamento que incentivem o ajuste dos seus pares aos imperativos estabelecidos pelo curso ou pela instituição.

Reativo no momento em que procura o ajustamento do indivíduo ao contexto do trabalho e não ao seu crescimento individual. Ainda, incentiva o desenvolvimento de procedimentos para a cooptação de grupos informais por meio do uso do aconselhamento pessoal com o objetivo de estimular reações positivas em consonância com as metas dos cursos/instituições. Busca, assim, a manutenção do estado estável para não romper o *status quo* vigente no interior dos mesmos.

continua

Por isso a mudança é inevitável. As instituições/cursos devem-se tornar "sistemas de aprendizagem". Os coordenadores devem agir antes de conhecer a fim de que possam aprender, necessitando para tal abandonar os modelos pragmáticos de conhecimento ajustados para períodos de relativa estabilidade, situação que não existe mais.

A perda do estado estável demanda o surgimento de novas posturas. Novos referenciais são necessários para se fazer a projeção do futuro, ou seja, é necessária uma severa reconceituação dos conceitos: interesses — individual e coletivo, bem comum e valores.

Os coordenadores de curso têm a responsabilidade de encontrar contextos que maximizem tanto a comunidade quanto a liberdade, tanto o bem do todo quanto o bem dos indivíduos e dos grupos pequenos. A busca da adequação entre liberdade (individual) e cooperação (bem comum) é o lado do paradoxo que deve ser compreendido pelos coordenadores de curso.

Para que os mesmos possam compreender tal paradoxo, não podem atuar como gestores de recursos e nem como burocratas e guardiães dos cursos em prol da manutenção do *status quo*. Também não podem desempenhar suas atribuições de modo reativo e operacional.

Tem-se claro, assim, que os cursos precisam de um coordenador com perfil de gestor de oportunidades para favorecer a implementação de mudanças que venham incrementar o nível de aprendizado contínuo por meio do fortalecimento da crítica e da criatividade de todos os agentes envolvidos no processo. A atitude crítica deve suspender ou colocar entre parênteses a crença no mundo comum, permitindo ao indivíduo alcançar um nível de pensamento conceitual e, portanto, de liberdade.

Partindo desta afirmativa, o coordenador como gestor de oportunidades não pode se limitar ao desenvolvimento das atribuições de cunho burocrático. O mesmo deve e pode desenvolver muitas atividades que venham incrementar a qualidade, legitimidade e competitividade dos cursos, visando a transformá-los em "comunidades de aprendizagem" contínua, mediante o desenvolvimento de ações, dentre as quais se destacam as explicitadas a seguir.

Ações a serem implementadas pelo coordenador

Ação 1

Realização de reuniões com os professores do curso antes do início de cada semestre para discussão dos planos de ensino das disciplinas: dados de

continua

identificação, ementários, objetivos, conteúdos programáticos, metodologia de ensino-aprendizagem, metodologia de avaliação, bibliografias e cronograma.

Resultados esperados

❑ Implementação de metodologias de ensino-aprendizagem que proporcionem o crescimento dos alunos, bem como o desenvolvimento da capacidade crítica e criativa, a articulação teoria *versus* prática mediante a utilização das mais diversificadas técnicas que podem ser aplicadas como o estudo de caso, o *position paper*, a pesquisa-ação e o relato de *cases* empresariais publicados nos periódicos do campo dos negócios.

❑ Implementação de metodologias de avaliação que não priorizem a "decoreba" pela "decoreba".

❑ Atualização bibliográfica dos planos de ensino.

Ação 2

Realização de reuniões para os docentes e discentes de cada módulo do curso no primeiro dia de aula a fim de que os docentes expliquem aos participantes onde se encontra localizada sua disciplina e qual é sua relação com os conteúdos das disciplinas anteriores e posteriores, segundo os troncos comuns de conhecimento.

Resultados esperados

❑ Incremento do nível de comprometimento e da visão sistêmica dos docentes com o curso como um todo, de modo a não ministrarem a disciplina de forma isolada.

❑ Incremento do nível de motivação dos alunos por meio da verificação da validade dos conteúdos programáticos na sua formação profissional.

❑ Estreitamento no relacionamento dos segmentos envolvidos no processo.

Ação 3

Levantamento, junto aos registros acadêmicos, da frequência, dos índices de evasão, dos trancamentos, dos resultados das avaliações, entre outros aspectos, com o intuito de se acompanhar o desempenho do discente.

Resultados esperados

❑ Implementação de ações para a correção dos aspectos críticos e para o aproveitamento dos aspectos positivos, visando à democratização das informações.

continua

- Definição de políticas e de estratégias que venham assegurar o desenvolvimento discente, como, por exemplo, núcleos de apoio pedagógico.
- Implementação de mecanismos que contribuam para a integralização curricular.

Ação 4

Levantamento, junto aos docentes, dos níveis de facilidades e dificuldades encontradas na ministração das aulas.

Resultados esperados

- Minimização das dificuldades identificadas por meio da realização de cursos, como os de práticas pedagógicas, de didática do ensino superior, de relacionamento interpessoal, entre outros.
- Implementação de núcleos de apoio ao docente.
- Aquisição de recursos informacionais e instrucionais que venham facilitar o incremento da qualidade da aula ministrada pelo docente.

Ação 5

Promoção de reuniões com dirigentes de recursos humanos do segmento público e privado da região.

Resultados esperados

- Fortalecimento das relações do curso com o mercado.
- Identificação de oportunidades de estágios e de trabalhos.
- Implementação de banco de dados empresariais e do perfil dos dirigentes para facilitar a troca de experiências, ou seja, por meio deste banco de dados o docente tem condições de identificar as potencialidades que podem ser aproveitadas para incrementar a articulação teoria *versus* prática. Além disso, oportunidades de estágios também podem ser detectadas.
- Desenvolvimento de novas posturas por parte do segmento empresarial em relação aos cursos de administração.

Ação 6

Realização sistemática de reuniões com os representantes estudantis em conjunto com os líderes de cada período do curso.

continua

Resultados esperados

- Fortalecimento das relações do coordenador/gestor do curso.
- Incremento de parcerias no desenvolvimento de projetos em prol da melhoria do curso como um todo.
- Verificação do nível em que se encontra o curso, quando se leva em conta a realidade interna e externa.

Ação 7

Realização de avaliações sistemáticas do desempenho docente e discente, de cunho tanto quantitativo quanto qualitativo.

Resultados esperados

- Implementação de políticas e de estratégias que venham minimizar os aspectos negativos identificados e solidificar os positivos de forma contínua.
- Incremento do *feedback* junto aos segmentos envolvidos no processo.

Ação 8

Revisão sistemática do projeto pedagógico do curso como um todo, com a participação dos segmentos envolvidos no processo, do âmbito tanto interno quanto externo.

Resultados esperados

- Verificação da compatibilidade do mesmo em relação ao mercado a partir da identificação dos pontos fortes e fracos quando se levam em conta a missão, o perfil discente e docente, o currículo na dimensão ampla, a infraestrutura física, a biblioteca, os laboratórios, os recursos financeiros, os aspectos legais e as práticas de interface do curso com o mercado, entre outros aspectos.
- Adoção de posturas de docentes orientadores e/ou facilitadores em prol do alcance do objetivo estabelecido em cada disciplina e pelo curso.
- Minimização das sobreposições dos conteúdos programáticos, em termos quer horizontais quer verticais.
- Padronização dos planos de ensino para demonstrar que o curso sabe aplicar o conceito de organização no sentido micro e macro.

Ação 9

continua

Revisão sistemática dos procedimentos acadêmicos e administrativos utilizados pelo curso.

Resultados esperados
- Identificação dos "gargalos" que dificultam a agilidade e rapidez das decisões tomadas nos diferentes níveis do curso.
- Substituição, quando possível, dos procedimentos administrativos e acadêmicos por políticas, já que estas servem para orientar os envolvidos no processo, dando liberdade para que os mesmos possam resolver os problemas sem deixar os clientes interno e externo sem respostas.
- Uniformização dos procedimentos administrativos e acadêmicos.

Ação 10
Revisão dos meios de comunicação utilizados para os públicos internos e externos

Resultados esperados
- Implementação de meios de comunicação que assegurem a democratização da informação, bem como a sua eficiência, eficácia e efetividade.

Ação 11
Realização de cursos sequenciais não estruturados, de caráter extracurricular, como o de métodos e técnicas de pesquisa e o de consultoria de procedimentos para discentes e docentes etc.

Resultados esperados
- Desenvolvimento de habilidades e de competências para que os mesmos possam atuar como consultores internos e externos, tanto no âmbito empresarial quanto societário.

Ação 12
Realização de avaliações sistemáticas dos conteúdos ministrados em cada período no final do semestre.

Resultados esperados
- Verificação dos conteúdos aprendidos e dos não aprendidos pelos discentes em relação aos conteúdos das disciplinas ministradas em cada período.
- Implementação de estratégias que venham incrementar o nível de aprendizado dos conteúdos ministrados relativos às disciplinas de cada período.

Capítulo 9

Sistemas e tecnologias da informação

Esta é a fase em que as *informações*, caracterizadas como um recurso *estratégico* das instituições de ensino, são identificadas, de forma segregada daquelas *informações de caráter operacional*.

Figura 71
Informações estratégicas e a IES

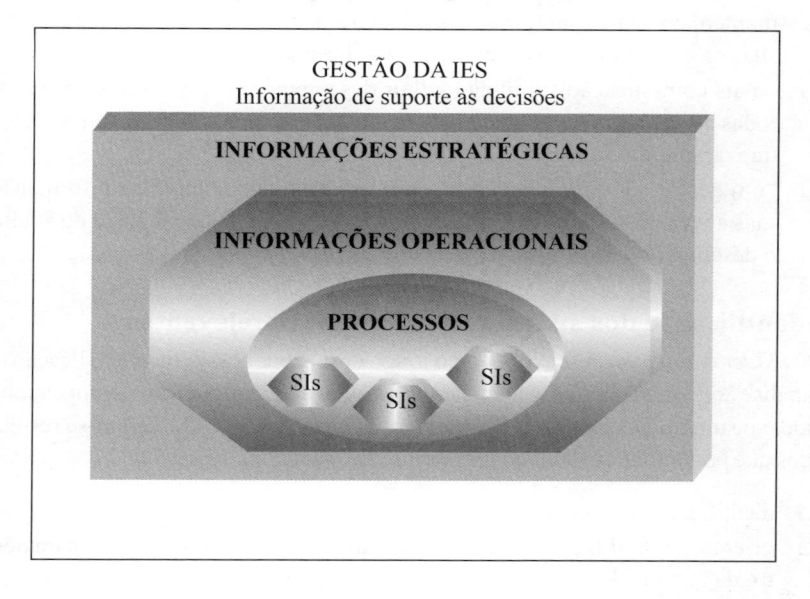

GESTÃO DA IES
Informação de suporte às decisões

INFORMAÇÕES ESTRATÉGICAS

INFORMAÇÕES OPERACIONAIS

PROCESSOS

SIs   SIs   SIs

Parte-se do pressuposto de que as informações necessárias a uma instituição de ensino são aquelas destinadas à solução dos seus problemas decisórios. Nesse contexto, a identificação e a caracterização dessas informações, na forma de *aplicações* ou *sistemas de informação*, constituem o ponto central deste capítulo.

Nessa fase, procura-se atentar para as suposições comuns e erradas que, segundo Ackoff,[31] têm servido de base para a implementação da maioria dos *sistemas de informação*, quais sejam:

- "o gestor tem muita necessidade de informações mais relevantes", o que, na prática, tem levado à superabundância de informações inúteis e a um pequeno conjunto de informações realmente relevantes;
- "o gestor necessita das informações que deseja", suposição esta baseada na hipótese de que os executivos sabem de que informações necessitam, o que na realidade é falso, pois a experiência mostra que, em geral, os administradores percebem apenas parte dos seus problemas, bem como têm uma visão apenas parcial do próprio ambiente decisório;
- "dê ao gestor as informações de que ele necessita e suas decisões melhorarão", o que implica admitir capacidade de usar bem as informações necessárias, o que a experiência não abona, pois, em geral, os executivos não mantêm controle sobre o seu próprio desempenho, de modo a identificar as suas próprias falhas e a aprender com as mesmas;
- "mais comunicação significa melhor desempenho", o que seria correto se todas as unidades organizacionais mantivessem medidas de desempenho, o que raramente ocorre;
- "um gestor não tem que saber como funciona um sistema de informação, mas apenas como usá-lo", o que priva o executivo da capacidade de avaliar o desempenho do referido sistema.

Identificação dos sistemas de informação relevantes

O *modelo de gestão* desenvolvido ao longo desta obra possibilitou a aplicação da análise ambiental e intraorganizacional, visando à reconfiguração organizacional ideal de uma IES, conjugada à estratificação das decisões. Obtiveram-se resultados que podem ser explicitados em termos de:

- identificação dos processos-chave;
- orientação da IES para o mercado, a partir de uma análise de fora para dentro da instituição;
- possibilidade de redução de níveis hierárquicos com o achatamento da pirâmide organizacional, a partir da análise dos processos e da instituição de ensino, de cima para baixo;

[31] Ackoff, 1979.

- possibilidade de otimizar as comunicações em nível lateral/horizontal, bem como em nível vertical;
- enriquecimento dos cargos *empowerment*, com o alargamento vertical e horizontal das tarefas do cargo, concedendo maior autonomia decisória às pessoas em seu respectivo posto de trabalho, ao longo dos diferentes níveis organizacionais.

Figura 72
A IES e sistemas de informação

[Figura: pirâmide com níveis Estratégico, Tático, Operacional; setas indicando Variáveis tecnológicas, Variáveis sociopolíticas, Variáveis físico-demográficas, Missão, Estratégias, Variáveis econômicas, Outras variáveis ambientais; base: Cadeia de agregação de valores — Fornecedores, Insumos, Processos-chave, Produtos, Clientes; Processos de apoio]

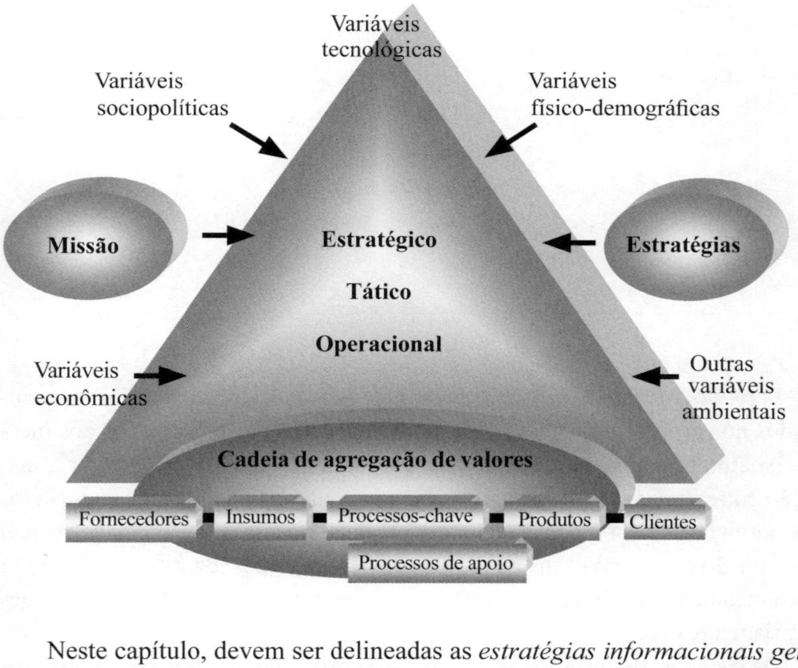

Neste capítulo, devem ser delineadas as *estratégias informacionais genéricas*, coerentemente com a filosofia sistêmica de redução da necessidade de processar informações. Tal filosofia procura evitar a simples informatização das atividades existentes na IES. Ou seja, desenvolve-se uma reorganização prévia da instituição de ensino conforme o *modelo de gestão* proposto para, apenas depois, proceder à sua informatização.

Na *identificação dos sistemas de informação relevantes*, há necessidade de, preliminarmente, se fazer um completo levantamento dos atuais sistemas em uso, ou previstos para o futuro, e relacioná-los aos processos sistêmicos previamente identificados na instituição de ensino. Para este efeito pode ser usada uma *matriz de processos e níveis decisórios* (figura 73).

Figura 73
Matriz de processos e níveis decisórios

Nível	Estratégico	Operacional
Processo 1		
Processo 2		
Processo 3		
.		
.		
.		
Processo n		

Portanto, os *sistemas de informação* ou *aplicações* inventariados serão inseridos nos processos sistêmicos da referida *matriz*, correlacionados aos mesmos e naturalmente hierarquizados em estratégico e operacional. A rigor, a distinção entre *estratégico* e *operacional* levou em conta os preceitos enunciados anteriormente, na forma de: a) setor educacional ou ramo de atividades no qual a instituição de ensino se insere; b) processos sistêmicos identificados e o grau de contribuição das decisões em relação aos mesmos; c) natureza das decisões propriamente dita.

Os sistemas de informação que não se correlacionam a nenhum dos processos-chave devem ser eliminados, ou colocados fora das prioridades da instituição de ensino, uma vez que são indícios de que não contribuem em nada para a obtenção dos resultados institucionais.

Pela análise da referida matriz, portanto, e agrupando os sistemas afins, pelo correlacionamento dos processos com os níveis decisórios, têm-se os *sistemas de informação* ou *aplicações* a serem considerados prioritários (principalmente aqueles de nível estratégico) na gestão da IES.

Figura 74
A IES e seus sistemas relevantes

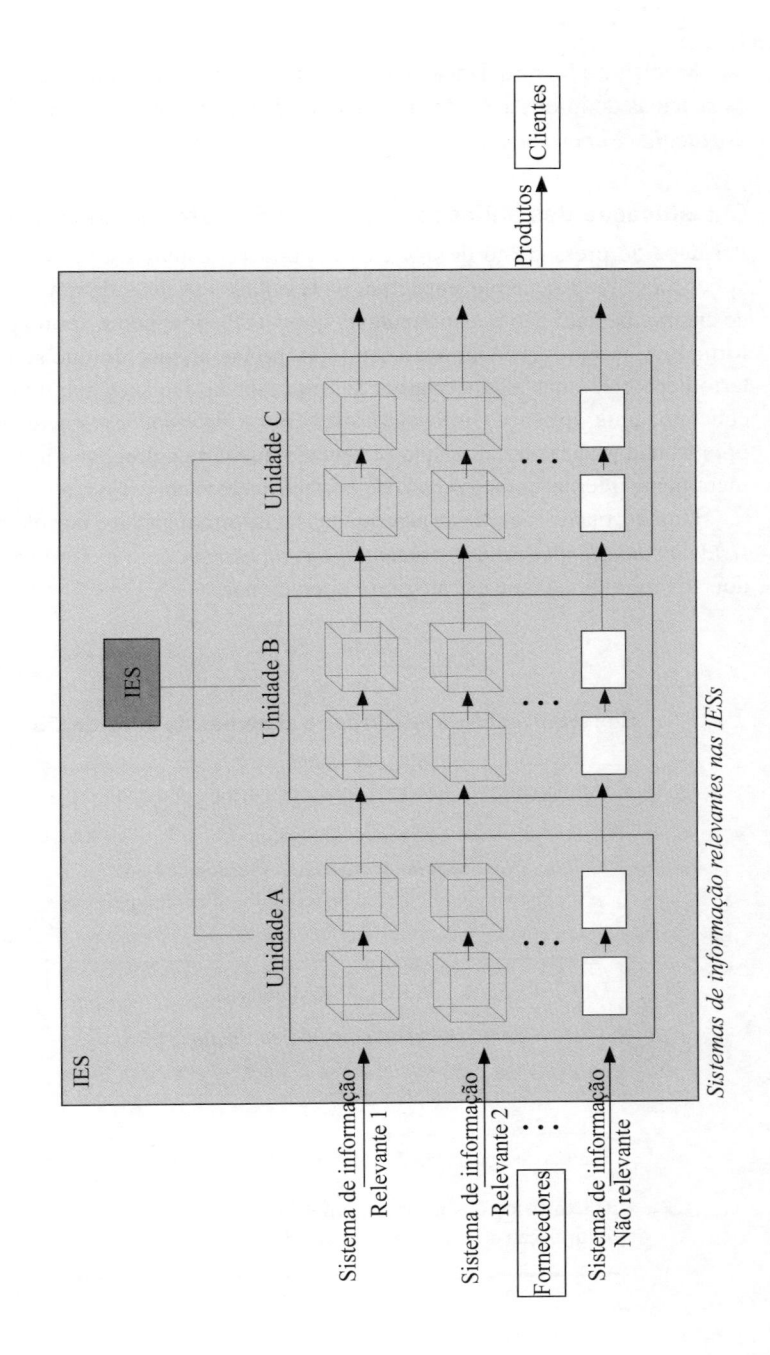

Sistemas de informação relevantes nas IESs

Mediante a hierarquização das decisões/informações é possível classificar os sistemas de informação das instituições de ensino, observando-se os níveis *estratégico* e *operacional*.

Classificação das aplicações por tipo de sistemas de informação

Partiu-se do pressuposto de que existem poucos sistemas de informação, ou aplicações, que realmente impactam os resultados globais de uma instituição de ensino. De fato não é recomendável que a IES adote como abordagem a informatização total da instituição sem uma prévia análise do que seria prioritário dentro de uma escala relativa de importância. Ou seja, seguindo-se este conceito, uma aplicação informatizada, como *informações acadêmicas aos alunos*, não poderia ter a mesma prioridade que uma aplicação administrativa meramente interna, como *cálculo da folha de pagamento*.

Uma forma de identificar prioridades de informatização é correlacionar os *sistemas de informação* aos processos-chave, assim como hierarquizá-los em dois níveis, quais sejam: estratégico e operacional.

Figura 75
Hierarquização das decisões e sistemas de informação

```
┌─────────────────────────────────────────────┐
│   DECISÕES DE NÍVEL ESTRATÉGICO             │
│                                             │
│         Aplicações acadêmicas               │
│   Sistemas de apoio às decisões (SADs)      │
└─────────────────────────────────────────────┘
         ↓                         ↑
┌─────────────────────────────────────────────┐
│   DECISÕES DE NÍVEL OPERACIONAL             │
│                                             │
│   Sistemas processadores de transação (SPTs)│
└─────────────────────────────────────────────┘
         ↓                         ↑
┌─────────────────────────────────────────────┐
│  Cadeia de agregação de valores             │
│                                             │
│  (fluxo físico dos insumos, processo ensino-aprendizagem │
│   e formação do aluno para o mercado)       │
└─────────────────────────────────────────────┘
→                                             →
```

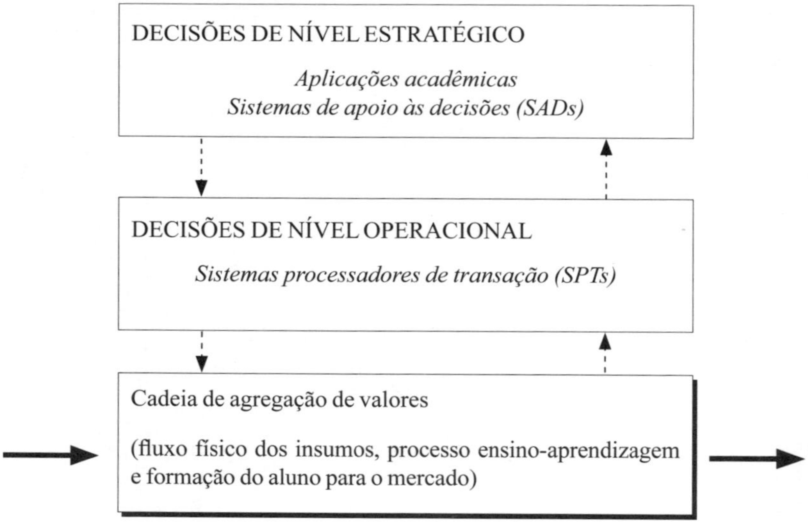

No nível *estratégico* agrupam-se as aplicações acadêmicas e os sistemas de apoio às decisões (SADs) e, no nível *operacional*, dominam os sistemas processadores de transação (SPTs).

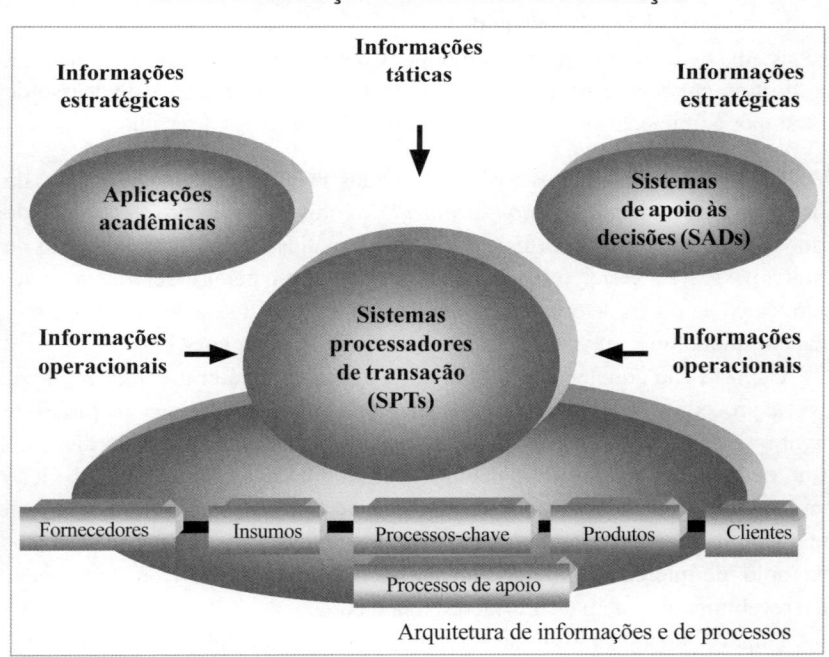

Figura 76
IES e a classificação dos sistemas de informação

- Informações estratégicas
- Informações táticas
- Informações estratégicas
- Aplicações acadêmicas
- Sistemas de apoio às decisões (SADs)
- Informações operacionais
- Sistemas processadores de transação (SPTs)
- Informações operacionais
- Fornecedores — Insumos — Processos-chave — Produtos — Clientes
- Processos de apoio

Arquitetura de informações e de processos

Consideram-se *aplicações acadêmicas* aquelas diretamente relacionadas ao processo ensino-aprendizagem, além do tradicional e necessário laboratório de informática, tais como:

- sistemas multimídia voltados para o atendimento de alunos (quiosques eletrônicos) na forma de informações sobre matrículas, histórico escolar e dados cadastrais equivalentes;
- sistema de aulas interativas;

- bibliotecas virtuais, consultas em bibliotecas eletrônicas (CD-ROM) e redes a distância interligando acervos de outras bibliotecas disponíveis no mercado;
- sistema de comunicação entre professores, alunos e instituição baseado nos recursos da Internet, ou de rede local;
- rede a distância, ou Intranet/Extranet, conectando à IES outras unidades acadêmicas, instituições de ensino conveniadas, organizações empresariais e demais instituições da comunidade;
- sistema de reconhecimento, como, por exemplo, a identificação biométrica, do tipo *handkey*, para identificação, controle de frequência e de acesso de alunos e funcionários no âmbito interno das instituições de ensino.

Para os *SADs*, que são os sistemas dirigidos ao processamento de eventos de caráter *semiestruturado* ou *não estruturado*, configura-se um processamento de dados que normalmente ocorre de forma assistemática. Os SADs são sistemas de caráter pessoal do gestor, ou tomador de decisões, e em geral se referem ao nível estratégico da pirâmide organizacional, tais como: pesquisa e desenvolvimento, plano de marketing, previsões de vendas e aplicações correlatas.

Os *SPTs* são aqueles que processam eventos de caráter *estruturado*, relativos a procedimentos rotineiros equivalentes ao nível operacional da pirâmide organizacional, tais como: folha de pagamento, emissão de notas fiscais, controle de estoques, controle de pedidos, contabilidade e afins. Uma aplicação eminentemente de caráter operacional, mas de fundamental importância para uma IES típica, é um sistema *on line* com instituições financeiras para fins, por exemplo, de intercâmbio de documentos e informações relativas a pagamentos, recebimentos e demais transações financeiras.

Uma vez identificados os sistemas de informação ou aplicações prioritárias, podem ser traçados as estratégias específicas em termos de desenvolvimento e manutenção de *software*. Nesse momento, além da aplicação dos conceitos inerentes aos estágios anteriores da metodologia, deve-se levar em conta o porte da organização, bem como o estágio ou grau de informatização em que se encontra.

Estratégias informacionais genéricas

Na determinação da linha estratégica informacional genérica têm-se duas possibilidades básicas:

- aumento da capacidade de processar informações;
- redução da necessidade de processar informações.

Aumentar a capacidade da instituição de ensino em processar informações é a estratégia mais usual, propiciando investimentos em sistemas de informação, em equipamentos e na configuração ampliada do *hardware* da IES. Nessa alternativa, a organização estará aumentando sua capacidade de processar informação ao criar novos canais e bases de informação e ao introduzir mecanismos aperfeiçoados de tomada de decisão.

Na segunda alternativa, que é a de redução da necessidade de processar informações, a instituição de ensino pode conduzir projetos de reorganização da sua estrutura nos moldes clássicos, ou de adoção de estruturas inovadoras, como organização matricial ou por projetos/programas, e de incremento de relações laterais através de força-tarefa, equipes de trabalho *team groups* e formas equivalentes de *estrutura ad-hocrática*.

Na mesma linha de mudança estrutural, tem-se a possibilidade de criação de tarefas autocontidas, pelas quais a *instituição de ensino* pode reduzir a carga de informações, substituindo o desenho funcional por agrupamentos divisionais ligados a uma categoria específica de *inputs*, de modo que cada grupo manuseie uma só categoria de *outputs* e possua todos os recursos básicos para obter os seus resultados.

A redução da diversificação reduz a necessidade de processar informações. Esta estratégia permite reduzir a carga de informações necessárias à coordenação de atividades interdependentes e possibilita que as decisões sejam tomadas em níveis mais baixos, apoiadas por informações locais. É o caso da departamentalização por produto, por área geográfica e por projeto.

Alternativa de estratégia

Sugere-se a adoção da alternativa de *estratégia informacional* que, metodologicamente, combina as duas opções básicas apresentadas.

Dessa forma, considera-se a abordagem de redução da necessidade de processar informações mediante análise e redefinição dos processos sistêmicos da instituição de ensino, ou seja, pela reconfiguração organizacional. É através desta análise que se enfatizam, essencialmente, os processos-chave com o correspondente ciclo de decisões/informações conforme definido anteriormente. Nessa fase, concomitantemente à redução da carga de informações, estará ocorrendo uma maior seletividade nas informações de apoio ao processo decisório.

Posteriormente, uma vez sistematizados o ciclo de processos e o ciclo de decisões/informações, têm-se condições de aumentar a capacidade de processar informações através da identificação e do investimento em sistemas de informação prioritários segundo seu grau de contribuição para a melhoria dos resultados corporativos, quer sejam informatizados ou não.

Análise dos sistemas no contexto das estratégias informacionais

Conceitualmente, pode-se considerar que as decisões e informações inerentes ao nível operacional hierarquizado no ciclo de decisões/informações correspondem ao domínio dos sistemas processadores de transação (SPTs). Como tais sistemas dizem respeito às decisões estruturadas, com enunciação lógica, clara, repetitiva, pode-se afirmar que a melhor estratégia é selecioná-los e adquiri-los entre os sistemas informatizados disponíveis no mercado — *softwares* aplicativos.

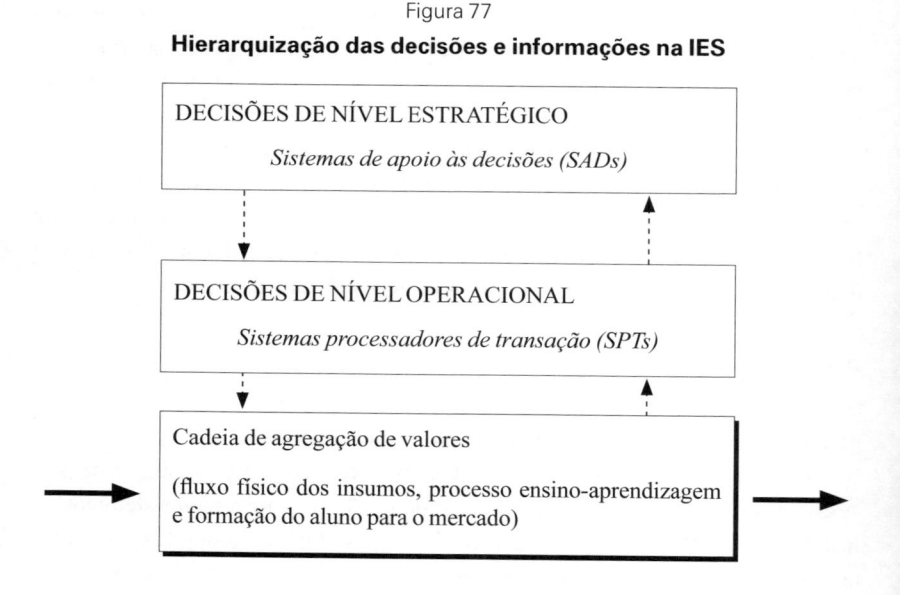

Figura 77
Hierarquização das decisões e informações na IES

```
┌─────────────────────────────────────────┐
│ DECISÕES DE NÍVEL ESTRATÉGICO           │
│                                         │
│ Sistemas de apoio às decisões (SADs)    │
└─────────────────────────────────────────┘
              ▲
              ▼
┌─────────────────────────────────────────┐
│ DECISÕES DE NÍVEL OPERACIONAL           │
│                                         │
│ Sistemas processadores de transação (SPTs) │
└─────────────────────────────────────────┘
              ▲
              ▼
┌─────────────────────────────────────────┐
│ Cadeia de agregação de valores          │
│                                         │
│ (fluxo físico dos insumos, processo ensino-aprendizagem │
│ e formação do aluno para o mercado)     │
└─────────────────────────────────────────┘
```

Os sistemas de apoio às decisões (SADs), que irão processar informações/decisões de nível estratégico e tático da IES, pertencem ao domínio dos problemas *semi* ou *não estruturados*, de difícil enunciação e de procedimentos assistemáticos, normalmente de uso pessoal dos gestores e com ciclo de vida extremamente curto. Para tais sistemas, o melhor caminho é desenvolvê-los sob medida, quer seja interna ou externamente à instituição de ensino.

Pontos comuns na estratégia informacional

Para efeito metodológico, são considerados tanto o ambiente sistêmico projetado quanto o ambiente de desenvolvimento projetado. No ambiente sistêmico projetado, determinados pontos serão comuns a qualquer tipo de organização, independentemente do seu estágio de informatização ou mesmo da característica de negócios da instituição.

Qualquer que seja a alternativa de planejamento de tecnologias de informação (de decisões e sistemas de informação) adotada, a mesma passa a ser mais eficaz na medida em que se apoie em um *ambiente sistêmico projetado*. Esse ambiente sistêmico projetado em um contexto futuro, a partir da análise estratégica da IES, pode dar suporte à definição do planejamento das decisões e informações da instituição de ensino.

Figura 78
Estratégias informacionais nas IESs

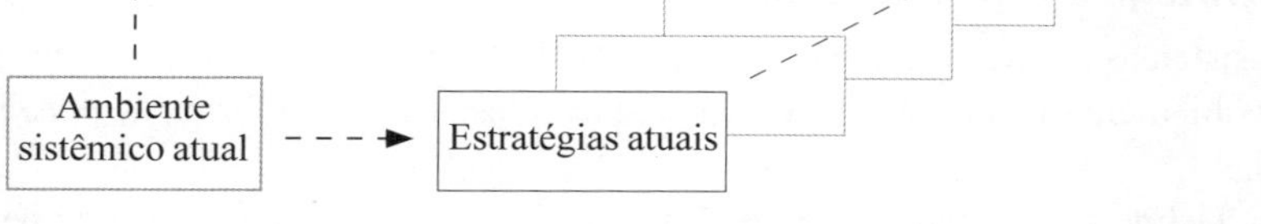

Tais pontos podem ser explicitados na forma de:

- ambiente tecnológico flexível;
- sistemas de informação de alta qualidade;
- flexibilidade nos sistemas de informação;
- portabilidade dos sistemas de informação;
- estratégias por tipo de sistema de informação.

Já o *ambiente sistêmico/desenvolvimento* projetado, essencialmente na esfera de atividades especializadas de computação, inclui elementos estratégicos também comuns a qualquer tipo de instituição, explicitados na forma de:

- conjunto de ferramentas integradas para desenvolvimento e manutenção de sistemas processadores de transação (SPTs);
- sistemas de informação estruturados em módulos, sejam desenvolvidos interna ou externamente;
- adoção de pacotes aplicativos para os SPTs;
- ferramentas estruturadas para desenvolver os sistemas de apoio às decisões (SADs);
- banco de dados corporativo para acesso dos SPTs e SADs;
- redes locais e soluções de conectividade no sentido de ligar os diferentes equipamentos nas diversas unidades organizacionais da instituição.

Observando os referidos pontos comuns que passam a integrar as estratégias informacionais genéricas, juntamente com outros elementos informacionais específicos à instituição de ensino enquadrados em seu setor educacional, tem-se o direcionamento estratégico a ser dado ao processo de gestão dos recursos das tecnologias da informação da IES.

As estratégias informacionais específicas, juntamente com aquelas genéricas, devem ser contextualizadas com o estágio de informatização, porte e estratégia corporativa adotada pela instituição de ensino.

Estratégias específicas aos SPTs

Os sistemas processadores de transação (SPTs), em condições normais, podem ser objeto de subcontratação, externamente à instituição, na forma de *outsourcing*.

Define-se *outsourcing* como a contratação de terceiros para executar parte ou a totalidade das funções de desenvolvimento de sistemas de informação, o que alternativamente seria incumbência da área de informática da instituição de ensino.

Existem organizações ou birôs (*bureau* ou escritório de serviços) de *time sharing* (compartilhamento de tempo/serviços de informática) que tornam o *software* disponível através de teleprocessamento. Dessa forma, o acesso ao *software* estaria sendo possibilitado a custos decrescentes, inclusive pelo desenvolvimento cada vez maior das redes públicas de dados e de comunicações.

Em algumas aplicações, a alternativa de *time sharing* é um modo peculiar de experimentar um *software* aplicativo antes de efetuar sua compra. Algumas vezes esta modalidade, tida como temporária ou intermitente, é menos onerosa do que a aquisição de um *software* aplicativo. Neste caso, para efeito de viabilidade econômica, os custos de *time sharing* podem ser comparados com a modalidade de *leasing* ou compra.

O que geralmente motiva o *outsourcing* é o argumento de custo. Acredita-se que as economias de escala, obtidas com tal estratégia, permitem que as instituições de ensino que a adotem sejam capazes de operar com custos unitários mais baixos. Uma outra importante motivação decorre das naturais frustrações da alta administração das organizações com o desempenho da área de desenvolvimento de sistemas/*software*, ou área de informática, que normalmente enfrenta significativo *backlog* de aplicações (fila de pedidos de desenvolvimento/ revisão de sistemas) a serem atendidas em curto espaço de tempo. A administração das instituições espera que, ao contratar organizações especializadas em tecnologias de informação, estaria se livrando do pesado ônus representado pela gestão do desenvolvimento de *software* e dos recursos próprios de informática.

A decisão de desenvolver internamente ou adquirir *softwares* aplicativos é difícil e torna necessária uma análise criteriosa antes de consumá-la. Existem vários pontos, além do custo, que precisam ser examinados. Inicialmente devem ser consideradas as características funcionais da aplicação. Qual sua complexidade? Qual a prioridade de implementação? Qual o prazo para desenvolvimento?

Em segundo lugar deve-se ponderar que a existência de uma longa fila de espera para desenvolvimento de sistemas de informação pode ser uma boa razão para se optar por um *software* aplicativo. O projeto de sistema de informação em nível interno pode levar meses ou anos para ser desenvolvido e pode, no final de sua implantação, ultrapassar o orçamento estabelecido ou, principalmente, estar defasado em relação à sua especificação inicial. Já um *software* aplicativo pode ser implementado em curtíssimo prazo e a um custo preciso.

Outro ponto a ser observado é que, frequentemente, alguns aspectos do desenvolvimento *in-house* nunca atingem um padrão de codificação nos programas por uma variedade de razões, enquanto o conteúdo dos pacotes aplicativos é geralmente bem conhecido e definido.

Além disso, considerar as interfaces da aplicação para verificar se o sistema tem interligação com outras aplicações, como, por exemplo, em um ambiente de banco de dados. O especialista, ou administrador do banco de dados, acomoda o *software* com alguma forma de *interface* entre ele e o sistema gerenciador do banco de dados?

Finalmente, a alta administração pode resistir à ideia de aquisição externa de *software*. Uma forma de atenuar esse problema é apresentar as vantagens técnicas, econômicas e, principalmente, filosóficas da medida, uma vez que, ao contratar pacotes aplicativos, a instituição está liberando sua equipe de desenvolvimento (analistas e programadores) para se concentrar nos sistemas de informação de nível estratégico.

Analogamente ao que ocorre na estratégia de *outsourcing*, os SPTs são sérios candidatos à aquisição de pacotes aplicativos *packages* junto aos fornecedores — ou *software house* — existentes no mercado. Explica-se tal opção pela relativa homogeneidade dos SPTs, qualquer que seja a organização objeto da análise ou intervenção.

As informações referentes a *softwares* aplicativos podem ser obtidas de fornecedores de *softwares*, publicações especializadas e anuários de informática. Uma boa indicação para o uso e aceitação de um produto é a quantidade de usuários e a data de sua primeira instalação. Por exemplo: um *software* que foi introduzido há três anos e conta com mais de 500 clientes-usuários pode ser considerado um bom produto, ao passo que um sistema similar, com apenas cinco usuários, requer referências desses clientes ou pesquisas minuciosas, inclusive buscando outras alternativas.

No caso da IES que optar pela estratégia da centralização das atividades de informática, ela está naturalmente adotando a solução de um banco de dados estruturado em nível corporativo, extensivo a toda a instituição.

Os sistemas de banco de dados corporativos tradicionais são essencialmente centralizados. Entretanto, com as mudanças emergentes nas corporações e os avanços em termos de tecnologia, as organizações tendem a gradualmente se mover em direção a sistemas de banco de dados distribuídos.

As novas tecnologias da informação permitem, inclusive, o recurso de distribuição de dados na modalidade de *replicação*, que resolve problemas de desempenho de acesso e disponibilidade de informações através de cópia de dados para localidades próximas de seus usuários.

Nesse contexto, os SPTs são as aplicações coerentes com este tipo de banco de dados, devido ao seu alto volume de dados e de relatórios a serem gerados. Tais sistemas se caracterizam, ainda, por se constituírem no primeiro nível, o operacional, dos dados/informações a serem acessados e sintetizados pelos sistemas de apoio às decisões (SADs).

Essa estratégia tem que levar em conta o dilema da adoção do *downsizing*, ou da centralização *versus* descentralização, que normalmente aflige o executivo da área de informática, bem como o principal gestor das organizações.

O que ocorria até então é que durante muitos anos as organizações, principalmente as de grande porte, utilizavam seus computadores através de uma função centralizada de processamento de dados, o tradicional CPD. De fato, não havia outra opção prática.

As aplicações nesse ambiente centralizado de *mainframe* (CPD) só podiam ser desenvolvidas com *softwares* que necessitavam de programadores profissionais, e o custo do *hardware* impedia a instalação de múltiplos centros de processamento de dados.

É importante observar que, embora a tendência geral do *downsizing* seja tornar tanto a função de computação quanto a de suporte mais próximas do usuário, ambas não são necessariamente vinculadas uma à outra.

É possível que uma função centralizada venha a desenvolver aplicações para todos os PCs (microcomputadores) e *workstations* da organização. Da mesma forma, as aplicações poderiam ser desenvolvidas por uma equipe muito mais próxima do usuário final, a qual, não obstante, continuaria operando por meio de uma área de informática centralizada.

Estratégias específicas aos SADs

Embora existam alguns *packages* rotulados como de apoio às decisões, tanto para *mainframe* como para PCs (microinformática), normalmente os sistemas de apoio às decisões são mais eficazes quando desenvolvidos internamente à instituição de ensino.

Na verdade, os SADs podem ser implementados internamente à IES através de técnicas inovadoras como prototipação, ou mesmo desenvolvimento interativo, uma vez que são passíveis de ser subdivididos em unidades menores (módulos ou subsistemas).

Além das limitações e cuidados já descritos sobre os *softwares aplicativos*, pode acontecer de o sistema atender ao usuário da instituição de ensino quando de sua instalação inicial e, posteriormente, exigir manutenção. Ou seja, como as necessidades do usuário se modificam, uma significativa manutenção pode ser necessária, o que pode constituir um sério problema para a área de informática da organização.

A tendência atual é de os *softwares* aplicativos serem estruturados pelos seus fornecedores, com geradores de aplicações, de forma a serem facilmente modificados pelos usuários, ou mesmo terem novas funções, relatórios e informações geradas, desenvolvidas pelo próprio usuário.

Um crescente número de fornecedores está desenvolvendo *softwares aplicativos* para utilizarem os sistemas gerenciadores de banco de dados dos seus próprios usuários-clientes.

Normalmente, a estratégia aplicável aos SADs é a *descentralização*, com o sistema sendo desenvolvido de forma mais próxima, ou até pelo próprio usuário.

O desenvolvimento pelo gestor, usuário do SAD, pode ser feito a partir de banco de dados corporativo, com o emprego ou não de *linguagens amigáveis* (linguagens de quarta geração, ou equivalentes de alto nível). Neste caso, a grande vantagem é a total familiaridade do gestor, usuário do sistema, com as regras e modelo de decisão a serem incorporados ao SAD.

O *banco de dados setorial*, ou *banco de dados pessoal*, é normalmente aplicável aos SADs. Entretanto, pode-se estruturá-lo no banco de dados corporativo, central à organização, para ser acessado pelos usuários em potencial, em ligação *micromainframe* (ou arquitetura/plataforma de *hardware* equivalente).

A técnica de desenvolvimento interativo, juntamente com o conceito de banco de dados relacional, aplicada aos SADs pode permitir a partição do sistema em módulos, a serem implementados passo a passo, em curto espaço de tempo.

Os SADs podem ser estruturados em *software* de banco de dados (Dbase, Dataflex, Oracle, Sybase e equivalentes) em plataforma PCs. Já com relação a *mainframe*, podem ser utilizadas linguagens de quarta geração para explorar e gerar informações a partir do banco de dados corporativo existente, ou a ser criado. Tais linguagens/*softwares* são ferramentas amigáveis que permitem ao usuário, gestor ou executivo desenvolver suas próprias aplicações.

A longo prazo, pode-se prever que os *softwares*/linguagens de alto nível passariam a induzir a efetiva descentralização da informática nas instituições, na medida em que estimulariam os setores usuários a desenvolver suas aplicações nos próprios equipamentos, em um verdadeiro processo de *downsizing*.

Tal alternativa liberaria o usuário de fazer uso da Área de Informática Central, ou mesmo de adotar a opção de contratar os serviços de terceiros (birôs externos).

Aplicação dos recursos da tecnologia da informação

A utilização das tecnologias da informação na IES pode resultar em benefícios internos e externos à mesma. No plano interno tem-se a ampliação da capacidade de processar informações, além daquela proporcionada pela própria conformação da estrutura organizacional. Portanto, amplia-se o processo decisório, o que possibilita a obtenção de estruturas mais achatadas e com menor número de níveis hierárquicos. Nesse contexto se insere a intensa utilização de redes locais voltadas para a ativação da comunicação e do fluxo de informações horizontalmente ao longo da estrutura da organização, promovendo uma eficiente gestão das interfaces entre os processos. Tais possibilidades, conjugadas com a adoção da *dimensão por processos sistêmicos*, tendem a resultar em estruturas horizontais e configuração organizacional, enxutas e adaptáveis às mutações ambientais. Implicações decorrentes da utilização de tecnologias da informação no âmbito externo às organizações são descritas a seguir.

É fundamental que a IES mantenha contato com outras entidades localizadas fora de suas fronteiras físicas, mas dentro de suas fronteiras virtuais, para relacionamento e troca de informações. Com os recursos das tecnologias da informação, a instituição de ensino tem a possibilidade de interagir eletronicamente com seus fornecedores, com seus distribuidores e consumidores e, complementarmente, com entidades-parceiras em alianças estratégicas. Tal interação pode-se dar através dos recursos da Internet/Extranet, de redes a distância (*WAN — wide area network*) e intercâmbio eletrônico de documentos (*EDI — eletronic distance interchange*).

Figura 79
Ampliação das fronteiras nas IESs

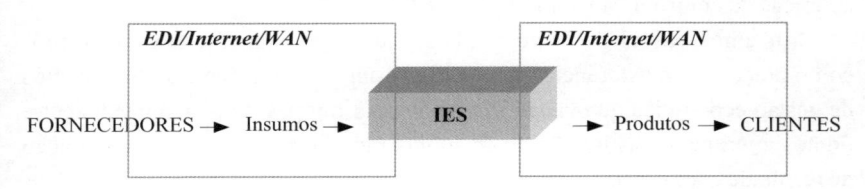

Quanto às novas tecnologias da informação, a estratégia é utilizar os recursos do EDI para fins de interação junto aos fornecedores, órgãos clientes e entidades/empresas parceiras da instituição de ensino. Tal possibilidade ampliaria virtualmente as fronteiras da organização na medida em que os documentos a serem enviados externamente seriam preparados em correio eletrônico na instituição e enviados eletronicamente às entidades externas, que os processariam automaticamente em seu fluxo eletrônico interno.

Como tecnologia alternativa ao EDI tem-se a possibilidade de uso da Internet/Extranet, conforme já abordado anteriormente, como rede privada para a troca de informações, e que utiliza os recursos e ferramentas padrão Internet.

Através dessas tecnologias tornar-se-ia possível a comunicação e o relacionamento, por meio eletrônico, com fornecedores, clientes, parceiros e demais entidades, viabilizando a conectividade interorganizacional no fluxo de documentos e informações. Ou seja, alianças estratégicas entre diferentes organizações que estariam *interorganizacionalmente* ligadas.

Gestão e avaliação econômica

Em um contexto futuro altamente competitivo, no qual as organizações têm que atuar com elevado grau de produtividade, a IES deve considerar seriamente a estratégia de operar na dimensão de *unidade estratégica de negócios* (ou de *centros de resultados*), inserida na estrutura organizacional da instituição de ensino. É através dessa visão, com possibilidade de ser adotada nas IESs de grande porte e com ampla oferta de cursos, que se pode analisar a contribuição das diversas unidades operacionais e não operacionais no resultado final da instituição de ensino.

Deve-se considerar ainda a visão de clientes e serviços, pela qual, para cada conjunto de clientes/cursos, devem ser atribuídas receitas externas e internas geradas, com os correspondentes custos/despesas incorridas, para fins de apuração da contribuição marginal específica.

Em ambas as visões recomenda-se que sejam incorporados conceitos como preços de transferência, método de custeio direto e demais instrumentos de gestão econômica que visam não só a evitar o repasse de ineficiência entre órgãos internos da instituição de ensino, como também a permitir a apuração de resultados por processo e por classe de serviços.

Considerações sobre as estratégias informacionais

As estratégias informacionais genéricas dependem diretamente do setor econômico/ramo de negócios no qual a organização se insere. São determinadas a partir do delineamento estratégico da organização, ou da instituição de ensino, que determina uma estratégia corporativa genérica, própria ao tipo de organização enfocada.

Já as estratégias informacionais específicas dependem do porte e do estágio de informatização em que se encontra a IES. Ambos os fatores, normalmente associados um ao outro, posicionam a IES em diferentes graus de informatização, que, segundo pesquisa desenvolvida por Nolan, pode ser enquadrada em: iniciação, contágio, disseminação, controle, administração de dados e maturidade.

Figura 80
Segregação de sistemas na IES

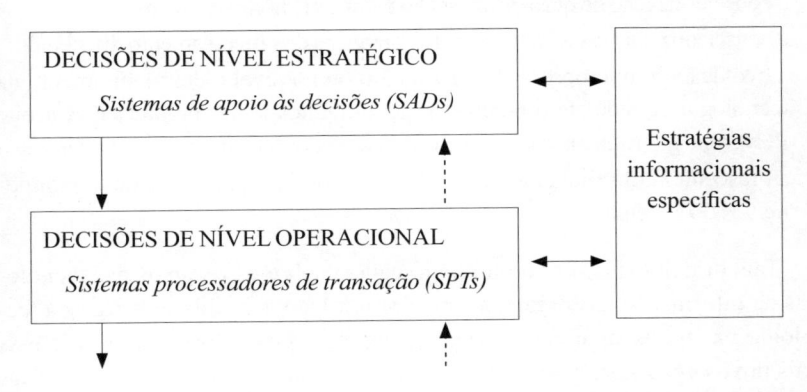

```
┌─────────────────────────────────────┐
│ DECISÕES DE NÍVEL ESTRATÉGICO       │ ◄──►  ┌──────────────┐
│ Sistemas de apoio às decisões (SADs)│       │  Estratégias │
└─────────────────────────────────────┘       │ informacionais│
              ▲                               │  específicas │
              │                               └──────────────┘
              ▼
┌─────────────────────────────────────┐
│ DECISÕES DE NÍVEL OPERACIONAL       │ ◄──►
│ Sistemas processadores de transação │
│           (SPTs)                    │
└─────────────────────────────────────┘
              ▲
              ▼
```

Outro fator de influência analisado é a segregação dos sistemas em SADs e SPTs, que induz a um conjunto de estratégias informacionais específicas para cada um desses tipos de sistemas de informação. Tal distinção é eficaz, inclusive, para a fase de implementação de novas aplicações consideradas prioritárias pela instituição, direcionando modos diferenciados de desenvolvimento de *software*, com relação a SAD e a SPT.

Conforme abordado anteriormente, os SADs, em geral, e os SPTs, em menor escala, podem ser objeto de desenvolvimento interativo. A tradicional técnica de desenvolvimento de sistemas, que pode ser em cascata, como a clássica análise estruturada, normalmente se presta aos SPTs.

As grandes organizações, independentemente do seu setor econômico, normalmente com um ambiente computacional mais estruturado, criam condições para a evolução para o estágio de maturidade em informatização, que incorpora as mais recentes tecnologias de informação TIs.

Entretanto, instituições de menor porte, que sofram forte influência do fator tecnológico, por exemplo, podem, conforme o setor econômico, estar posicionadas nesse mesmo estágio de maturidade, contando com TIs em seu atual *estado da arte*.

Essas TIs, praticamente dentro da quinta geração, podem ser encontradas no mercado, na forma de: serviços *on line*, computação *pen-based* ou *pentop*, *software groupware*, multimídia, entre outras novas tecnologias.

Além disso, no contexto do ambiente sistêmico futuro projetado para a instituição de ensino, podem ser estabelecidas como princípios válidos:

❑ a conscientização de que a informação é um patrimônio estratégico;
❑ a conscientização cada vez maior das vantagens do processamento distribuído;
❑ a evolução do microprocessador, que tornou possível o desenvolvimento da tecnologia de rede até o ponto em que a totalidade das organizações aceite PCs como alternativas, em vez de meros adendos à tecnologia *mainframe*;
❑ a crescente multiplicidade de escolhas disponíveis para soluções e componentes do sistema.

Tais princípios têm tido efeito em cadeia sobre os recursos das tecnologias da informação nas organizações. Por um lado, a rápida evolução da tecnologia em todos os níveis obriga as organizações a fornecerem sistemas mais novos e melhores para seus usuários. Por outro lado, os executivos das organizações sentem a necessidade de reunir seus sistemas de informação, que têm se dispersado cada vez mais, visando com isso à maior coesão e a um melhor controle sobre tais recursos. Isto tudo resulta no fato de que essas forças têm levado a uma sobrecarga na área de informática das organizações.

As responsabilidades dessa área foram expandidas, passando da manutenção e de melhorias em sistemas existentes a algo que abrange, também, o desenvolvimento de soluções para uma verdadeira torrente de novas demandas surgidas, tanto a partir das expectativas dos usuários, quanto das completas necessidades oriundas da operação de novas atividades institucionais. E, ao mesmo tempo, a área de informática deve estar atualizada a respeito de inúmeros e inovadores patamares tecnológicos de desenvolvimento em *hardware*, *software* e comunicações distribuídas.

PARTE IV
Gestão de recursos humanos

*Na instituição de ensino,
competência é aptidão para mudanças.*

Visão geral

Uma instituição de ensino existe para promover o atendimento das expectativas dos clientes com um retorno financeiro justo pelos seus serviços prestados. Na consecução desta sua finalidade maior, a IES necessita da associação do trabalho de pessoas, de professores e demais funcionários, que constituem seus recursos humanos.

Figura 81
Visão geral da gestão de recursos humanos

Missão
▼
Delineamento estratégico ◄------ Dados do mercado
▼
Estratégias de recursos humanos
▼

FORNECEDORES → Recursos humanos → [IES] → Produtos → CLIENTES
→ Outros insumos →
(indivíduos instruídos)

Esse retorno financeiro caracteriza o *valor conseguido* pela IES na satisfação de seus clientes, valor que, relacionado com os *recursos utilizados*, resulta na *produtividade da mão de obra* alcançada pela instituição para gerar seus produtos, produtividade essa indispensável à sua sobrevivência.

Figura 82
Produtividade da mão deobra e a IES

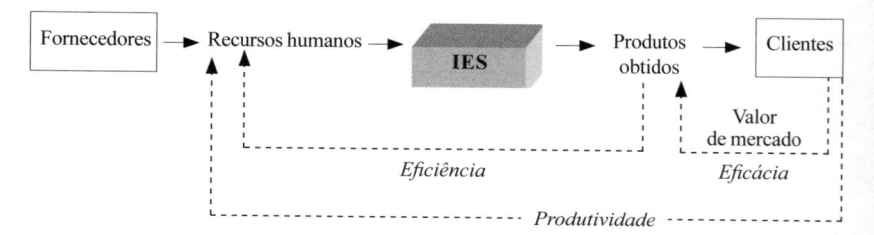

Fornecedores → Recursos humanos → [IES] → Produtos obtidos → Clientes

Eficiência — *Valor de mercado* — *Eficácia*
Produtividade

Dessa maneira, quanto maior for a otimização dos recursos humanos utilizados nas IESs, maior o volume de valores de mercado e, portanto, melhor o resultado econômico alcançado pela instituição de ensino. Ou seja:

$$\text{Produtividade} = \frac{\text{produtos obtidos}}{\text{recursos humanos}} \times \frac{\text{valor de mercado}}{\text{produtos obtidos}} \text{ ou} = \frac{\text{valor de mercado}}{\text{recursos humanos}}$$

A finalidade maior de uma instituição de ensino somente pode ser atingida pelo desempenho dos *recursos humanos* que a compõem. Os cargos devem ser projetados para apoiar as etapas do processo, bem como os ambientes do cargo devem ser estruturados para permitir que as pessoas deem sua contribuição máxima à eficácia e à eficiência organizacionais. Há necessidade de analisar os postos de trabalho, ou cargos, e os executores que desenvolvem suas atividades, independentemente do nível que ocupam na hierarquia da organização. A análise dos postos de trabalhos implica definir as funções a serem exercidas na IES pelos seus recursos humanos. Tais funções, por sua vez, são definidas pela decomposição das grandes funções, ou processos sistêmicos da instituição.

As grandes funções da instituição são reflexo das atividades necessárias ao cumprimento da missão da IES, que é a formação dos profissionais segundo o perfil profissiográfico definido. Nesse contexto, o professor, que participa diretamente do processo ensino-aprendizagem, é a figura central, pois constitui o núcleo da IES, exercendo uma atividade-fim. Os demais funcionários, como o pessoal da secretaria acadêmica, por exemplo, ocupam papéis inerentes às atividades-meio (de suporte ou de assessoria). Na dimensão de processos sistêmicos, portanto, as atividades dos docentes constituiriam os processos produtivos e aquelas outras atividades, os processos de apoio. Ambos os tipos de atividades e de processos são interdependentes e fundamentais para a existência da IES, não havendo, portanto, a supremacia de um em relação a outro.

Qualquer que seja a instituição de ensino ou a atividade exercida, as pessoas devem ser consideradas como fundamentalmente iguais, irmanadas todas no esforço de cumprimento dos objetivos maiores da IES, que é a sua sobrevivência, crescimento e continuidade. O agrupamento dos *recursos humanos* (pessoas) é, portanto, a característica mais marcante de uma IES, pessoas que para ser produtivas necessitam de *motivação, tarefas previamente definidas* e *recompensa* pelo trabalho realizado.

Nesse contexto, todas as pessoas da instituição de ensino, embora com intensidade diferenciada, necessitam ter uma visão global, de conjunto e integradora, mediante a qual percebam de que maneira seu trabalho se inter-relaciona com o dos demais, e assim contribuir para a maior produtividade do trabalho coletivo na IES.

Figura 83
Gestão dos recursos humanos na IES

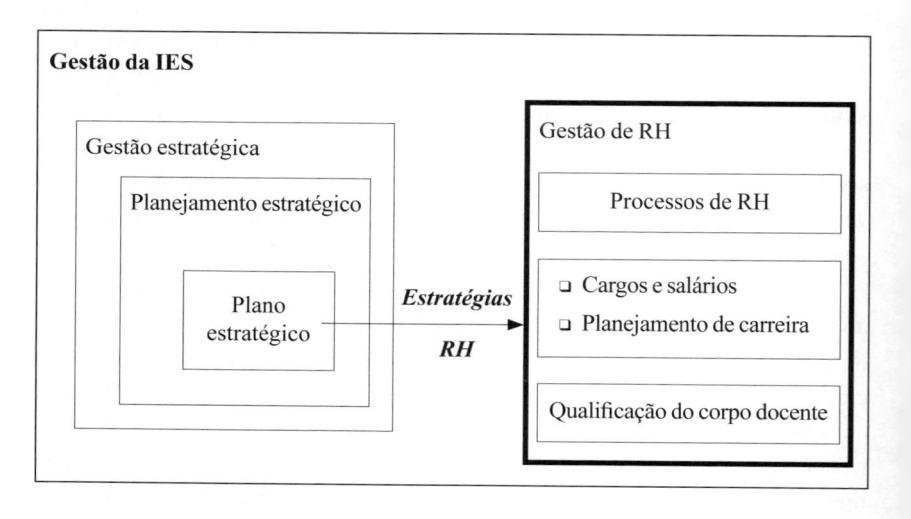

Gestão da IES

- Gestão estratégica
  - Planejamento estratégico
    - Plano estratégico → *Estratégias RH*
- Gestão de RH
  - Processos de RH
    - ❑ Cargos e salários
    - ❑ Planejamento de carreira
  - Qualificação do corpo docente

A gestão dos recursos humanos de uma instituição de ensino, pelo *modelo de gestão* proposto nesta obra, encontra-se em permanente interligação com a gestão estratégica da IES, conforme ilustra a figura 83.

A consecução dos objetivos da instituição de ensino e a gestão de seus processos sistêmicos estão apoiadas pelos *recursos humanos*, que, enfocados sistemicamente, podem ser visualizados sob a perspectiva de *entrada* → *processamento* → *saída*, em seus diversos componentes que influenciam o desempenho humano da organização.

Figura 84
O processo de recursos humanos em uma IES típica

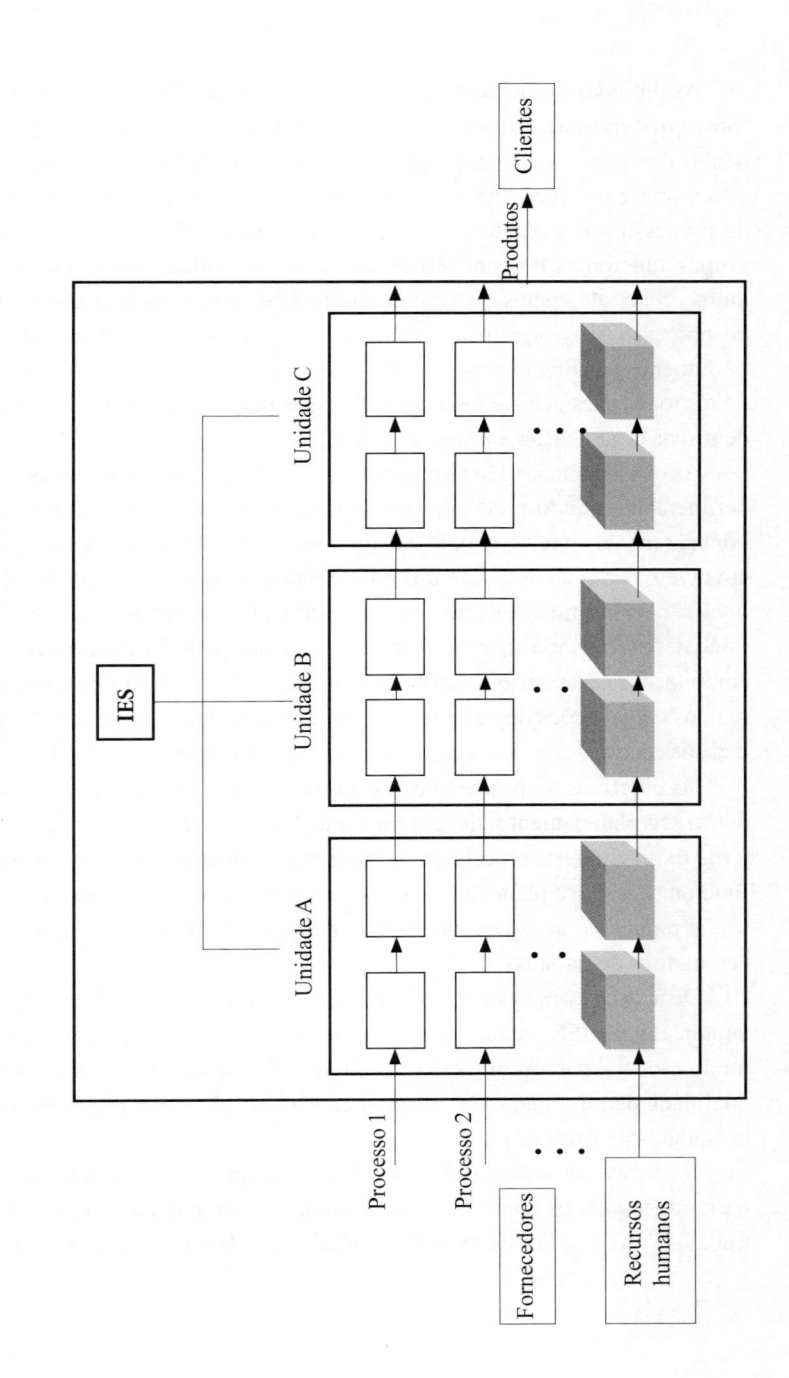

As entradas do processo de *gestão dos recursos humanos* são aquelas informações, normas, atribuições e requisitos dos clientes que induzem o desempenho das pessoas. O conjunto das entradas inclui também os recursos dos executores e os procedimentos que representam a ligação do executor ao nível de processo. Os executores, professores ou funcionários, são as pessoas ou grupos funcionais que convertem entradas em saídas. As saídas são os produtos produzidos pelos executores, como suas contribuições para os objetivos do processo e da organização. Atitudes, habilidades, conhecimentos e comportamento dos funcionários são variáveis de desempenho importantes. No entanto, todos eles são meios para o fim que justifica a existência do executor dentro da organização, ou seja, as saídas.

As consequências são os efeitos positivos e negativos que os executores experimentam quando produzem uma saída. Os efeitos positivos podem incluir bônus, reconhecimento e mais trabalho desafiador. As consequências negativas envolvem reclamações, ação disciplinar e menos trabalho interessante. O *feedback* são as informações que dizem respeito aos executores, *o que* e *como* eles estão desenvolvendo suas atividades. O *feedback* pode vir de relatórios de erro, compilações estatísticas, devoluções, comentários orais ou escritos, levantamentos e avaliações de desempenho. A qualidade das saídas é função da qualidade das entradas, dos executores, das consequências e do *feedback*.

Os objetivos no processo de *gestão de recursos humanos*, que irão subsidiar o seu planejamento, devem ser estabelecidos coerentemente com os objetivos da instituição, e norteiam o atingimento desses objetivos por parte dos funcionários. Esse planejamento observa: a alocação de responsabilidades entre os trabalhos, a sequência de atividades de trabalho, as políticas e os procedimentos de trabalho.

De acordo com Franco,[32] a efetivação de um projeto institucional, ou planejamento da IES, requer uma equipe de trabalho competente, voltada de modo especial para a concretização da missão institucional, preocupada com a qualidade daquilo que faz no campo educacional e com a organização formal adequada da instituição.

Na busca da consecução dos objetivos, quando são estabelecidos com base nos requisitos do processo sistêmico, com frequência se descobre que os trabalhos estão cheios de responsabilidades que degradam a habilidade do exe-

---

[32] Franco, 1998.

cutante em apoiar tais processos. Já a sequência das atividades do cargo é o procedimento que os executantes cumprem para produzir suas saídas. As políticas e os procedimentos do trabalho podem ajudar ou atrapalhar significativamente a eficácia do processo porque estão intimamente vinculados à sequência de atividades do cargo.

A *gestão dos recursos humanos* deve marcar presença mais como uma função voltada para as pessoas, em consonância com as estratégias institucionais da IES. A filosofia de gestão dos recursos humanos, segundo o *modelo de gestão*, deve ser centrada na análise dos *processos sistêmicos* como um agrupamento de pessoas e respectivas tarefas, e não apenas em pessoas, consideradas individualmente.

Figura 85
Processos sistêmicos, tarefas e pessoas na IES

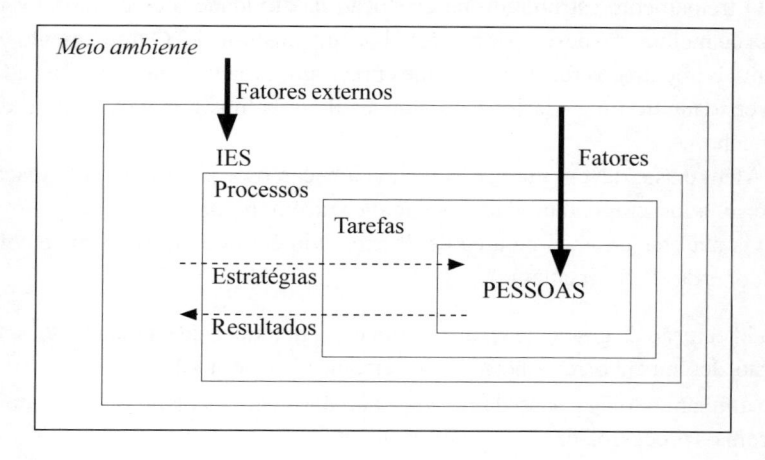

As diretrizes de *gestão dos recursos humanos* devem estar subordinadas ainda à filosofia da instituição de ensino e devem ser dotadas da necessária flexibilidade, adaptando-se aos objetivos organizacionais. Tal flexibilidade caracteriza-se pela descentralização, com uma delegação planejada que permite ao *coordenador de curso*[33] (e, em última instância, ao *professor*) agir como o "res-

---

[33] Ver, no capítulo 8, o exemplo "O papel do coordenador de curso de graduação em administração".

ponsável" pelo curso, liderando uma pequena "instituição de ensino" no contexto da IES, como um todo, que colocaria a sua grande estrutura a serviço dessa pequena instituição, objetivando multiplicar sua capacidade de obtenção de resultados.

O êxito de uma instituição de ensino irá depender cada vez mais das habilidades, da motivação e da criatividade de seus professores e funcionários, ou seja, de seus *colaboradores*. Por sua vez, o sucesso desses colaboradores depende cada vez mais de oportunidades para aprender e experimentar novas habilidades. As IESs necessitam investir continuamente no desenvolvimento de seus colaboradores por meio de educação, treinamento e oportunidades, visando ao crescimento permanente de cada um. Tais oportunidades podem incluir:

- treinamento;
- rodízio de funções;
- remuneração baseada nas habilidades e na criatividade.

O treinamento estruturado na execução da atividade oferece uma forma eficaz de melhorar o desempenho global de uma instituição. O treinamento e o desenvolvimento dos recursos humanos precisam, cada vez mais, ser ajustados à diversidade de funcionários e às práticas de trabalhos flexíveis, de alto desempenho.

Além disso, devem merecer a devida atenção os aspectos de participação nos resultados, empregabilidade e segurança no emprego.

Os maiores desafios na área de desenvolvimento de profissionais e colaboradores das IESs, incluem:

- a integração da gestão de recursos humanos em termos de recrutamento, seleção, desempenho, reconhecimento, treinamento e promoção;
- o alinhamento da gestão de recursos humanos com os planos estratégicos e com os processos-chave da instituição.

A abordagem desses desafios requer a coleta e a utilização de informações relativas a habilidades, criatividade, satisfação, motivação e bem-estar dos funcionários. Esses dados devem estar correlacionados a indicadores que reflitam a satisfação e preservação de clientes e a produtividade. Através desse enfoque, a *gestão de recursos humanos* pode ser mais bem integrada e alinhada com o rumo da *gestão da instituição de ensino*.

Conforme evidenciado anteriormente, pode-se resumir que as instituições de ensino possuem duas dimensões:

- *dimensão técnica*, composta pela organização formal e pela tecnologia adotada;
- *dimensão social*, representada pelos indivíduos e pelas equipes.

A análise desenvolvida até este ponto procurou inserir a instituição de ensino no contexto externo. Posteriormente, objetivou-se estabelecer sua dimensão técnica, representada pela definição de seus processos sistêmicos e do planejamento estratégico, ou seja:

- *o que* (missão, produtos e mercado);
- *quem* (configuração organizacional);
- *com que* (instalações, arranjo físico e recursos produtivos);
- *como* (forma de produzir em termos de processos sistêmicos, de sistemas e de tecnologias da informação).

Figura 86
IES e sua dimensão social e técnica

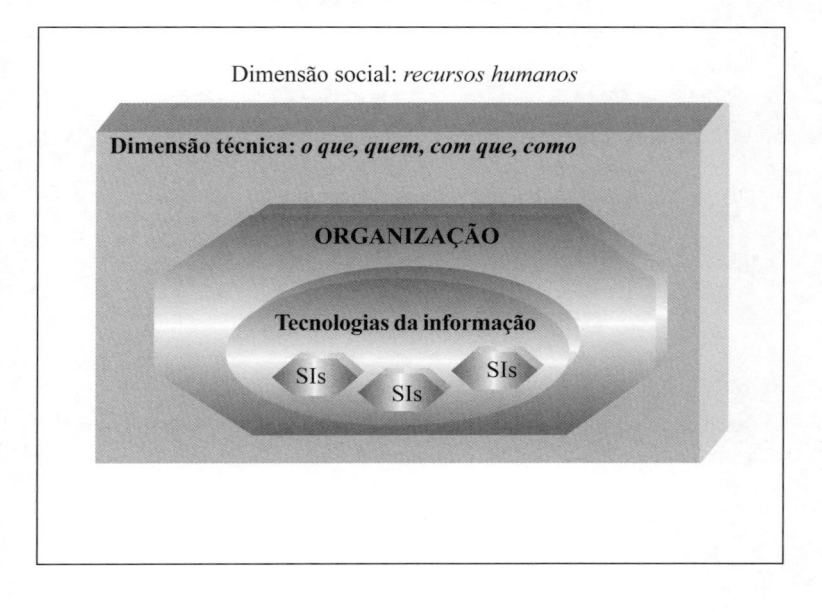

Embora essas duas dimensões mantenham completa interdependência e os resultados da instituição de ensino estejam sujeitos diretamente ao maior ou menor ajustamento entre elas, procurou-se enfocá-las separadamente, para melhor compreensão.

Dessa forma, a dimensão social, representada, portanto, pelos *recursos humanos* da instituição de ensino, é o objeto desta parte IV.

Capítulo 10

Processos de recursos humanos

O *planejamento de recursos humanos* é um processo de decisão antecipado a respeito dos recursos humanos necessários para a IES atingir os propósitos dos processos sistêmicos, dentro de determinado período de tempo. Trata-se de prever qual a força de trabalho e os talentos humanos necessários aos processos, para fins de realização das atividades acadêmicas e administrativas futuras.

Nesse planejamento deve ser considerada a finalidade/missão básica do processo de apoio de recursos humanos (objetivos específicos de *RH* coerentes com os objetivos globais da instituição), que se resume em:

- criar, manter e desenvolver um contingente de recursos humanos com habilidade e motivação para realizar os objetivos da instituição;
- criar, manter e desenvolver condições organizacionais de aplicação, desenvolvimento e satisfação plena dos recursos humanos e alcance dos objetivos individuais;
- alcançar eficiência e eficácia através dos recursos humanos disponíveis.

Para efeito do planejamento dos recursos humanos no âmbito das instituições de ensino deve-se ter clara a ideia de que o processo de RH está contido em uma área de domínio interdisciplinar, com caráter multivariado, envolvendo conceitos de diversas disciplinas, tais como: administração, psicologia, direito, sociologia, engenharia, medicina do trabalho, informática e sistemas de informação, e outras especialidades correlatas.

Por outro lado, o processo de recursos humanos é contingencial, dependendo do ambiente externo, da tecnologia educacional empregada e do ambiente interno em termos de situação institucional, diretrizes e processos vigentes na IES.

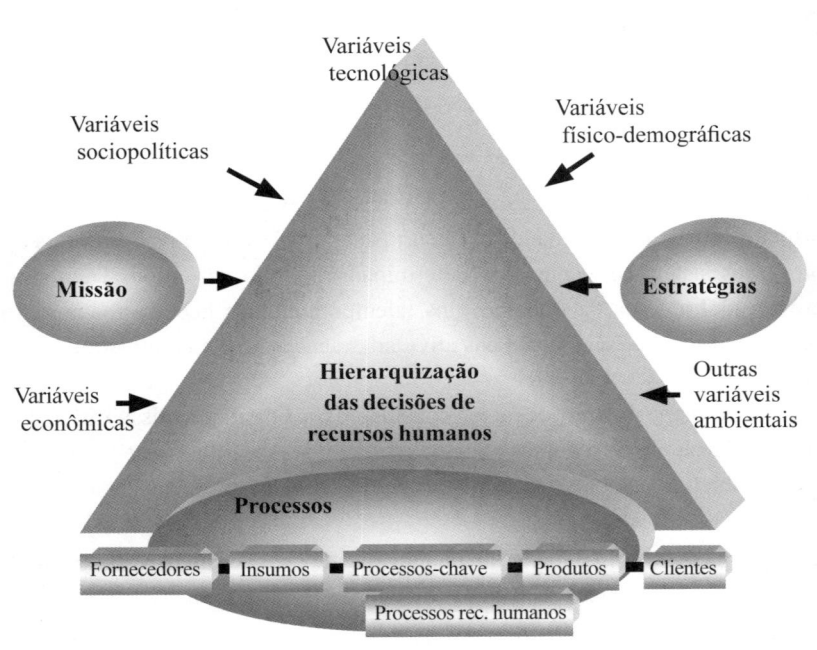

Figura 87
IES e hierarquização das decisões de RH

- Variáveis tecnológicas
- Variáveis sociopolíticas
- Variáveis físico-demográficas
- Missão
- Estratégias
- Variáveis econômicas
- Hierarquização das decisões de recursos humanos
- Outras variáveis ambientais
- Processos
- Fornecedores ▪ Insumos ▪ Processos-chave ▪ Produtos ▪ Clientes
- Processos rec. humanos

A abordagem proposta para o planejamento do processo de *recursos humanos* é analisá-lo de acordo com a hierarquização de suas decisões, após aplicação da análise ambiental e tipificação da organização, conforme analisado anteriormente.

Modelo de planejamento

Inicialmente deve-se levar em conta o ambiente relevante que caracteriza o tipo de organização em que se desenvolverá o *planejamento de recursos humanos*.

No planejamento dos recursos humanos de uma instituição de ensino, deve-se estruturar, ainda, o *processo de recursos humanos* dentro do contexto organizacional, assim entendido como a definição da dimensão funcional da organização e a consequente inserção dos recursos humanos nessa estrutura (ver figura 84, à página 191).

Complementarmente, pode-se afirmar ainda que o processo de *recursos humanos* não é um fim em si mesmo, e sim um meio para que os órgãos voltados para as atividades-fim (processos produtivos) da instituição de ensino das demais atividades-meio (processos de apoio) atinjam, de forma eficaz e eficiente, os objetivos corporativos delineados. As atividades-fim, que constituem os processos produtivos, ou a cadeia de agregação de valores, basicamente se resumem no processo ensino-aprendizagem da IES, que é o eixo *fornecedor/IES/cliente*, composto das pessoas de *linha*. Já os processos de apoio são constituídos pelas pessoas de *assessoria* ou de *staff*.

Figura 88
Recursos humanos e os processos produtivos na IES

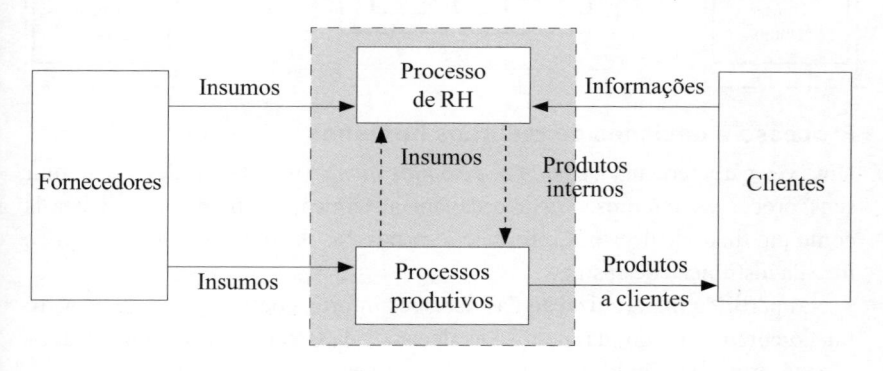

Para uma visão de conjunto do processo de recursos humanos e sua interação interna e externa, um modelo sistêmico é apresentado na figura 89. A IES, na sua interação interna, deve utilizar intensamente, como estratégia de recursos humanos, *indicadores de qualidade* (IQs) e *de desempenho* (IDs). Já na sua interação com o meio ambiente, a estratégia deve ser a de monitoração do meio externo mediante os instrumentos do *benchmarking* (referenciais de excelência/*benchmark*).

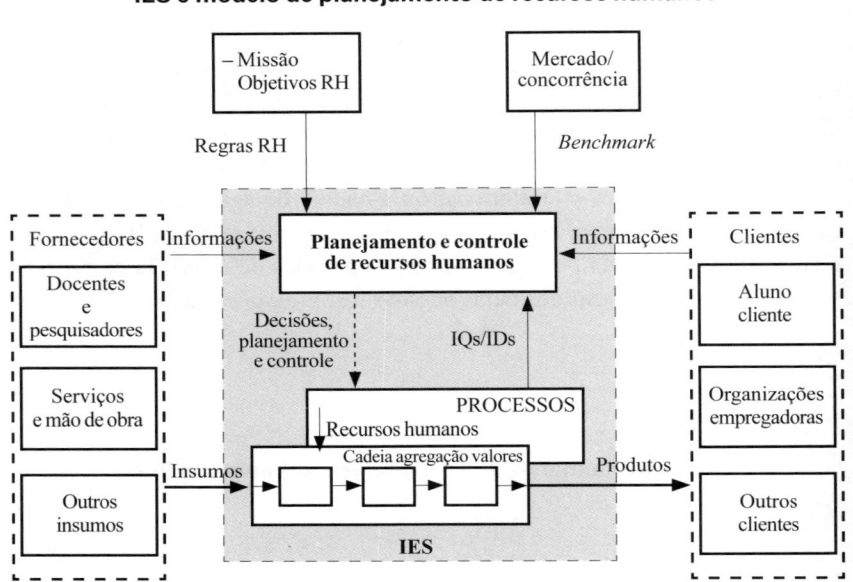

Figura 89
IES e modelo de planejamento de recursos humanos

[Diagrama: Missão/Objetivos RH e Regras RH alimentam o bloco central "Planejamento e controle de recursos humanos" (IES), junto com Mercado/concorrência e Benchmark. Entradas (Insumos): Fornecedores — Docentes e pesquisadores, Serviços e mão de obra, Outros insumos — via Informações. Saídas (Produtos) para Clientes: Aluno cliente, Organizações empregadoras, Outros clientes. Internamente: Decisões, planejamento e controle; IQs/IDs; PROCESSOS — Recursos humanos — Cadeia agregação valores.]

Processo e decisões de recursos humanos

Uma vez caracterizada a *gestão de recursos humanos* — *GRH*, deve-se definir seus processos internos, via abordagem sistêmica, de modo a visualizá-la como um fluxo de decisões/informações e pessoas *para dentro*, *através* e *para fora* da instituição de ensino.

A partir da hierarquização das decisões/informações no contexto da instituição como um todo, definem-se as decisões da GRH, em seu ciclo de decisões/informações, divididas em dois níveis ou camadas, quais sejam:

❏ 1ª camada: decisões de RH de nível operacional;
❏ 2ª camada: decisões de RH de nível estratégico.

A segunda camada reúne as decisões relacionadas com o meio ambiente externo, com a tecnologia utilizada e com outras áreas/unidades da IES; a primeira camada de decisões contém as ênfases a serem dadas a cada operação e a forma com que as operações são executadas. Por último tem-se o "ciclo de processos" propriamente dito.

Dessa forma, obtém-se uma hierarquização em camadas das decisões e informações, correlacionadas ao ciclo físico de processos, conforme ilustrado na figura 90.

Pela análise da figura 90, pode-se estabelecer um sistema global aplicado à GRH, constituído por três camadas de decisões hierarquizadas, com um fluxo de informações de uma camada para outra. Essas camadas gerenciam um ciclo produtivo (que corresponde a um fluxo físico) cuja característica é ser um fluxo de pessoas que têm origem no mercado de trabalho, ficam a serviço da instituição de ensino e desligam-se da mesma, em um dado momento, por iniciativa própria ou por demissão. Ou seja, os produtos (cursos e/ou serviços) da IES são produzidos por meio de um fluxo físico/ciclo produtivo (conjunto de processos produtivos).

Figura 90
Hierarquização das decisões e informações de RH

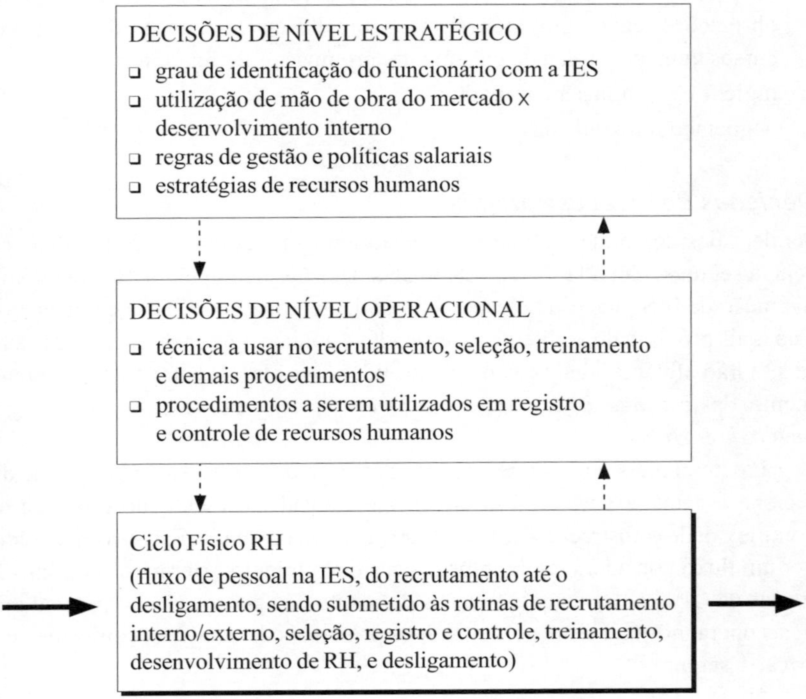

DECISÕES DE NÍVEL ESTRATÉGICO
- grau de identificação do funcionário com a IES
- utilização de mão de obra do mercado x desenvolvimento interno
- regras de gestão e políticas salariais
- estratégias de recursos humanos

DECISÕES DE NÍVEL OPERACIONAL
- técnica a usar no recrutamento, seleção, treinamento e demais procedimentos
- procedimentos a serem utilizados em registro e controle de recursos humanos

Ciclo Físico RH
(fluxo de pessoal na IES, do recrutamento até o desligamento, sendo submetido às rotinas de recrutamento interno/externo, seleção, registro e controle, treinamento, desenvolvimento de RH, e desligamento)

Os processos, por sua vez, são executados por *pessoas* que exercem as atividades da IES. Esse processo compreende um conjunto de operações que permitem o tratamento dessas pessoas enquanto parte da instituição de ensino. Simplificadamente, pode-se dizer que esse processo corresponde às atividades inerentes à GRH em termos de:

- suprimento de recursos humanos (recrutamento, seleção e integração inicial de recém-admitidos; colocação/recolocação interna de mão de obra);
- aplicação de recursos humanos (descrição/especificação de cargos, carreiras, avaliação de desempenho);
- manutenção de recursos humanos (salários, benefícios, prêmios-incentivo, pesquisas salariais, higiene e segurança no trabalho, relações trabalhistas);
- desenvolvimento de recursos humanos (treinamento, educação continuada);
- desenvolvimento organizacional (implementação de processos de mudança na organização), clima organizacional e colocação externa de mão de obra;
- registro e controle (apontamento e registro de faltas, de atrasos e frequência de pessoal; férias; processos de desligamentos e rescisões trabalhistas; obrigações legais, previdenciárias e trabalhistas), banco de dados de recursos humanos, folha de pagamento, prontuários de funcionários;
- higiene e segurança no trabalho;
- negociações trabalhistas.

Decisões de nível estratégico

As decisões de caráter estratégico constituem o nível mais alto da GRH, ou seja, a segunda camada. São as chamadas decisões de cúpula ou da alta administração da IES, que estabelecem a filosofia geral da GRH. Essa camada, que está mais próxima do ambiente externo, deve conhecer que variáveis desse ambiente irão afetar a organização e como lidar com elas. É composta, principalmente, das *estratégias de cargos e salários, clima organizacional* e *planejamento de carreira*.

É o nível mais importante na hierarquização das decisões, uma vez que direciona a camada decisorial de nível operacional, apresentando um grau de complexidade e abstração bem maior que os demais níveis. Este nível, ao receber um fluxo considerável de informações do ambiente externo, das outras camadas da GRH e das demais funções da instituição em relação ao pessoal que nelas opera, normalmente gera três tipos principais de decisões, conforme descrição a seguir.

Decisão sobre o grau de identificação do funcionário com a instituição de ensino. Esse grau de identificação flutua em função do tipo de negócio/setor econômico ao qual pertença a organização, assim como pode ter aspectos diferenciados dentro de uma mesma organização, como é o caso das IESs, que são instituições pertencentes ao setor educacional.

Decisões sobre o volume de utilização da mão de obra qualificada no mercado de trabalho *versus* desenvolvimento dos recursos humanos internamente à instituição de ensino, assim como sobre a qualificação do pessoal e a cultura organizacional, são típicas do nível estratégico da IES. Se uma instituição de ensino dispõe de uma tecnologia educacional sofisticada, que pode-se constituir em acervo tecnológico, a mesma poderá optar por desenvolver sua mão de obra dentro de um grau técnico exclusivo, mantendo uma diferenciação dos concorrentes no mercado global.

Decisões sobre política salarial, plano de carreira e avaliação de desempenho, a serem tomadas pela IES, sem perder de vista a situação do mercado, são essencialmente de nível estratégico. Por exemplo: a camada decisória de nível estratégico deve decidir entre pagar abaixo de, igual a ou acima do nível de equilíbrio externo de salários. Uma IES situada em uma região com carência de professores e funcionários qualificados poderá optar por se manter acima do mercado, enquanto outra instituição, situada em região de alta oferta de mão de obra qualificada, não se disporá a pagar mais que o mercado.

Decisões de nível operacional

A primeira camada da GRH é constituída pelas decisões de nível operacional. É nessa camada que se define *como* as decisões operacionais deverão ser executadas para atingir o objetivo estabelecido. É composta, basicamente, do processo de *recrutamento, seleção, contratação e administração de pessoal*.

Nesse nível de decisão, analisa-se em detalhe cada atividade do processo. Se as atividades não forem bem-definidas, será muito difícil operacionalizar as decisões tomadas nas diversas camadas.

As decisões de primeira camada são no sentido de especificar formas de execução das tarefas do fluxo de pessoal.

As informações geradas pelas decisões operacionais devem ser enviadas ao ciclo de processos, que não toma parte nas decisões, mas tem a incumbência de executá-las.

Posteriormente, a camada de nível operacional envia informações dos resultados obtidos pela aplicação dessas decisões, procurando sempre manter o fluxo de decisões/informações contínuo e renovado em todas as camadas.

Implementação das decisões de planejamento

Se as decisões forem organizadas nessa hierarquia sistêmica, pode-se obter uma otimização no processo decisório de recursos humanos. Com isso, facilita-se o ciclo de processos, ou fluxo físico dos processos da IES como um todo (cadeia de agregação de valores), que irá dispor de linhas bem-definidas de ação, o que minimiza o volume de erros e reduz custos operacionais, aumentando, assim, a produtividade organizacional.

Na figura 91 explicita-se a interdependência das decisões de recursos humanos nas instituições de ensino.

Figura 91
Implementação das decisões de recursos humanos

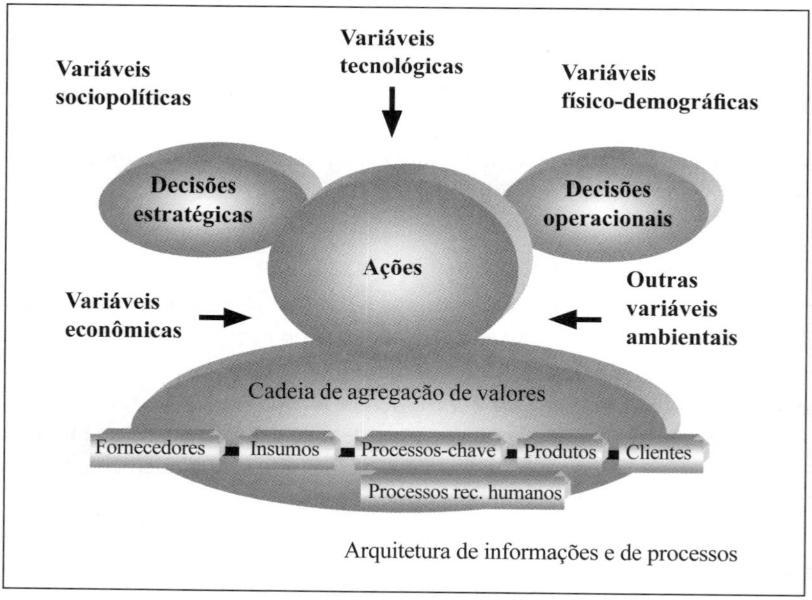

Portanto, é de suma importância observar a hierarquização das decisões/informações com respeito à instituição como um todo, para posteriormente definir as bases do planejamento da GRH.

Uma hierarquização simplificada de uma IES hipotética é apresentada na figura 90. É necessário, porém, que, para cada instituição, se faça uma análise específica, com caracterização própria da GRH em função do tipo de organização que estiver sendo enfocada.

Em linhas gerais, a implementação do planejamento da GRH deve observar certa coerência com o tipo de instituição sob estudo, bem como a existência de uma escala de importância relativa abrangendo atividades das "mais importantes" às "menos importantes", que é a hierarquização das decisões/informações da GRH.

Adicionalmente, para levar a bom termo um completo esquema de planejamento da GRH (que é uma atividade permanente, e não um mero plano na forma de relatório), há necessidade de considerar os objetivos corporativos da IES, dentro do período de tempo abrangido pelo planejamento (normalmente atrela-se o plano de GRH ao planejamento orçamentário, que por sua vez está vinculado ao planejamento estratégico da instituição).

Em outras palavras, trata-se de prever a força de trabalho e os talentos humanos necessários (planejamento de RH) para a realização das ações organizacionais futuras (planejamento estratégico), tudo isto quantificado e valorizado pelo orçamento corporativo. Na quantificação da força de trabalho deve ser levado em conta o volume de rotação de pessoal, representado pelo indicador de *turnover* calculado da seguinte forma:

$$\{[(A + D) \div 2] \div EM\} \times 100$$

Esta fórmula, aplicável à IES como um todo ou a um determinado setor/departamento, considera que A = quantidade de funcionários admitidos, D = quantidade de funcionários desligados/demitidos e EM = o efetivo médio no período em questão. Alternativamente, pode-se adotar o *indicador de flutuação de pessoal*, que é uma primeira mensuração para diagnosticar a situação dos recursos humanos na instituição, apurada por:

Total de afastamentos do período × 100 ÷ média do nº de funcionários do período

O indicador de *rotação de pessoal*, quando comparado com resultados de períodos anteriores ou com indicadores de outras organizações do mesmo setor econômico, é uma importante informação de planejamento quantitativo dos recursos humanos da instituição. Outra métrica que pode de ser utilizada nessa fase é o indicador de *produtividade da mão de obra*, calculado pela relação entre o montante de faturamento e o volume de recursos humanos empregados (professores e funcionários).

O processo de planejamento não foi detalhado, uma vez que o plano de RH tem um componente de natureza contingencial que depende das variáveis do meio ambiente; da conjuntura econômica; da situação institucional reinante; da tecnologia empregada; da filosofia, crenças e valores; e da qualidade e quantidade dos recursos humanos disponíveis.

Esse componente contingencial do planejamento da GRH é, ainda, situacional, porque à medida que se alteram esses fatores, é alterado também o estilo de administrar os recursos humanos da IES.

O planejamento da GRH deve separar os elementos que seriam estáveis daqueles elementos que seriam dinâmicos e mutáveis. Os aspectos estáveis do planejamento são os elementos estratégicos de recursos humanos inerentes ao tipo de organização e às decisões/informações hierarquizadas em seus diferentes níveis de importância relativa na instituição.

Já os elementos mutáveis (componente contingencial) não podem merecer tratamento de "receita" composta de regras rígidas, dada a necessidade de adaptabilidade à dinâmica institucional (interna à IES) e à instabilidade ambiental (aspectos econômicos, sociais e de mercado de trabalho, que são fatores externos e não controláveis pela instituição).

Conceitualmente, pode-se dizer que a implementação de um plano de GRH bem-sucedido deve levar em conta, portanto, a observância de: a) estratégias genéricas de recursos humanos coerentes com as características e estratégias institucionais da IES como um todo; b) medidas específicas contingenciais e situacionais que complementam as estratégias genéricas de RH.

Recrutamento, seleção e contratação de pessoal

Este processo sistêmico, inerente à *camada decisorial de nível operacional*, depende diretamente do mercado de trabalho ao qual a instituição de ensino está relacionada.

O mercado de trabalho em cada setor econômico abrange as ofertas de trabalho propiciadas pelas organizações que o compõem, em determinada localização física e em determinada época. Tal mercado de trabalho, conforme a conjuntura econômica, pode estar em equilíbrio ou com a oferta de mão de obra maior ou menor do que a sua procura por parte das organizações. Por sua vez, e independentemente da conjuntura econômica, o mercado flutua em função do tipo de mão de obra que estiver sendo objeto de recrutamento/seleção.

A tendência é que a *mão de obra qualificada* — docente com mestrado ou doutorado, por exemplo — sofra uma procura maior por parte das instituições de ensino, em detrimento daquela *não qualificada*, que passará a dispor de uma oferta de vagas cada vez menor.

O recrutamento de pessoal constitui uma sistemática que objetiva atrair candidatos nas fontes de recrutamento, interna e externa à IES. Tais fontes, que a organização deve observar, estão diretamente vinculadas às características da mão de obra a ser contratada pelas instituições de ensino.

A forma de recrutamento de pessoal, portanto, além de levar em conta o contexto do setor educacional, depende também do nível da mão de obra a ser recrutada. Assim é que em geral contrata-se externamente a mão de obra não qualificada, enquanto no caso da especializada o recomendável é formá-la internamente.

Em que pese à lógica descrita anteriormente, pode-se aplicar o recrutamento misto, no qual as instituições recorreriam às fontes interna e externa, simultaneamente. É uma estratégia que depende diretamente da situação do mercado de trabalho.

O recrutamento é interno quando a instituição de ensino procura preencher a vaga para determinado posto de trabalho (cargo) através do remanejamento de seus funcionários, que podem ser promovidos (movimentação vertical), transferidos (movimentação horizontal) ou, ainda, transferidos com promoção (ascensão funcional).

O recrutamento interno requer uma intensa e contínua coordenação e integração do *gestor de recursos humanos* com os demais setores da IES. Pode envolver: transferência de pessoal, promoções de pessoal, transferências com promoções de pessoal, programas de desenvolvimento/treinamento de pessoal e plano de carreiras. O recrutamento interno exige o conhecimento prévio de uma série de dados e informações do tipo: a) resultados obtidos pelo candidato interno nos testes de seleção a que se submete quando de seu ingresso na organização; b) resultado das avaliações de desempenho do candidato interno; c) resultados dos programas de treinamento/desenvolvimento de que participou o candidato interno.

As vantagens que o recrutamento interno pode trazer se resumem a ganhos do tipo: é mais econômico, é mais rápido, apresenta maior índice de validade e de segurança, é uma fonte poderosa de motivação para os funcionários, capitaliza o investimento da IES em treinamento/desenvolvimento do pessoal e desperta um sadio espírito de competição entre o pessoal.

Conceitualmente, e de forma independente do ramo de negócios da organização, tem-se que o recrutamento interno contribui para baixar a taxa de flutuação de pessoal na organização (rotação de pessoal — *turnover* — a que todas as organizações estão sujeitas). Ou seja, o recrutamento interno funciona como uma poderosa sistemática de promoções que atende às expectativas das pessoas de serem promovidas para assumir maiores responsabilidades. Elas querem ter oportunidade de aprender e executar trabalhos diferentes e mais complexos. Por outro lado, o fato de já dominarem todo o conteúdo de um cargo não significa que possam ser promovidas diretamente para o cargo em referência. Normalmente elas precisam de algum tipo de treinamento.

Figura 92
Recrutamento e seleção — primeiro critério

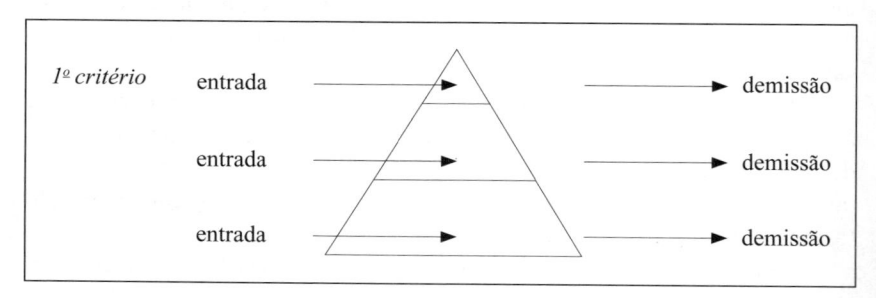

Quando é usado exclusivamente o *primeiro critério*, provavelmente a taxa de flutuação será alta e suas despesas com pessoal também. Ou seja, não ocorrem promoções porque as pessoas são contratadas prontas para ocupar um determinado cargo. E quando nada mais têm para oferecer na função, não podem ser promovidas automaticamente, porque necessitam de treinamento. Supõe-se que quem não promove também não treina adequadamente seu pessoal. Desse modo, só resta ao funcionário pedir demissão ou *criar um caso* para ser mandado embora. Isso porque ele sabe que a instituição vai contratar alguém já pronto para o cargo superior. A IES não vai lhe dar vez e ele sabe disso. Assim, a taxa de flutuação cresce e a instituição aumenta suas despesas com recrutamento.

Tal critério pode ser mais bem explicitado com o caso de uma IES que tem uma estrutura composta de professor graduado, professor especialista, professor mestre e professor doutor. Por esse primeiro critério, a IES procuraria recrutar, selecionar e contratar sempre o profissional no nível desejado, ou seja, se sua necessidade for um professor mestre, em vez de investir na sua formação iria sempre contratar um mestre já disponível no mercado de trabalho.

Alternativamente, pode-se utilizar um *segundo critério*, pelo qual a instituição de ensino contrataria externamente apenas professores graduados, procurando, subsequentemente, desenvolvê-los e promovê-los internamente para as categorias de nível mais elevado (professor mestre e professor doutor). É a estratégia ideal a ser adotada pelas IESs, em que pese ao fato de que algumas pessoas têm que ser contratadas prontas, em função do momento em que vive o mercado de trabalho e a conjuntura econômica. E isso pode acontecer em todas as organizações.

Figura 93
Recrutamento e seleção — segundo critério

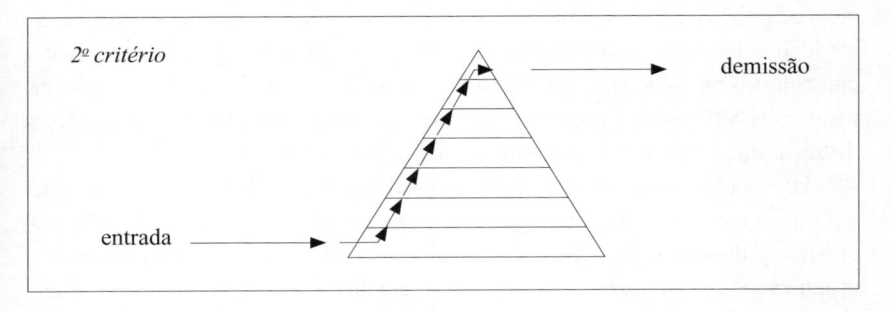

Com a aplicação desse segundo critério, a IES pode diminuir os índices de flutuação, absenteísmo e insatisfação dos funcionários, na medida em que eles percebem que têm chances de crescer na instituição.

Nesse critério, em vez de recrutar e selecionar o profissional *pronto*, diretamente do mercado de trabalho, a IES *iria investir em sua formação*. Ou seja, se a sua necessidade for a de um professor doutor, a IES procuraria preparar, através de curso de pós-graduação, programa de doutoramento *stricto sensu*, um professor mestre de seu quadro de pessoal existente.

O *recrutamento é externo* quando a instituição procura preencher a vaga existente com candidatos externos atraídos pelas técnicas de recrutamento. Incide sobre candidatos reais ou potenciais, disponíveis ou empregados em outras organizações, e pode envolver uma ou mais das seguintes técnicas de recrutamento: a) banco de dados, ou arquivo de candidatos que se apresentaram espontaneamente ou em outros recrutamentos anteriores; b) apresentação de candidatos por parte dos outros funcionários da instituição; c) cartazes ou anúncios nas portarias da instituição; d) contatos com sindicatos e associações de classe; e) contatos com agremiações estudantis, diretórios acadêmicos e centros de integração empresa-escola; f) contatos com outras instituições de ensino que atuam no mesmo setor educacional, em termos de cooperação mútua; g) anúncios em jornais e revistas/rádios; h) agências de recrutamento/seleção de pessoal.

As técnicas de recrutamento citadas dependem diretamente do tipo de cargo a ser preenchido. Ou seja, pode-se adotar uma estratégia para professores e outra para os demais funcionários da IES.

No caso de professores, a estratégia é que a instituição de ensino mantenha um banco de dados, o mais completo possível, daqueles que ainda atuam no mercado de trabalho, tanto os *profissionais-professores* (militantes em organizações empresariais) quanto os *professores-profissionais* (dedicados exlusivamente às atividades docentes). Também é conveniente como estratégia que a IES mantenha em cadastro profissionais de renomada especialização em áreas de interesse da instituição com vistas à eventual contratação. Ou seja, é recomendável manter a distinção entre o professor-profissional e o profissional-professor.

Uma política de recursos humanos salutar para a IES é observar certo equilíbrio entre docentes em regime de trabalho integral (ou de dedicação exclusiva) e docentes em regime de trabalho parcial (profissionais vinculados a organizações empresariais). É uma estratégia de aproximação do *processo ensino-aprendizagem* ao mundo empresarial, ou seja, uma política voltada para o equilíbrio entre a teoria e a prática.

Já a sistemática de *seleção* procura obter informações sobre o cargo a preencher e, posteriormente, promove a avaliação do candidato através da aplicação de técnicas de seleção como: entrevista, provas de conhecimento/capacidade, testes psicométricos, testes de personalidade e técnicas de simulação. As técnicas de seleção que podem ser empregadas variam em função da estratégia adotada pela IES, dos aspectos conjunturais do mercado e das características da mão de obra a ser selecionada.

As técnicas de seleção de pessoal sofrem influência, portanto, da posição que o cargo a ser preenchido ocupa na hierarquia da estrutura organizacional, nível esse normalmente preestabelecido na descrição e na especificação do cargo. Dessa forma, a estratégia de seleção varia na medida em que as pessoas a serem contratadas nos níveis *operacional* (pessoal de execução) e *estratégico* (docentes, *staff* e cargos de direção da alta adminisração) têm diferentes qualificações e habilidades a serem avaliadas.

Historicamente, pode-se afirmar que os critérios de seleção de pessoal se aperfeiçoaram, acompanhando a evolução dos modelos de organização no tempo, quais sejam: pré-burocrático, burocrático e pós-burocrático. Na fase do modelo pré-burocrático de organização, a seleção de pessoal era feita com base na amizade e nas relações sociais, com enfoque voltado para o passado. Já no modelo burocrático, a seleção de pessoal adota como pré-requisito o treinamento ou a formação específica, de preferência com diploma, com especial enfoque no presente. E, no modelo pós-burocrático, a seleção incorpora como pré-requisito o potencial do candidato, priorizando a formação generalista, com enfoque voltado para o futuro.

Figura 94
IES e o processo de recrutamento e seleção

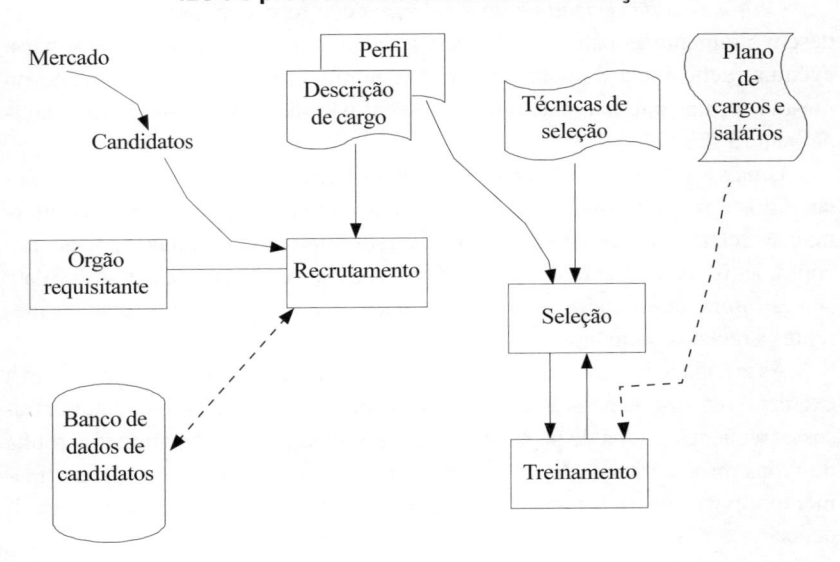

Operacionalmente, pode-se dizer que o processo de recrutamento começa com a emissão da requisição de funcionário por parte do órgão requisitante — *coordenador do curso* ou *chefe de departamento*, no caso de contratação de professores —, que é quem toma a decisão de recrutar candidatos/preencher vagas em determinado posto de trabalho, de acordo com um pré-planejamento consolidado pela estrutura organizacional.

Posteriormente, é o responsável pelo *recrutamento* que escolhe os meios (interno, externo ou misto) em face das características do tipo de mão de obra a ser recrutada e demais critérios preestabelecidos pelo gestor de recursos humanos. Para tanto, pode-se contar, inclusive, com um banco de dados de candidatos em potencial, formado a partir de profissionais provenientes do meio externo e do pessoal interno da IES (*banco de talentos*). O *recrutamento* deve considerar, ainda, a descrição de cargo e o perfil/pré-requisitos, relativos ao cargo a ser preenchido.

Na fase de *seleção*, deve-se aplicar a técnica de seleção mais coerente com o tipo de mão de obra em processo seletivo. Preparada previamente, é uma informação constante da própria descrição de cargo e dos pré-requisitos, bem como do plano de cargos e salários da IES.

Uma vez selecionado o melhor candidato, em processo que conta com a participação do próprio órgão requisitante, deve este ser encaminhado à área de registro e controle, para os procedimentos legais de admissão trabalhista.

O *processo de recrutamento e seleção* deve fornecer, ainda, subsídios ao desenvolvimento/treinamento de recursos humanos, no sentido de informar a eventual deficiência da mão de obra encontrada no mercado de trabalho ou mesmo formar internamente aquele pessoal não disponível, interna ou externamente à IES.

Uma vez efetivado o recrutamento e a seleção dos recursos humanos necessários aos processos, torna-se necessário um sistema de gestão das informações relativo ao registro legal dos recursos humanos contratados, de acordo com a legislação vigente. Quanto maior a instituição e mais descentralizada a sua estrutura, tanto maior será a necessidade de controle das informações inerentes a recursos humanos.

As atividades inerentes à contratação e à gestão de recursos humanos visam a exercer o registro de pessoal na forma de: apontamento e registro de faltas, atrasos e frequência; folha de pagamento do pessoal próprio e subcontratado; rotina de férias; prontuários de funcionários; rotinas de pedido de demissão, desligamentos, avisos prévios e rescisões trabalhistas; obrigações trabalhistas e previdenciárias.

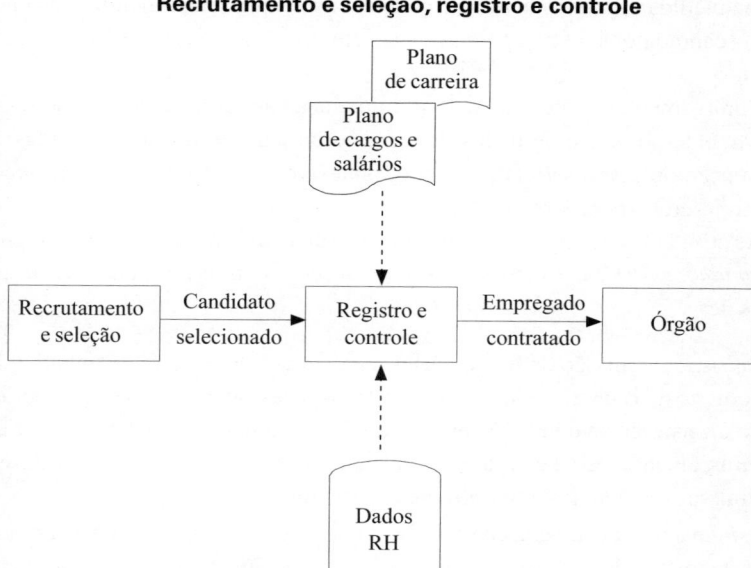

Figura 95
Recrutamento e seleção, registro e controle

```
                    ┌─────────────┐
                    │   Plano     │
                    │ de carreira │
              ┌─────┴─────┐       │
              │   Plano   │       │
              │ de cargos e│      │
              │  salários │       │
              └─────┬─────┘       
                    ▼
┌──────────────┐ Candidato  ┌───────────┐ Empregado  ┌───────┐
│ Recrutamento │ selecionado│ Registro e│ contratado │ Órgão │
│  e seleção   │──────────▶│  controle │──────────▶ │       │
└──────────────┘            └─────┬─────┘            └───────┘
                                  ▲
                                  ┆
                            ┌───────────┐
                            │   Dados   │
                            │    RH     │
                            └───────────┘
```

Na sua rotina, procura atender ainda às providências inerentes a: processos de aposentadoria, auxílio-doença, pensões, casos de acidentes de trabalho, contratos de trabalho, declarações de encargos de família, declarações de rendimentos para efeito de imposto de renda e outros procedimentos trabalhistas afins.

Abrange, ainda, a execução das políticas de benefícios e assistência social aos funcionários, bem como as atividades de controle de pessoal, em termos de: banco de dados de recursos humanos, controle qualitativo e quantitativo do quadro de pessoal, e inventários sistemáticos da lotação do pessoal da instituição.

Na atividade de cadastramento, manutenção e controle do banco de dados de recursos humanos existe uma interface estreita com a área de desenvolvimento e treinamento de recursos humanos, no que tange à identificação de necessidades de treinamento e sua respectiva programação de treinamento de pessoal.

Existe, também, interligação com a área de recrutamento e seleção de pessoal, na medida em que o banco de dados permite que sejam identificados potenciais candidatos internos para as vagas em processo de reposição ou preenchimento.

Complementarmente, a área de administração de cargos e salários se apoia intensamente no banco de dados de recursos humanos em suas atividades de manutenção do plano salarial, gerando, inclusive, as necessárias atualizações salariais a serem incorporadas nesse banco.

As atividades de registro e controle, que são o embrião da *gestão de recursos humanos (GRH)* nas instituições, podem ser resumidas principalmente em termos de:

- *admissão*: admissão de funcionários, atualização de carteira de trabalho, livro/ficha de registro, relação de admitidos e desligados, declaração de opção, transferência de FGTS, proporção de funcionários brasileiros e estrangeiros, atualização de contratos de trabalho, contribuição sindical, PIS-Pasep, admissão de menores, contratos de experiência;
- *desligamento*: documentação trabalhista de rescisão, cálculos indenizatórios, levantamento de contas paralisadas, acordos trabalhistas, homologação e quitação trabalhista;
- *controle de frequência*: regime de trabalho, marcação de ponto, quadro de horários, jornada de trabalho por categoria ocupacional, horas extras, regime de horário móvel, antecipação de jornada, trabalho noturno, adicionais, descanso remunerado, apontamento de férias;
- *folha de pagamento*: 13º salário, remuneração fixa e variável, gratificações e adicionais salariais, aumento de produtividade, efeitos tributários e previdenciários;
- *fiscalização do trabalho e da previdência*: documentação a ser exibida à fiscalização, calendário de obrigações trabalhistas, obrigações relativas à segurança e à higiene do trabalho, controle de recolhimentos e devoluções de valores sindicais e previdenciários;
- *preposto na Justiça do Trabalho*: questões inerentes a processos trabalhistas;
- *relações sindicais*: negociações trabalhistas e relação de emprego.

Capítulo 11

Estratégia de cargos e salários e planejamento de carreira

Administração de cargos e salários

A administração de cargos e salários, juntamente com a sistemática de avaliação de desempenho e de plano de carreira, formam o processo de planejamento, execução e controle das recompensas salariais (administração de salários, políticas de salários, composto salarial, ou outro termo equivalente). A rigor, os três instrumentos se complementam na prática: administração salarial, avaliação de desempenho e plano de carreiras.

Figura 96
Cargos e salários

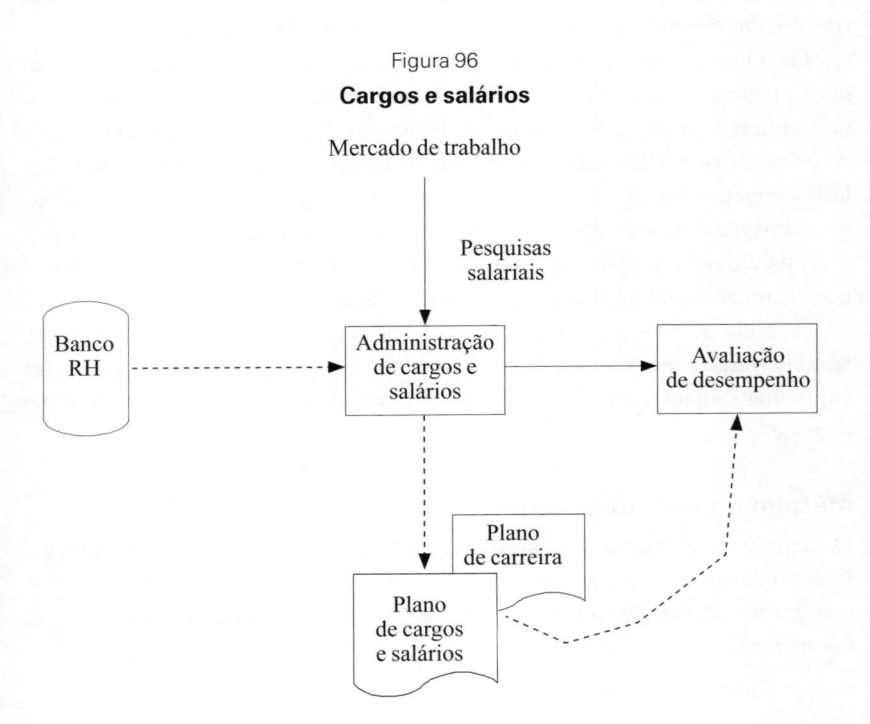

```
                    Mercado de trabalho
                            │
                            ▼
                      Pesquisas
                      salariais
                            │
┌────────┐          ┌──────────────┐          ┌──────────────┐
│ Banco  │--------->│ Administração│--------->│  Avaliação   │
│  RH    │          │ de cargos e  │          │ de desempenho│
└────────┘          │   salários   │          └──────────────┘
                    └──────────────┘                 ▲
                            │                        │
                            ▼       Plano            │
                                 de carreira         │
                      ┌──────────┐                   │
                      │  Plano   │                   │
                      │de cargos │-------------------┘
                      │e salários│
                      └──────────┘
```

A administração de cargos e salários pode adotar diferentes sistemas de avaliação:

- sistemas não quantitativos: escalonamento de cargos, graus predeterminados ou classificação de cargos;
- sistemas quantitativos: pontos, comparação por fatores.

Há variações substanciais quanto à forma de aplicação desses métodos, o que tem dado margem, inclusive, a que apareçam sucedâneos com novas denominações, porém sempre baseados num dos métodos referidos.

Dessa forma, surgiram os métodos: de pesquisa salarial, de perfil fatorial, percentual, de classificação organogramática e afins.

Em todos esses métodos, estão incluídas as fases básicas de *concepção*, *elaboração* do plano de cargos e salários, *implantação* e *manutenção*. O objetivo comum a tais métodos é a obtenção do equilíbrio interno e externo de salários, que procuram atingir com maior ênfase em um ou outro ponto.

O *equilíbrio interno* existe na organização quando as diferenças de salários dos funcionários correspondem às diferenças relativas às dificuldades das tarefas. Quanto mais importante, relativamente, for o cargo, quanto mais conhecimento e experiência se exigirem dos seus ocupantes e quanto maior a responsabilidade envolvida no desempenho das tarefas, maior deverá ser o salário do cargo. No *equilíbrio externo*, procura-se estabelecer, para a organização, salários semelhantes àqueles pagos para o mesmo cargo no mercado de trabalho.

O pagamento de salários compatíveis com o mercado de trabalho é desejável para a organização, no sentido de atrair o pessoal qualificado e mantê-lo no desempenho das tarefas de seus diversos cargos.

É exatamente neste cenário de evolução metodológica que se propõe um *método flexível de desenvolvimento de plano de cargos e salários*, conforme explicitado adiante, após breve análise dos métodos mais utilizados pelas organizações.

Método do escalonamento

O método de avaliação de cargos por escalonamento, também denominado método de comparação simples, ou *job ranking*, consiste em estruturar os cargos em um elenco, crescente ou decrescente, em relação a algum critério de comparação.

Método das categorias predeterminadas

O método das categorias predeterminadas, ou de escalonamento simultâneo, constitui uma variação do método do escalonamento simples. Para se aplicar este método é necessário dividir os cargos a serem comparados em conjuntos de cargos (categorias predeterminadas) que possuam certas características comuns. A seguir, aplica-se o método do escalonamento simples em cada um desses conjuntos ou categorias de cargos.

Uma vez feita a análise dos cargos, este método começa com a definição prévia das categorias de cargos. As categorias são conjuntos de cargos com características comuns e que podem ser dispostas em uma hierarquia ou escala prefixada.

Após determinar o número de categorias mais apropriado para a instituição, cada categoria deve ser definida claramente em termos de nível de responsabilidade e de outros requisitos e demandas típicos de cada grau. As definições das categorias devem ser escritas e passam a representar um padrão ou referência em relação ao qual outros cargos são avaliados e inseridos no grau apropriado. Sua finalidade é constituir um meio prático de classificar todos os cargos de uma organização, de acordo com as definições de categorias.

Método de comparação de fatores

O método da comparação de fatores é uma técnica que engloba o princípio do escalonamento, segundo o qual os cargos são comparados detalhadamente com fatores de avaliação. Em sua concepção inicial, esse método adotava cinco fatores genéricos, quais sejam: requisitos mentais, habilidades requeridas, requisitos físicos, responsabilidade e condições de trabalho.

Atualmente, o método da comparação por fatores consiste em sete etapas a serem desenvolvidas após a análise dos cargos. Na primeira, há a escolha dos fatores de avaliação, que constituem critérios de comparação que permitirão escalonar os cargos a serem avaliados. A escolha dos fatores dependerá dos tipos e características dos cargos a avaliar. A ideia básica desse método é identificar os fatores essenciais voltados para a simplicidade e rapidez das comparações. Na segunda etapa define-se o significado de cada um dos fatores de avaliação. Daí, quanto melhor a definição dos fatores, tanto maior a precisão do método. Na terceira etapa selecionam-se os cargos de referência para facilitar as comparações dos demais cargos. Os cargos de referência são escolhidos para facilitar o manuseio dos fatores de avaliação. Na quarta etapa, cada cargo de referência é avaliado através do escalonamento dos fatores de avaliação. Os escalonamentos são independentes para cada fator. Na quinta etapa, de avaliação dos fatores nos cargos de referência, os fatores são posicionados e ponderados quanto à sua contribuição individual para o total, de modo que a soma total de salários obtida para um cargo de referência possa ser dividida e considerada em termos absolutos para cada fator. Na sexta etapa, a tarefa é reconciliar os resultados obtidos na avaliação de fatores com aqueles obtidos no escalonamento original dos fatores. Deve haver coerência entre as diferenças relativas indicadas nas alocações salariais arbitrárias e subjetivas. É estruturada uma matriz de escalonamento e de avaliação de fatores, que leva em conta os cargos de referência. Finalmente, na sétima etapa transforma-se a matriz de escalonamento de fatores em uma escala comparativa de cargos.

Com a escala comparativa de cargos está concluída a avaliação de cargos, na qual cada cargo é escalonado em cada um dos fatores, até se chegar a sua avaliação global. Enquanto houver contradições no duplo processo de escalonamento de fatores e de avaliação de fatores, novos ajustamentos deverão ser feitos até que os resultados se tornem consistentes. De modo geral, esse método é mais apropriado para cargos horistas e outros cargos menos complexos.

Método de avaliação por pontos

A avaliação de cargos pelo método de pontos procura aplicar fatores capazes de estabelecer diferenças de requisitos entre o grupo de cargos a avaliar. Esses fatores são subdivididos em graus conforme o número de exigências a medir; e os graus são ponderados, recebendo determinado número de pontos, de acordo com a sua importância relativa. A soma dos pontos obtidos por um cargo em todos os fatores resultará em sua avaliação.

Embora em seu desenvolvimento se envolvam aspectos algo complexos, o método de pontos provê resultados precisos e é de aplicação um pouco mais fácil do que os outros métodos disponíveis. Essas vantagens são recentes. Os primeiros sistemas desenvolvidos usavam técnicas reconhecidamente arbitrárias e mereceram críticas generalizadas. Com a evolução da pesquisa estatística, as técnicas passaram a receber tratamento sistemático, melhorando amplamente as características do método de pontos e tornando plenamente justificáveis sua grande utilização no meio empresarial.

O método utiliza quatro estágios para a realização do plano salarial, quais sejam: a) análise dos cargos; b) avaliação dos cargos; c) plano de remuneração; d) enquadramento do indivíduo no cargo.

Método flexível de cargos e salários

O método proposto tem por origem a aplicação prática dos diferentes planos, o que levou à constatação de que nenhum deles poderia se aplicar indistintamente a qualquer um dos tipos de organização. Exatamente para preencher esta lacuna é que foi desenvolvido o presente método, visando a proporcionar maior flexibilidade e adaptabilidade às IESs estruturadas em torno de processos.

O método proposto de desenvolvimento de plano de cargos e salários procura compatibilizar o equilíbrio interno e externo de salários, e observa o seguinte roteiro de atividades:

a) identificação do rol de cargos e funções inerentes ao levantamento de mercado;

b) preparação do formulário de coleta de dados, explicitando: título do cargo na instituição, título do cargo na organização pesquisada no mercado, menor salário, salário médio e maior salário praticado;

c) identificação e convite às organizações que comporão o mercado (amostra a ser pesquisada);

d) realização da coleta de dados e tabulação dos resultados;

e) ordenamento dos cargos e funções com base nos resultados obtidos, considerando-se os salários médios de mercado;

f) divisão dos cargos em classes salariais e incorporação de cargos ou funções não identificados no levantamento, através de comparações realizadas pelo comitê envolvido na condução do trabalho;

g) criação de faixas salariais dentro de cada classe a fim de permitir a progressão funcional dos funcionários da instituição. São geradas diferentes alternativas, caracterizando diferentes possibilidades de tabelas salariais, de modo a permitir análises a respeito de custos de implantação da política adotada. Os valores referentes aos maiores e menores salários serão considerados parâmetros desta fase de geração de tabelas salariais;

h) definição de critérios de enquadramento funcional e realização de simulações, para apuração de custos efetivos de implantação;

i) preservação do plano de cargos e salários.

O nível de detalhamento e *rol dos cargos/funções a serem considerados* deve ser compatível com a estrutura de cargos e com o organograma da instituição.

Na *identificação das organizações participantes da pesquisa salarial*, incorpora-se o conceito de importância relativa entre os cargos, obtido em decorrência da realização de pesquisa de mercado, que se presta como orientadora do ordenamento dos cargos. Dessa forma, o posicionamento de um determinado cargo na estrutura será automaticamente obtido pelo posicionamento que este mesmo cargo tiver no mercado.

Para *pesquisar os cargos predefinidos junto ao mercado*, adotou-se uma planilha de pesquisa salarial, contendo: cargo/função, título/denominação na organização pesquisada, salário de admissão ou menor salário, salário médio e salário médio interno (total). Os resultados do levantamento de mercado constituem a base para estruturação das novas classes e faixas salariais do plano de cargos e salários. Tais resultados devem subsidiar ainda a ordenação interna dos cargos da organização em classes hierarquizadas, a partir do pressuposto básico de que a ordenação praticada efetivamente pelo mercado é um critério objetivo de valorização dos cargos, além de assegurar o fator fundamental de equilíbrio externo dos salários.

A *distribuição hierarquizada em classes* observa a importância relativa dos cargos, apurada a partir de uma classificação dos cargos por salários médios. E, através da análise dos diferentes cargos que compõem a estrutura da organização, na qual se leva em conta a importância relativa de cada um deles em relação ao contexto de sua administração, torna-se possível atingir o equilíbrio interno. Esse ordenamento de cargos se baseia, também, nos resultados da tabulação da pesquisa salarial. Nessa fase os cargos normalmente ganham um *macroagrupamento* em níveis do tipo: básico, médio e superior.

Na *criação das classes salariais*, leva-se em conta a hierarquização dos cargos em classes, com determinado número de faixas em cada uma delas, compondo, dessa forma, uma verdadeira tabela única de salários. Tais valores tiveram como parâmetro os valores médios praticados no mercado para os vários cargos considerados. Levam-se em conta, ainda, os cargos que, constituindo grupos ocupacionais ou de carreira distintos, farão jus a complemento de remuneração variável. Ou seja, o método propõe a adoção de prêmios-incentivo para determinadas categorias (ou extensiva a todos os funcionários da organização, na forma de adicional por ganhos de produtividade). A partir da definição da tabela, deve haver preocupação da administração da instituição, através de proposta da área de cargos e salários, em promover a atualização dos valores salariais, para repor as perdas inflacionárias sobre os vencimentos, de acordo com os índices aprovados.

A definição de *critérios de enquadramento funcional* observa a transposição da situação da folha de pagamentos atual para uma nova situação financeira, que exige a realização de simulações, via planilha eletrônica, para apuração de custos efetivos de implantação.

Os critérios de enquadramento e *preservação do plano de cargos e salários* (fase de manutenção) e, especificamente, a mobilidade na tabela observam: a) definição de salário de contratação; b) progressão horizontal; c) progressão vertical. O salário de contratação deve ser apurado pela determinação da classe do cargo a ser preenchido. O funcionário recém-admitido deve ser remunerado segundo o salário da primeira faixa da classe a que corresponder o cargo a ser preenchido, durante o período de experiência. Após esse período, se aprovado no cargo, o funcionário fará jus ao salário correspondente à segunda faixa da classe do referido cargo. A progressão horizontal é considerada a mudança de faixa na mesma classe salarial para a faixa seguinte, por merecimento e através de avaliação de desempenho. Já a progressão vertical consiste na mudança de cargo para outro de classe superior, na faixa salarial imediatamente superior, tomando por base o salário percebido anteriormente. Nessa fase, ocorre a progressão vertical quando o funcionário adquirir as habilidades funcionais e escolaridade exigidas para o novo cargo e, simultaneamente, houver vaga disponível para os cargos com tais requisitos. Quando o número de candidatos a cargos de classes salariais superiores ultrapassar as vagas existentes, o preenchimento deve se dar observando os resultados da avaliação de desempenho aplicada, que deve ser considerada classificatória. A preservação do plano de cargos e salários deve ser exercida nas seguintes situações: a) criação de novos cargos; b) alteração na situação funcional do funcionário; c) comparações com o mercado através de pesquisas salariais; d) término de período de experiência; e) reclassificação de cargos ou de funcionários; f) determinação da legislação; g) tratamento de casos especiais.

Exemplo de Plano de Cargos e Remuneração

O valor de remuneração da hora-aula será de R$22,00 (vinte e dois reais), vigente em julho deste ano, para doutores; R$18,00 (dezoito reais), para mestres; R$15,00 (quinze reais), para especialistas; e R$13,00 (treze reais) para professores graduados. O plano de carreira docente regulamenta o processo de recrutamento, seleção, admissão, progressão horizontal, progressão vertical, ascensão funcional, promoção e dispensa do professor, que está sujeito, ainda, às normas regimentais.

A remuneração mensal será calculada multiplicando-se a carga horária pelo indicador acadêmico 5,25 e pelo valor da hora-aula. Será pago um adicional de 20% (vinte por cento) sob a forma de hora-atividade para o planejamento das atividades docentes.

Com o intuito de implementar suas políticas de recursos humanos, a instituição preserva o *plano de cargos e remuneração*, voltado para o pessoal docente e não docente. Seu objetivo é a valorização profissional, mediante avaliação permanente do desempenho do pessoal, ao lado da implementação de programas de educação continuada voltados, principalmente, para os seus professores. Os cargos da *instituição* são representativos da linha de atividade funcional, de acordo com a natureza, o grau de responsabilidades e a complexidade das funções previstas em sua estrutura organizacional. O plano, da forma em que foi concebido, registra as atribuições e responsabilidades de todos os membros da organização formal, conforme estabelecido no estatuto e/ou regimento da instituição de ensino.

A estrutura de cargos do pessoal docente, integrante do magistério superior da instituição de ensino, será constituída, na forma de tabela de cargos e salários, por três categorias, com três classes e cinco níveis. A cada categoria de docente, estão associadas três classes, com cada uma delas, por sua vez, se desdobrando em cinco níveis salariais. Esses últimos são estabelecidos de forma progressiva, sendo o primeiro nível o início salarial de cada classe, que permite a progressão horizontal ao longo dos demais níveis até atingir o último degrau/nível da escala. Esta progressão salarial é prefixada de acordo com a política salarial estabelecida pela entidade para diferenciar os salários de forma justa e profissional. A forma de mobilidade ao longo dos níveis, progressão horizontal, bem como entre classes diferentes, progressão vertical, está estabelecida no *plano de carreira*.

O corpo docente será formado por: a) professor doutor; b) professor mestre; e c) professor especialista. Os requisitos mínimos para ingresso nas categorias do-

continua

centes são: *professor doutor* — ser portador de título de doutor na área em que irá atuar; *professor mestre* — ser portador do título de mestre na área em que irá atuar; *professor especialista* — ser portador do título de graduado, com experiência profissional comprovada e certificado de especialista, obtido em curso de pós-graduação.

A instituição de ensino fixará, anualmente, por coordenação/departamento, o número de cargos do magistério superior, no regime de tempo parcial (20 a 30 horas semanais) e no regime de tempo integral (40 horas semanais). A instituição poderá, na medida de sua conveniência, contratar professores em outros regimes e/ou regime modular.

O pessoal docente de ensino superior da instituição de ensino está sujeito à prestação de serviços semanais, dentro dos seguintes regimes: a) regime de tempo parcial: de 20 a 30 horas semanais de trabalho, devendo o professor assumir tarefas em sala de aula que requeiram pelo menos 70% do tempo contratual; b) regime de tempo integral: com 40 horas semanais de trabalho, devendo o professor assumir tarefas em salas de aula que requeiram pelo menos 50% do tempo contratual; c) outros regimes.

As horas de trabalho, não utilizadas como carga didática do docente, serão distribuídas em preparo de aulas, assistência aos alunos, preparação e correção de provas e exames, pesquisas, reuniões, trabalhos práticos, frequência a programas de capacitação ou atividades de assessoria e extensão a se desenvolverem na instituição de ensino.

Como instrumento para a movimentação e mobilidade do pessoal nas categorias, faixas e classes previstas no *plano de cargos e remuneração*, foi adotado o *plano de capacitação de recursos humanos*, conforme explicitado a seguir.

EXEMPLO DE POLÍTICA DE RECURSOS HUMANOS CONJUGADA A ADMINISTRAÇÃO SALARIAL E PLANEJAMENTO DE CARREIRA

A instituição adota uma política de recursos humanos objetivando valorizar os seus quadros docente e não docente. Parte-se do pressuposto de que os educadores, principalmente, necessitam de ambiente adequado para o desenvolvimento de sua missão de acumular e transmitir conhecimento, bem como de preparar e formar mão de obra de alto nível.

A instituição tem como premissas a preservação de: a) relações harmônicas entre os membros de sua comunidade acadêmica; b) criatividade e participação de docentes e não docentes em todas as atividades da entidade; c) apoio à pro-

continua

> dução científica dos docentes; d) condições de trabalho com a permanente atualização dos padrões salariais de seu quadro de pessoal; e) elevados padrões éticos no desempenho profissional de docentes e não docentes.
> Visando à execução dessas diretrizes, a entidade mantém *plano de carreira docente* e *plano de cargos e salários* aplicáveis ao seu quadro técnico e administrativo.

Planejamento de carreira

Planejamento e desenvolvimento de carreira são conceitos relativamente novos tanto para os especialistas de recursos humanos, quanto para os executivos das organizações. Uma carreira bem-sucedida, para o corpo docente e demais integrantes do quadro de pessoal de uma IES, pode ser obtida através de um cuidadoso planejamento, cujo resultado final é o *plano de carreiras*.

Conceitualmente, pode-se definir o *planejamento de carreira* como o processo contínuo de interação entre o funcionário e a IES, pelo qual resultam os passos e o caminho que mutuamente atendam aos objetivos da instituição e às aspirações do indivíduo. Como conceito, ainda, pode-se dizer que carreira é uma sucessão de níveis de capacitação de complexidade e/ou diversificação crescente.

Finalidade do plano de carreiras

A finalidade do *plano de carreiras* é favorecer o desenvolvimento organizacional através do melhor aproveitamento do patrimônio humano da instituição de ensino, obtido pela promoção do seu desenvolvimento e da sua autorrealização. Para isto, o *plano de carreiras* fornece bases e o apoio a:

- decisões do administrador de recursos humanos e de cada funcionário quanto ao desenvolvimento de sua carreira, informando sobre as oportunidades existentes na organização, indicando os acessos disponíveis e a capacitação necessária para cada etapa da carreira;
- ações de desenvolvimento, motivação, integração e melhoria da produtividade individual e grupal;
- práticas de recursos humanos referentes ao recrutamento, seleção, avaliação e compensação;
- programas de desenvolvimento organizacional, notadamente os de: desenvolvimento de pessoal e treinamento, e desenvolvimento da capacitação gerencial.

Adicionalmente, pode-se dizer que as metas a serem atingidas pela implementação de um adequado plano de carreiras são: propiciar carreiras compatíveis com as necessidades de mão de obra; permitir que os funcionários estejam motivados para o trabalho em face da ascensão que lhes é oferecida pela instituição; assegurar que a política de formação e desenvolvimento de carreira seja transparente e dinâmica.

Desenvolvimento de carreira

Desenvolver-se significa atingir níveis de capacitação crescentes, significa atender a conjuntos de requisitos cada vez mais exigentes em complexidade, isto é, aumentar a especialização. Pode significar também atender a outros conjuntos de requisitos de mesma complexidade porém solicitadores de outros atributos, ou seja, aumentar a versatilidade. Portanto, o avanço não é necessariamente linear, mas multidirecional.

Desenvolvendo sua capacitação, o funcionário pode receber delegação para exercer funções e cargos mais desafiadores, que lhe proporcionem melhor autorrealização. O desenvolvimento da capacitação proporciona, também, a elevação de *status,* reconhecimento ou maior compensação.

A responsabilidade pelo desenvolvimento pessoal é individual e nenhum desenvolvimento ocorre sem motivação e esforço próprio. À instituição cabe propiciar condições e incentivos para que o desenvolvimento ocorra em harmonia com seus próprios objetivos. Tais condições e incentivos são gerados pelo trabalho em equipes participativas e pelo contínuo relacionamento entre o gestor da IES e os funcionários.

O plano de carreiras, portanto, constitui um benefício mútuo organização/indivíduo, por se tratar de instrumento que apoia a ação participativa de identificação de objetivos convergentes da instituição e dos funcionários, indicando os caminhos que cada indivíduo dispõe para seu avanço e autorrealização. Outros benefícios visíveis são: a) os funcionários com maior potencialidade permanecem na instituição, sentindo-se atraídos pela real possibilidade de ascensão profissional; b) o nível de motivação cresce em função da perspectiva de progresso dentro da organização; c) as sucessões, principalmente em funções gerenciais, ocorrem sem traumas; d) as possibilidades de erros nas promoções são bem menores; e) os profissionais com maior talento e potencial são identificados de modo mais transparente; f) a organização sabe de que tipo de profissional vai precisar nos próximos anos.

Implementação do plano de carreira

Na obtenção do plano a instituição deve: a) definir até onde deseja chegar e o que espera de seus funcionários nesse avanço e autorrealização; b) determinar a qualificação profissional necessária para que os funcionários possam atingir as metas estabelecidas; c) avaliar os funcionários, levando em conta seu desenvolvimento em face das exigências do futuro, e de acordo com os procedimentos de avaliação de desempenho em vigor na instituição.

Para viabilizar o plano de carreira, há necessidade de se criar e manter atualizado um completo banco de dados dos talentos disponíveis na instituição de ensino. É a partir desse banco de dados que se pode eliminar o problema da substituição de pessoal nos quadros da organização, uma vez que este propicia ao gestor da IES meios para a indicação dos funcionários especialmente treinados para ocupar cargos em aberto.

EXEMPLO DE PLANO DE CARREIRA

(Implementação na *Faculdade de Ciências Gerenciais*)

O plano de carreira docente da Faculdade de Ciências Gerenciais estabelece que o quadro do magistério da entidade — corpo docente — é constituído por três categorias: professor doutor, professor mestre e professor especialista. Os cargos ou funções do magistério superior da instituição são acessíveis a todos quantos satisfaçam os requisitos estabelecidos neste plano de carreira.

Entendem-se como atividades de magistério superior aquelas que são adequadas ao sistema indissociável do ensino, pesquisa e extensão, e sejam exercidas em uma unidade de ensino superior da faculdade, com o objetivo de ampliar e transmitir o saber. São também consideradas atividades de magistério aquelas inerentes à administração escolar e universitária, privativas de docentes de nível superior.

O referido plano determina que a contratação deve ser feita por concurso, obedecidos os critérios de competência profissional e docente, e atendidos os valores éticos e morais que norteiam a instituição. Estabelece ainda as diferentes formas de acesso a cada categoria docente, exigindo como titulação mínima a pós-graduação *lato sensu*. A contratação, por se tratar de instituição particular de ensino, será efetivada via legislação trabalhista, com tempo de experiência predeterminado, após processo regular de recrutamento, seleção e admissão. Como premissa, nenhum professor será contratado com jornada inferior a 12 horas.

A forma de remuneração dos docentes está estabelecida na estrutura de cargos e salários, na forma de tabela salarial, conforme explicitado no item pertinente (plano de cargos e remuneração). Segundo tal estrutura de cargos e salá-

continua

rios, quando da contratação do docente, será feito o enquadramento no primeiro nível da primeira classe, da categoria na qual o mesmo se enquadrar. A progressão vertical e horizontal, que é o acesso de um nível para outro, se dará a título de adicional por tempo de serviço efetivo na carreira docente, em caráter permanente, a cada ano de interstício ou, por produtividade, a cada dois anos. Para fins de ascensão funcional à categoria mais elevada, o critério é a titulação do docente, e o enquadramento será automático no nível e classe correspondentes. A admissão, progressão e ascensão funcional de um professor, de acordo com a categoria, serão efetivadas conforme as disponibilidades tanto de quadro de pessoal quanto de viabilidade orçamentária, previamente programada.

O desenvolvimento da carreira é parte constante e clara do regimento da instituição, que buscará a valorização da qualificação do profissional como elemento básico de sua progressão funcional. A instituição adota como premissa, ainda, uma forte ênfase no quadro docente de forma a direcionar caminho justo para a contratação, premiação, progressão e ascensão funcional de seus recursos humanos, tendo em vista a consecução dos objetivos de ensino, pesquisa e extensão.

Tal filosofia é assegurada pelo planejamento econômico-financeiro, traçado para o curso da Faculdade de Ciências Gerenciais, que destinou os recursos adequados às necessidades de implementação das atividades da entidade e de seu corpo docente.

Avaliação de desempenho

A sistemática de *avaliação de desempenho*, como instrumento complementar à administração salarial, representa a forma de apreciação do desempenho do indivíduo no cargo, posicionando-o individualmente, na escala/estrutura impessoal de salários (criada pela administração salarial). Recebe diferentes denominações, tais como: avaliação de mérito, avaliação dos funcionários, relatórios de progresso, avaliação da eficiência funcional e outros termos equivalentes. Já o instrumento de plano de carreiras define as carreiras ou agrupamento de cargos, inerentes a uma organização, de forma a indicar, a cada empregado/funcionário, os caminhos de que dispõe para seu desenvolvimento. É um processo contínuo de interação entre o funcionário e a instituição do qual resultam passos selecionados e o caminho que mutuamente atendem aos objetivos da IES e às aspirações do funcionário.

A *avaliação de desempenho* pode ser considerada uma sistemática voltada para a apreciação do desempenho individual do funcionário no exercício das atribuições inerentes a seu cargo. Usualmente, a forma mais adotada é a de o próprio superior hierárquico proceder à avaliação do desempenho de cada subordinado, aferindo seus pontos positivos e negativos.

Seus objetivos principais são: adequação do indivíduo ao cargo; identificação de necessidades de treinamento; promoções; incentivo salarial ao bom desempenho; melhoria do relacionamento entre superior e subordinados; autoaperfeiçoamento do funcionário; estimativa do potencial de desenvolvimento dos funcionários; estímulo à maior produtividade; oportunidade de conhecimento dos padrões de desempenho da instituição; *feedback* ao próprio indivíduo avaliado; e decisões sobre transferências, dispensas e progressão/ascensão funcional.

De fato, a avaliação de desempenho tem reflexo direto na motivação do quadro de pessoal da IES. Tal motivação, como afirma Fernandes,[34] é fundamental, pois é necessário que os recursos humanos atuantes na universidade sintam-se apoiados e seguros. Daí a pertinência da orientação de Deming,[35] sobre a extirpação do medo, para o surgimento das novas ideias. O espaço acadêmico, nesse sentido, é o de liberdade, de criação, da experimentação de novos métodos e de produção do conhecimento.

Existem vários métodos de avaliação do desempenho, quais sejam: da escala gráfica, da escolha forçada, de pesquisa de campo, de comparação aos pares, de frases descritivas e misto. Em qualquer desses métodos, a entrevista com o respectivo funcionário a ser avaliado constitui o ponto principal do sistema, uma vez que, através da comunicação e discussão do seu resultado, que serve de *feedback*, é que se reduzem as dificuldades de interação entre superior hierárquico e subordinado.

EXEMPLO RESUMIDO DE PLANO DE CAPACITAÇÃO DE RECURSOS HUMANOS

A instituição, por meio de um plano de capacitação de recursos humanos, desenvolverá programas de pós-graduação, próprios ou em convênio com outras instituições de ensino, objetivando atualizar, aperfeiçoar ou capacitar seus professores e pessoal não docente. O *plano de capacitação de recursos humanos* deve ser operacionalizado em consonância com o disposto no *plano de carreira docente*.

Os professores que, no ato da admissão, possuam somente a graduação, por dificuldades pessoais ou institucionais de participação em programas de pós-graduação, serão automaticamente incluídos em programas específicos, a fim de capacitá-los academicamente para o exercício do magistério superior.

---

[34] Fernandes, 1998.
[35] Deming, 1990.

Capítulo 12

Qualificação e desenvolvimento do corpo docente

Planejamento e execução de programas de treinamento

O *treinamento* é parte de um conjunto maior que é o desenvolvimento de pessoal. Mais recentemente, com o advento do conceito da qualidade total, as organizações se veem compelidas a adotar o treinamento como algo integrado ao conceito de educação.

Treinamento, no contexto das IESs, deve buscar o aperfeiçoamento do desempenho funcional, constituindo ainda uma maneira de reforçar o trabalho de autoformação de cada indivíduo, na medida em que suas atividades se caracterizem como um processo eminentemente educativo.

Na realidade, o treinamento significa o preparo do professor e funcionário para o cargo, sendo assim uma forma de educação, porquanto a finalidade da *educação* é preparar o professor e funcionário para o ambiente dentro ou fora do seu trabalho.

De fato, para o desenvolvimento de recursos humanos em uma instituição de ensino deve-se observar que: a) a tarefa tem por missão aperfeiçoar o desempenho e não simplesmente fornecer habilidades e conhecimento; b) treinamento e desenvolvimento serão conduzidos somente se estiverem vinculados às necessidades de melhoria de desempenho da organização; c) treinamento e desenvolvimento serão realizados apenas se apoiados pelo ambiente onde os treinandos trabalham; d) a avaliação do treinamento e do desempenho será feita de acordo com sua contribuição para o cumprimento do desempenho corporativo; e) os diagnósticos a efetuar deverão ir além da análise do treinamento/desenvolvimento, recomendando soluções para esses casos identificados.

Atualmente, o que predomina nas organizações em geral é a prioridade dada ao treinamento de executivos ou gerencial, o que contraria o movimento em direção à organização do futuro, ou mesmo da corporação virtual, com seus colaboradores dotados de autoridade.

Enfrenta-se uma época em que os trabalhadores têm a maior necessidade de educação básica e de treinamento nas qualificações para o trabalho. É necessário um treinamento contínuo para todos os trabalhadores das organizações, em disciplinas básicas quando necessário e em formação de equipes, bem como uma educação permanente nas novas tecnologias adequadas ao trabalho. Idealmente devem ser considerados pressupostos que: a) não existem técnicas melhores ou piores e sim técnicas mais adequadas ou menos adequadas, em função dos objetivos que se pretenda atingir; b) treinamento é atividade educativa que busca como subsídios os princípios universais de aprendizagem válidos para situações de sala de aula convencional e para situações de treinamento, resguardados os necessários ajustamentos induzidos pelas condições de aprendizagem e finalidades do programa.

Os principais objetivos do treinamento são: a) preparar o pessoal para a execução imediata das diversas tarefas peculiares à organização; b) proporcionar oportunidades para o contínuo desenvolvimento pessoal, não apenas em seus cargos atuais, mas também em outras funções para as quais a pessoa pode ser considerada; c) mudar a atitude das pessoas, com várias finalidades, entre as quais criar um clima mais satisfatório entre funcionários, aumentar-lhes a motivação e torná-los mais receptivos às técnicas de supervisão e gestão.

No Brasil, a Lei nº 6.297, de 1975, que trata dos incentivos fiscais à formação profissional nas instituições, permite a dedução de até 10% do lucro bruto tributável, para efeito de imposto de renda, do dobro das despesas comprovadamente realizadas em projetos de formação profissional, previamente aprovados pelo Conselho Federal de Mão de Obra do Ministério do Trabalho.

O treinamento, como um processo que procura responder às indagações de *em que treinar/a quem treinar/como/quando treinar*, deve ser implementado em um ciclo composto de quatro etapas: a) inventário das necessidades de treinamento; b) programação de treinamento para atender às necessidades diagnosticadas; c) implementação e execução; d) avaliação dos resultados.

Inventário das necessidades de treinamento

O inventário das necessidades de treinamento é desenvolvido mediante um diagnóstico dos problemas de treinamento e pode ser feito em três diferentes níveis de análise: em nível organizacional, em nível dos recursos humanos existentes e em nível das operações e tarefas que devem ser realizadas. Quando bem executado, permite responder à questão-chave: *prevenir, corrigir ou melhorar o desempenho?*

A análise no nível organizacional pode ser entendida como a determinação do *locus* interno à instituição onde se deverá dar ênfase ao treinamento. Deve analisar fatores como planos, força de trabalho, dados de eficiência organizacional, clima interno, entre outros, capazes de estimar os custos envolvidos e os benefícios esperados do treinamento em comparação a outras estratégias com possibilidade de atingir os objetivos corporativos, e assim determinar a modalidade ou tipo de treinamento.

Ou seja, a definição da modalidade de treinamento a ser escolhida está sujeita a uma análise inicial da natureza da deficiência observada ou da mudança de comportamento proposta: o desempenho precisa ser corrigido, melhorado ou preparado de antemão para prevenir a ocorrência de falhas?

O que normalmente ocorre é que os requisitantes de treinamento não têm uma visão clara da profundidade e abrangência de seus problemas, propondo treinamento do tipo corretivo quando na realidade poderiam obter resultados mais eficazes se fossem adotadas medidas preventivas. Segurança no trabalho integração de funcionários são exemplos de treinamento de natureza preventiva, assim como treinamento de reciclagem ou aperfeiçoamento é adequado para setores que apresentam falhas de formação, ou programas de iniciação para funcionários com capacitação técnica mais aperfeiçoada.

Na análise dos recursos humanos existentes, procura-se verificar se há quadro suficiente em termos qualitativo e quantitativo para as atividades atuais e futuras da instituição. Nessa fase, busca-se avaliar o nível dos atuais funcionários em seus postos de trabalho, bem como a necessidade de contratação externa de pessoal.

A análise das operações e tarefas procura enfocar o nível do cargo, tendo como fundamento os requisitos que o cargo exige de seu ocupante. Ou seja, além da instituição e das pessoas, o treinamento deve considerar os cargos para os quais as pessoas devem ser treinadas.

A análise do cargo determina os tipos de habilidades, conhecimentos, atitudes e comportamento, bem como as características de personalidade requeridas para o desempenho eficaz das atividades inerentes ao posto de trabalho. Dessa forma, é possível identificar necessidades de treinamento pela simples comparação entre os requisitos exigidos pelo cargo e as habilidades atuais de quem o exerce, representadas pela discrepância eventualmente apresentada.

Outros meios para levantar as necessidades de treinamento são: avaliação de desempenho, observação, questionários, solicitação do pessoal de chefia, entrevistas com o pessoal de chefia, reuniões e seminários, mudanças organizacionais e de sistemas e entrevistas de desligamento.

Ou, sinteticamente, as necessidades de treinamento podem ser identificadas atuando-se: a) reativamente, em resposta a pedidos de treinamento; b) proativamente, como resultado do planejamento para atender às necessidades da organização por meio do treinamento.

Programação de treinamento

A *programação de treinamento* visa a planejar como as necessidades diagnosticadas deverão ser atendidas: o que treinar; quem; quando; onde e como treinar, a fim de utilizar os recursos didáticos e instrucionais mais apropriados.

Uma adequada programação de treinamento deve abranger: a) abordagem de uma necessidade específica de cada vez; b) definição clara do objetivo do treinamento; c) divisão do trabalho a ser desenvolvido em módulos ou partes; d) determinação do conteúdo do treinamento em termos de informações; e) escolha do método de treinamento; f) definição dos recursos didáticos e instrucionais; g) definição do público-alvo; h) local; i) carga horária.

Nessa fase devem ser adotadas providências como: estabelecer relação custo/benefício, em função da realidade existente e dos objetivos propostos; envolver os gestores e os altos escalões quanto ao nível de compromisso com o treinamento; proporcionar diferentes alternativas de solução para os problemas, hierarquizando-os, em termos de vantagens e desvantagens.

Uma forma de desenvolver um planejamento proativo de desenvolvimento de recursos humanos é cumprir as seguintes etapas: a) identificar os principais clientes internos; b) desenvolver um programa de desenvolvimento de RH conjuntamente com o cliente; c) consolidar todos os programas de desenvolvimento de RH; d) revisar periodicamente o programa, em conjunto com o cliente, para avaliar seu progresso.

Programas de treinamento bem-estruturados devem evitar a inclusão de treinandos sem os pré-requisitos adequados e impedir a ocorrência de barreiras por parte das chefias. Quando os chefes não percebem o alcance do treinamento em termos de resultados, acabam por se considerar vítimas de decisões impostas, que apenas perturbam a ordem de seus setores, provocando a ausência de funcionários e o retardamento de tarefas. À medida que as chefias pré-avaliam o retorno do investimento em *treinamento* como um fator positivo, crescem as chances de sucesso do programa.

Execução do treinamento

A implementação do treinamento envolve um binômio *instrutor x aprendiz* e uma relação *instrução x aprendizagem*. Deve levar em conta os diferentes tipos de treinamento: *de integração*, que visa à ambientação do funcionário à instituição; *técnico-operacional*, voltado para a capacitação do indivíduo no que diz respeito a informação e habilidade para o desempenho de tarefas específicas da categoria profissional a que pertence; *gerencial*, que se caracteriza pela sua maturação lenta, na medida em que há necessidade de desenvolver competências técnica, administrativa e comportamental; e *comportamental*, que incorpora objetivos voltados para a solução de problemas de relacionamento, atitude ou postura de modo geral diante de situações de trabalho.

A execução de programas de treinamento depende, ainda, dos seguintes fatores principais: a) adequação do programa de treinamento às necessidades da organização; b) qualidade do material de treinamento apresentado; c) cooperação do pessoal de chefia; d) qualidade e preparo dos instrutores; e) qualidade do pessoal a ser treinado, "aprendizes".

Avaliação dos resultados

A avaliação dos resultados do *treinamento* visa a obter um retorno e informações de como ele foi executado e qual a *performance* alcançada, tanto em nível organizacional e de recursos humanos, quanto em nível das tarefas e operações. Avaliar significa medir o grau de convergência entre o que era esperado e o que foi efetivamente obtido.

Pode ocorrer que *programas de treinamento*, apesar de considerados eficientes por não ter havido desperdício de recursos, sejam ineficazes por não satisfazer em termos de avaliação de produto, dado que não atingem os objetivos propostos para sua execução. Para uma efetiva interpretação dos resultados do treinamento pode-se mensurar: quão bem são utilizados os recursos colocados à disposição do treinamento; e o caráter de resultado da atividade, avaliando até que ponto o treinamento foi eficaz.

A avaliação deve considerar dois aspectos principais: a) determinar até que ponto o treinamento produziu as almejadas modificações de comportamento pessoal; b) demonstrar se os resultados do treinamento apresentam relação com a consecução das metas da instituição.

Nessa fase, o treinamento pode ser avaliado com outras abordagens para desenvolver os recursos humanos, como o aprimoramento das técnicas de seleção ou o reestudo das atividades da instituição de ensino em suas diferentes áreas funcionais.

Pode ser analisado, ainda, de forma integrada com os procedimentos de avaliação de desempenho e planejamento de carreira, uma vez que a implementação de tais programas implica o competente suporte da área de treinamento e desenvolvimento de recursos humanos.

Programas de clima organizacional

Entende-se por *clima organizacional* a qualidade ou propriedade do ambiente institucional que: a) é percebida ou experimentada pelos membros da organização; b) influencia o seu comportamento.

Refere-se ao ambiente interno existente entre os membros da instituição e está intimamente relacionado com o grau de motivação de seus participantes. Pode abranger especificamente as propriedades motivacionais do ambiente organizacional, ou aqueles aspectos da organização capazes de provocar diferentes espécies de motivação nos seus participantes.

Assim, o clima organizacional é favorável quando proporciona satisfação das necessidades pessoais dos participantes e elevação do moral, sendo desfavorável quando acarreta a frustração daquelas necessidades. O clima organizacional, no contexto das organizações, influencia o estado motivacional das pessoas e é por ele influenciado.

Podem ser desenvolvidas pesquisas junto ao público interno da instituição, com o intuito de se avaliar o perfil socioeconômico dos funcionários, bem como sua motivação, satisfação e integração com a IES, subsidiando, inclusive, a análise das diferentes subculturas normalmente presentes na maioria das organizações.

De fato, a utilização dos resultados da pesquisa de clima organizacional pode refletir na motivação do quadro de pessoal da IES. Segundo Fernandes,[36] tal motivação é fundamental, pois é necessário que os recursos humanos atuantes na instituição de ensino sintam-se apoiados e seguros. Daí a pertinência da orientação de Deming,[37] sobre a extirpação do medo, para o surgimento das no-

---

[36] Fernandes, 1998.
[37] Deming, 1990.

vas ideias. Desse modo, o espaço acadêmico é o de liberdade, de criação, da experimentação de novos métodos e de produção do conhecimento.

Pesquisas internas são úteis, portanto, na medida em que contribuem para a aferição de providências necessárias à melhoria do *clima organizacional*, que é fundamental para a instituição obter um adequado nível de competitividade e qualidade total.

Nesse sentido, e com base nos critérios do Prêmio Nacional da Qualidade, sugere-se que o planejamento da pesquisa abranja questões inerentes a *clima organizacional* que, direta ou indiretamente, possam se relacionar a determinados fatores adequados ao autodiagnóstico da IES, em termos de:

- *liderança*: liderança da alta direção, valores da instituição quanto à qualidade, gestão para a qualidade e responsabilidade comunitária;
- *informação e análise*: abrangência e gestão dos dados e das informações sobre qualidade, comparações com a concorrência e referenciais de excelência, análise de dados e informações sobre qualidade;
- *planejamento estratégico para a qualidade*: metas e planos para a qualidade;
- *utilização de recursos humanos*: gestão de recursos humanos, envolvimento dos funcionários, educação e treinamento em qualidade, reconhecimento e medição do desempenho dos funcionários, bem-estar e moral dos funcionários;
- *garantia da qualidade de produtos e serviços*: projeto e introdução no mercado de produtos e serviços, controle da qualidade de processos, melhoria contínua de processos, avaliação da qualidade, documentação, qualidade do processo do negócio e dos serviços de apoio e qualidade dos fornecedores;
- *resultados obtidos quanto à qualidade*: de produtos e serviços, no processo do negócio, operações e serviços de apoio e de fornecedores;
- *satisfação do cliente*: determinação dos requisitos e das expectativas do cliente, gestão do relacionamento com os clientes, padrões de serviços aos clientes, compromisso com os clientes, solução de reclamações objetivando a melhoria da qualidade, determinação da satisfação do cliente, resultados relativos à satisfação dos clientes e comparação da satisfação dos clientes.

A instrumentalização desses tipos de pesquisa observa uma abordagem qualitativa implementada mediante entrevistas em profundidade com o pessoal dos diferentes níveis hierárquicos da pirâmide organizacional, conforme amostra significativa definida para a instituição. Complementarmente, podem ser aplicados questionários autopreenchíveis, por meio de técnica de levantamento quantitativo, de forma a abranger uma ampla amostra da população da IES sob estudo.

PARTE V
Qualidade nas instituições de ensino

*A qualidade começa com educação
e termina com educação.*

Ishikawa

Visão geral

Segundo Xavier,[38] a gestão da qualidade se apoia em um conjunto estrategicamente organizado de princípios e métodos, que visa à mobilização e à cooperação de todos os membros da organização, com o objetivo de melhorar a qualidade de seus produtos e serviços, e assim obter a máxima satisfação dos clientes, aliada a um acréscimo de bem-estar para os seus membros, de acordo com as exigências da sociedade.

Figura 97
Gestão da qualidade na IES

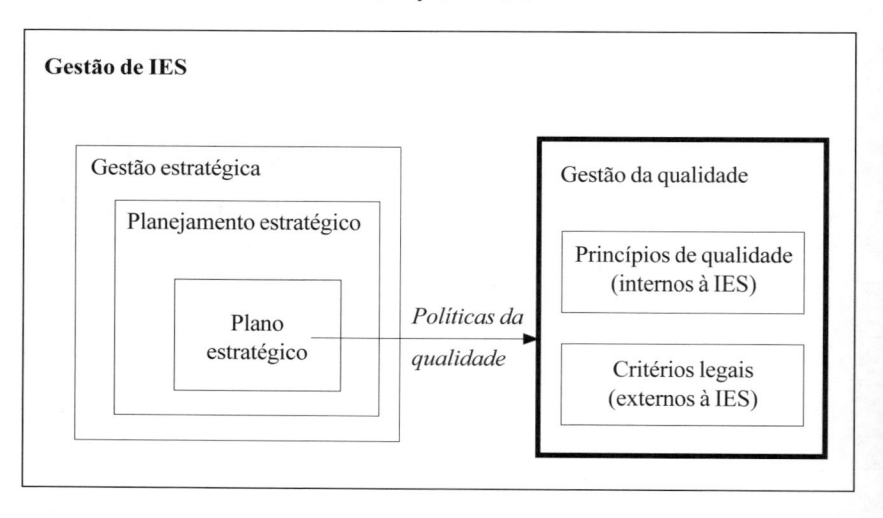

```
Gestão de IES
┌─────────────────────────────────────────────────────────────┐
│  Gestão estratégica                  Gestão da qualidade    │
│  ┌──────────────────────┐           ┌────────────────────┐  │
│  │ Planejamento          │          │ Princípios de      │  │
│  │ estratégico           │          │ qualidade          │  │
│  │  ┌──────────┐         │          │ (internos à IES)   │  │
│  │  │ Plano    │ Políticas da       │                    │  │
│  │  │estratégico│─qualidade─►      │ Critérios legais   │  │
│  │  └──────────┘         │          │ (externos à IES)   │  │
│  └──────────────────────┘           └────────────────────┘  │
└─────────────────────────────────────────────────────────────┘
```

A qualidade nas instituições de ensino deve ser entendida como um processo de gestão em estreita interação com a gestão estratégica da IES, conforme mostrado na figura 97.

Trata-se, segundo os autores, de uma maneira diferente de organizar os esforços das pessoas, harmonizando esses esforços para que as pessoas realizem suas tarefas com entusiasmo e contribuam efetivamente para a melhoria do modo como se executa o trabalho.

---

[38] Xavier, 1997.

O ponto fundamental para assegurar a implementação de qualquer programa de qualidade nas instituições de ensino é obter o comprometimento da alta direção, também tratada pela literatura como *liderança* das organizações. Ou seja, a liderança é responsável pela criação da visão organizacional centrada na qualidade, e cabe a esta alta administração estabelecer os espaços de atuação com claro senso do negócio, além de criar abordagens e imaginar novas áreas a serem exploradas.

À alta administração da instituição de ensino competiria, ainda, fixar um padrão de atendimento adequado às necessidades dos clientes, preservar esse padrão estabelecido, bem como melhorá-lo com eficiente e eficaz aplicação dos insumos para garantir a qualidade do atendimento. A sugestão é que os *critérios de excelência PNQ* (instituídos pela Fundação Prêmio Nacional da Qualidade — FPNQ) sejam adotados como o referencial de avaliação das instituições de ensino, em complemento à *avaliação da instituição segundo critérios legais*.

Como forma complementar de instrumento de monitoramento e avaliação da qualidade nas instituições de ensino, são sugeridos os indicadores de gestão, de qualidade e de desempenho, conforme explicitado no capítulo 6. Outro conjunto de critérios encontra acolhida na obra de Franco,[39] que estabelece pontos para a melhoria da qualidade do ensino: organização institucional e direção, planos de trabalho docente, corpo docente, recursos de informação e biblioteca, recursos físicos, comunicação com a sociedade e serviços estudantis.

---

[39] Franco, 1998.

Capítulo 13

Princípios de qualidade aplicáveis a uma instituição de ensino

Critérios de excelência

Num mundo cada vez mais competitivo e globalizado, os desafios enfrentados são crescentes e complexos, razão pela qual as instituições de ensino necessitam de critérios objetivos para avaliar em que medida tais organizações estão preparadas para responder a esses desafios.

Por esta razão, além dos indicadores de gestão, de qualidade e de desempenho[40] esta obra sugere os *critérios de excelência PNQ*[41] como o referencial de avaliação das instituições de ensino, complementarmente à *avaliação da instituição segundo critérios legais*. Essa escolha deve-se ao fato de que tais critérios de excelência, além de proporcionar a devida consistência de avaliação global de uma instituição de ensino típica, permitiriam:

❑ amplo entendimento dos requisitos para alcançar a excelência do desempenho e, portanto, a melhoria da competitividade;
❑ ampla troca de informações sobre métodos e técnicas de gestão que alcançaram êxito, na medida em que são critérios utilizados em escala nacional e mundial.

Os *critérios de excelência PNQ* foram criados a partir do compartilhamento de experiências entre organizações dos setores público e privado. Historicamente, representam uma evolução e um aprimoramento dos critérios do Prêmio Malcolm Baldridge (EUA) e do Prêmio Deming (Japão), com contribuições incorporadas, ainda, a partir do EFQM — European Foundation for Quality Management, do SIQ — Swedish Institute for Quality, do MFQ — Mouvement Français pour la Qualité e do NQI — National Quality Institute (Canadá).

---

[40] Ver capítulo 6.
[41] Instituídos pela Fundação Prêmio Nacional da Qualidade — FPNQ, 1997.

Os referenciais de excelência, portanto, descritos pela Fundação Prêmio Nacional da Qualidade como métricas comparativas, voltadas para a conscientização com respeito à qualidade nas organizações, têm seu equivalente americano na forma da Lei Malcolm Baldridge de Melhoria da Qualidade Nacional de 1987.

A IES balizaria a implementação dos critérios de excelência, com as políticas da qualidade extraídas do plano estratégico da instituição.

Figura 98
Políticas da qualidade em uma IES

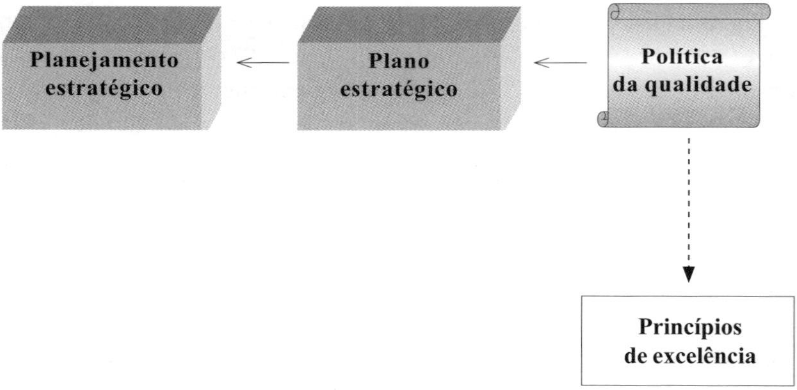

Planejamento estratégico ← Plano estratégico ← Política da qualidade

↓

Princípios de excelência

A instituição de ensino poderia utilizar os referenciais de excelência, obtidos externamente através de *benchmarking*, para fins de subsidiar o realinhamento e a adaptação da instituição em face da dinâmica promovida pelo mercado. O termo *benchmarking* expressa um conceito cada vez mais utilizado em trabalhos técnicos e estudos gerenciais, segundo o qual a noção de referenciais de excelência significa um conjunto de informações obtidas junto a organizações de desempenho considerado excelente, com base nas quais se pode balizar a posição de uma determinada organização. *Benchmarking*, portanto, pode ser encarado como um procedimento normalmente complementar, pelo qual se procura aprender a partir de exemplos externos bem-sucedidos, adaptando as soluções encontradas à instituição de ensino sob análise.

Dessa forma, informações sobre a concorrência e o mercado (clientes, produtos, serviços e processos de trabalho) poderiam ser obtidas através do *benchmarking*, cuja prática possibilitaria a referenciação com o melhor (instituições que são reconhecidas como representantes das melhores práticas), além de servir como instrumento de aprendizado da instituição de ensino, uma vez que evidencia onde ela deveria estar, mediante uma avaliação desde o patamar "*como é*" até o patamar "*deve ser*".

Após sua obtenção, os referenciais de excelência podem ser internalizados junto aos processos produtivos da IES, que efetivariam as mudanças internas de alinhamento aos padrões operacionalizados pelas instituições consultadas.

Desde a sua criação, os critérios de excelência da FPNQ formaram uma base consistente para o fortalecimento da competitividade das organizações na medida em que:

- auxiliam a melhoria das práticas de gestão, do desempenho e da capacitação das organizações;
- facilitam a comunicação e o compartilhamento das melhores práticas entre todos os tipos de organizações;
- servem como modelo de referência para melhorar o entendimento e a aplicação das práticas de gestão.

Conforme a FPNQ, os critérios foram construídos a partir de um conjunto de valores e conceitos. Esses valores e conceitos constituem os fundamentos para a integração dos requisitos principais da organização dentro de uma estrutura de gestão orientada para resultados. Os principais valores e conceitos são:

- qualidade centrada no cliente;
- liderança;
- aprendizado contínuo;
- participação e desenvolvimento das pessoas;
- resposta rápida;
- enfoque proativo;
- visão de futuro de longo alcance;

- gestão baseada em fatos;
- desenvolvimento de parcerias;
- responsabilidade pública e cidadania;
- foco nos resultados;
- inovação e criatividade;
- comportamento ético.

Estruturação dos critérios de excelência

Os critérios de excelência, passíveis de aplicação nas instituições de ensino, além dos indicadores de gestão, de qualidade e de desempenho,[42] podem ser traduzidos na forma de critérios de excelência da FPNQ, concebidos de modo a auxiliar as organizações a aumentarem sua competitividade através do foco e em duas metas:

- proporcionar aos clientes um valor sempre crescente que resulte em sucesso na participação no mercado;
- aprimorar a capacitação e o desempenho da organização como um todo.

Ainda segundo critérios da FPNQ, tais metas podem ser atingidas com a observância dos seguintes pressupostos:

- qualidade centrada no cliente;
- liderança;
- melhoria contínua;
- continuidade de propósitos e percepção de longo prazo;
- desenvolvimento de parcerias;
- gestão baseada em fatos e orientação para resultados;
- desenvolvimento de parcerias;
- participação e desenvolvimento dos recursos humanos.

Qualidade centrada no cliente

A qualidade é julgada pelo cliente. Todas as características específicas de produtos que adicionam valor para o cliente, elevam sua satisfação e determinam

---
[42] Ver capítulo 6.

sua preferência devem se constituir no principal foco da gestão da organização.

Valor, satisfação e preferência podem ser influenciados por muitos fatores através das experiências globais vividas pelos clientes ao usufruir dos produtos (bens ou serviços) adquiridos. Esses fatores incluem o relacionamento da organização com o cliente, que conduz à confiança, fidelidade e preferência. Esse conceito da qualidade abrange não somente as características específicas dos produtos que atendem a requisitos básicos, como também aquelas que os realçam e diferenciam da oferta dos concorrentes. Tal realce e diferenciação podem se basear na oferta de novos produtos, rapidez de respostas ou relacionamento especial.

Qualidade centrada no cliente é, portanto, um conceito estratégico voltado para a preservação de clientes e para a conquista de novas fatias de mercado. Demanda sensibilidade constante em relação às novas exigências dos clientes e do mercado e à identificação dos fatores que promovem a satisfação e a preservação dos clientes. Exige, também, sensibilidade quanto ao desenvolvimento da tecnologia e às ofertas dos concorrentes, bem como resposta rápida e flexível aos requisitos dos clientes e do mercado.

O êxito em mercados competitivos requer ciclos cada vez menores de introdução de novos produtos no mercado. Além disso, uma capacidade de resposta mais rápida e flexível no atendimento aos clientes constitui atualmente um pré-requisito essencial na gestão do negócio. Melhorias relevantes no tempo de resposta exigem que as estruturas organizacionais e os processos de trabalho sejam simplificados.

Liderança

A alta direção da IES precisa estabelecer e compartilhar a visão e a missão da organização, fixar diretrizes e criar foco no cliente, bem como valores claros e visíveis e elevadas expectativas. O reforço dos valores e das expectativas requer comprometimento e envolvimento do pessoal em todos os níveis organizacionais. A alta direção precisa estar comprometida com o desenvolvimento de todos os funcionários, estimulando sua participação e criatividade. Através do envolvimento pessoal em atividades como planejamento, comunicações, análise crítica do desempenho da instituição e reconhecimento dos resultados obtidos pelos funcionários, a alta direção serve como modelo a ser imitado, reforça os valores e encoraja a liderança e a iniciativa na organização como um todo.

Melhoria contínua

Atingir os mais altos níveis de desempenho requer um enfoque bem executado voltado para a melhoria contínua. A expressão melhoria contínua refere-se tanto a melhorias incrementais quanto a melhorias revolucionárias (inovação). A melhoria precisa estar impregnada no modo de funcionamento da IES porque:

- a melhoria é parte do trabalho do dia a dia de todos os segmentos organizacionais;
- o processo de melhoria busca eliminar os problemas em suas origens;
- a melhoria é motivada pelas oportunidades de executar melhor uma atividade, bem como pelos problemas que precisam ser corrigidos.

As oportunidades de melhoria incluem sugestões dos funcionários; pesquisa e desenvolvimento, informações dos clientes e comparações com referenciais de excelência ou outras comparações de desempenho.

As melhorias podem ser de vários tipos, a saber:

- aumento do valor para o cliente através de novos produtos ou produtos aperfeiçoados;
- redução de erros e desperdícios;
- melhoria de desempenho na rapidez de resposta e redução do tempo de ciclo;
- melhoria da produtividade e eficácia no uso de todos os recursos;
- melhoria do desempenho e da posição de liderança da organização no cumprimento de suas responsabilidades e espírito público, servindo como modelo a ser imitado na promoção do espírito comunitário.

Desse modo, a melhoria é impulsionada não somente pelo objetivo de fornecer melhores produtos (bens/serviços), mas também pela necessidade de ser ágil e eficiente nas respostas, o que confere vantagens adicionais frente ao mercado.

Continuidade de propósitos e percepção de longo prazo

A busca da liderança de mercado requer uma forte orientação para o futuro e a disposição de assumir compromissos de longo prazo com todas as partes interessadas: clientes, professores, funcionários, acionistas, fornecedores, a comunidade e a sociedade. O planejamento precisa antever muitas mudanças, inclusive as que possam afetar as expectativas dos clientes, as expectativas comunitárias/da sociedade, as pressões da concorrência, o desenvolvimento tecnológico, as mudanças em segmentos de clientes e nas exigências regulamentares. É necessário que os planos, estratégias e alocações de recursos reflitam esses compromissos e mudanças. Parte relevante de tais compromissos a longo prazo refere-se ao desenvolvimento dos recursos humanos e fornecedores.

Gestão com orientação para resultados

Os resultados empresariais têm que ser orientados pelos anseios de todas as partes interessadas: clientes, professores, funcionários, proprietários/acionistas, fornecedores e parceiros e a sociedade/comunidade. A utilização de um conjunto harmônico de indicadores de qualidade e de desempenho oferece um meio eficaz para comunicar os requisitos, monitorar o desempenho real e manter sob controle o apoio para a melhoria dos resultados.

A gestão de uma IES depende de medição, informação e análise. As medições precisam ser uma decorrência da estratégia da organização, abrangendo os principais processos, bem como seus resultados. As informações necessárias para a avaliação e a melhoria do desempenho incluem, entre outras, as relacionadas com o cliente, o desempenho de produtos (bens/serviços), as operações, o mercado, as comparações com a concorrência ou com referenciais de excelência, os fornecedores, os professores, os funcionários, os aspectos de custos e financeiros. Análise significa extrair das informações conclusões mais relevantes para apoiar a avaliação e a tomada de decisões nos vários níveis da organização. Tal análise serve para revelar tendências, projeções e relações de causa e efeito que poderiam não ficar evidentes.

Esse conjunto de medições, informações e análise é a base para o planejamento, a análise crítica do desempenho, a melhoria das operações e comparações com a concorrência ou com referenciais de excelência — *benchmarking*.

Desenvolvimento de parcerias

As IESs devem procurar desenvolver parcerias internas e externas que melhor atendam à realização de suas metas globais.

As parcerias internas facilitam a cooperação entre a direção, os professores e os funcionários, incluindo acordos com sindicatos. Essa estratégia leva ao desenvolvimento dos recursos humanos, bem como à implementação de novas formas de organização do trabalho, como a criação de equipes de trabalho de alto desempenho. Parcerias internas envolvem também a criação de uma rede de relacionamentos entre as unidades da organização para melhorar a flexibilidade e a prontidão de resposta.

As parcerias externas podem ser implementadas junto a clientes, fornecedores e demais instituições que se relacionam com a instituição, na forma de convênios. Essas parcerias oferecem à instituição de ensino a oportunidade de não só estabelecer relações duradouras com fornecedores, mas também propiciar a colocação dos profissionais por ela formados, entre outras possibilidades.

Participação e desenvolvimento dos recursos humanos

Como já explicado antes, o êxito de uma instituição depende cada vez mais das habilidades, da motivação e da criatividade de seus funcionários, ou seja, de seus colaboradores. Por sua vez, o sucesso desses colaboradores depende cada vez mais de oportunidades para aprender e experimentar novas habilidades. As IESs necessitam investir continuamente no desenvolvimento de seus colaboradores por meio de educação, treinamento e oportunidades, visando ao crescimento permanente de cada um. Tais oportunidades podem incluir:

- treinamento em sala de aula e na execução da atividade;
- rodízio de funções;
- remuneração baseada nas habilidades e na criatividade.

O treinamento estruturado na execução da atividade oferece uma forma eficaz de melhorar o desempenho global de uma instituição. O treinamento e o desenvolvimento dos recursos humanos precisam cada vez mais ser ajustados à diversidade de funcionários e a práticas de trabalhos flexíveis e de alto desempenho.

Além disso, devem merecer a devida atenção os aspectos de participação nos resultados, empregabilidade e segurança no emprego.

Os maiores desafios na área de desenvolvimento de profissionais incluem:

- a integração da gestão de recursos humanos em termos de recrutamento, seleção, desempenho, reconhecimento, treinamento e promoção;
- o alinhamento da gestão de recursos humanos com os planos do negócio e com os processos estratégicos de mudança.

A abordagem desses desafios requer a coleta e a utilização de informações relativas a habilidades, criatividade, satisfação, motivação e bem-estar dos funcionários. Esses dados devem estar correlacionados a indicadores que reflitam a satisfação e preservação de clientes e a produtividade.[43] Através desse enfoque, a gestão de recursos humanos pode ser mais bem integrada e alinhada com o rumo do negócio.

EXEMPLOS DE POLÍTICAS DE QUALIDADE APLICÁVEIS A UMA IES TÍPICA

Como políticas inerentes à qualidade passíveis de serem implementadas em uma instituição de ensino típica, podem ser enunciadas:

- atender às necessidades das organizações-clientes, empregadoras da mão de obra formada, com profissionais egressos de seus cursos, de alto nível, e detentores de conhecimentos coerentes com as exigências do mercado;
- praticar o conceito de parceria com fornecedores, clientes e colaboradores, considerando que qualidade é responsabilidade de todos;
- buscar tecnologias e práticas pedagógicas inovadoras, para excelência do processo ensino-aprendizagem;
- estimular, na instituição de ensino, um clima de colaboração e confiança mútua, buscando o reconhecimento e a realização das pessoas;
- proporcionar aos colaboradores treinamento e recursos necessários ao desenvolvimento e à capacitação profissional.

---

[43] Ver capítulo 6.

Capítulo 14

Avaliação da instituição segundo critérios legais

A avaliação da instituição de ensino segundo critérios legais normalmente ocorre no momento de sua criação, mas também periodicamente, com frequência preestabelecida pelo MEC.

Segundo o MEC,[44] processos diversos de avaliação do ensino, em todos os níveis, são procedimentos cada vez mais difundidos, em países nos quais a educação constitui uma preocupação básica, e cada vez mais necessários, quando se tem por objetivo a melhoria da qualidade do ensino.

O processo de avaliação do ensino superior, ainda segundo o MEC, embora bastante complexo e diferenciado, é particularmente necessário, em virtude da multiplicidade de funções que preenche e da diversidade dos cursos oferecidos. Isso se deve ao papel cada vez mais relevante que a educação superior vem assumindo no mundo moderno, especialmente devido a sua função estratégica para o desenvolvimento tecnológico, econômico, social e cultural de uma nação.

Figura 99
Gestão da qualidade e critérios legais

[44] MEC, 1998.

A importância da avaliação do ensino superior não se limita ao seu potencial para a elaboração de diagnóstico. Ela é instrumento capaz de contribuir para o conhecimento da realidade dos cursos e, a partir daí, estimular a reflexão sobre o presente e as aspirações futuras e catalisar as discussões sobre o caminho a trilhar, sobre o modelo desejado e sobre as estratégias para a construção desse modelo.

Avaliação da instituição como um todo

No momento da avaliação da IES, por especialistas do MEC, são averiguados:

- denominação e informação de identificação da instituição;
- histórico da instituição, suas atividades principais e áreas de atuação, bem como descrição dos cursos que já oferece e da infraestrutura que possui;
- formas de participação do corpo docente nas atividades de direção da instituição;
- elenco dos cursos da instituição já reconhecidos e em processo de reconhecimento, indicando, para cada um, o número de vagas, de candidatos por vaga no último vestibular, o número de alunos e o número e tamanho das turmas;
- planejamento econômico-financeiro da instituição, prevendo a implantação de cada curso proposto, com indicação das fontes de receita e principais elementos de despesa;
- caracterização da infraestrutura física a ser utilizada para cada curso;
- demonstração dos resultados das avaliações da instituição e de seus cursos, inclusive dos exames nacionais de cursos, realizados pelo MEC;
- documentação relativa à regularidade fiscal e parafiscal;
- projeto pedagógico dos cursos da instituição.

Segundo a Lei nº 9.131 (1995) devem ser realizadas avaliações periódicas das instituições e dos cursos de graduação, utilizando-se procedimentos e critérios abrangentes dos diversos fatores que determinam a qualidade e a eficiência das atividades de ensino, pesquisa e extensão. A mesma estabelece ainda que um dos mecanismos integrantes do processo avaliativo seja um exame de caráter nacional a ser aplicado anualmente a todos os concluintes desses cursos.

A nova Lei de Diretrizes e Bases da Educação Nacional — LDB (Lei nº 9.394, de 1996) veio reafirmar as determinações da Lei nº 9.131/95, incumbindo a União de avaliar todos os cursos e instituições de ensino superior e tornando obrigatório o reconhecimento periódico dos cursos de graduação, subsidiado por um processo de avaliação externa.

A avaliação individual das IESs, segundo o Decreto nº 2.026, de 1996, que regulamenta a matéria, deve considerar os seguintes aspectos:

❑ administração geral: efetividade do funcionamento dos órgãos colegiados, relações entre a entidade mantenedora e a instituição de ensino, eficiência das atividades-meio em relação aos objetivos finalísticos;

❑ administração acadêmica: adequação dos currículos dos cursos de graduação e da gestão da sua execução, adequação do controle do atendimento às exigências regimentais de execução do currículo, adequação dos critérios e procedimentos de avaliação do rendimento escolar;

❑ integração social: avaliação do grau de inserção da instituição na comunidade, local e regional, por meio de programas de extensão e de prestação de serviços;

❑ produção científica, cultural e tecnológica: avaliação da produtividade em relação à disponibilidade de docentes, qualificados, considerando o seu regime de trabalho na instituição.

Esses fatores de avaliação instituídos pelo Decreto nº 2.026 foram considerados no *modelo de gestão* proposto, na medida em que seus aspectos legais perpassam todos os capítulos da presente obra. De forma isolada, tais aspectos de avaliação podem ser adotados pelos gestores da IES, em qualquer momento, em um processo independente de autoavaliação do estágio em que se encontra sua própria instituição de ensino.

Avaliação dos cursos da instituição

Consoante o MEC, a avaliação periódica de cursos e instituições de ensino superior, como determina a lei, deve utilizar-se de procedimentos e critérios abrangentes dos diversos fatores que determinam a qualidade e a eficiência das atividades de ensino, pesquisa e extensão. Para tanto, de acordo com o Decreto nº 2.026, os procedimentos de avaliação do ensino de graduação, por curso, devem observar a *análise das condições de oferta* pelas diferentes instituições de ensino e a análise dos resultados do Exame Nacional de Cursos.

A avaliação das condições de oferta de cursos de graduação é conduzida pelo MEC/SESu,[45] com o suporte de especialistas em cada uma das áreas abrangidas, por meio de visitas de verificação aos locais de funcionamento. Tais especialistas, originários da comunidade acadêmica e profissional e por ela indicados em cada área de conhecimento, constituem comissões de trabalho para avaliar e recomendar ações para a melhoria da qualidade do ensino dos cursos, propiciando, inclusive, a disseminação dos padrões de qualidade das instituições mais bem conceituadas.

Os procedimentos, os indicadores e as ponderações adotados na avaliação das condições de oferta dos cursos correspondem a uma perspectiva qualitativa de análise da adequação e da potencialidade dos cursos. Para a avaliação dos cursos de graduação, a análise das condições de oferta pelas instituições de ensino superior, segundo o Decreto nº 2.026, considera a: "organização didático-pedagógica; adequação das instalações físicas em geral; adequação das instalações especiais, tais como laboratórios, oficinas e outros ambientes indispensáveis à execução do currículo; qualificação do corpo docente; bibliotecas, com atenção para o acervo bibliográfico, inclusive livros e periódicos, regime de funcionamento, modernização dos serviços e adequação ambiental".

Tais fatores, para fins de análise, são organizados em três grupos: a) qualificação do corpo docente; b) organização didático-pedagógica; c) instalações.

Qualificação do corpo docente

A avaliação da qualificação do corpo docente observa, em um primeiro momento, fatores voltados para a verificação da qualificação das atividades de ensino, pesquisa e extensão, entre estas a titulação formal, a produção científica e a experiência profissional não estritamente acadêmica, as quais, para algumas carreiras de nível superior, são fatores indiscutíveis de qualificação. Um segundo conjunto de fatores está dirigido para o desempenho docente, entre eles a existência de carreira docente organizada e o regime de trabalho.

A obtenção de dados e a verificação no local de cada instituição e curso incluem quesitos referentes a:

---

[45] MEC/SESu, 1998.

- titulação acadêmica;
- regime de trabalho;
- publicações científicas nos últimos três anos;
- experiência de magistério superior;
- experiência profissional não acadêmica;
- qualificação e regime de trabalho do coordenador do curso;
- relação professor/alunos;
- plano de cargos e salários.

Organização didático-pedagógica

A avaliação da organização didático-pedagógica, segundo padrões do MEC, congrega tanto elementos de concepção e execução do currículo quanto a própria estrutura curricular, a pesquisa e a produção científica, estágios desenvolvidos ou propiciados pelo curso e pelas atividades permanentes de extensão.

A obtenção de dados e a verificação no local de cada instituição e curso contêm quesitos referentes a:

- missão da instituição;
- objetivos do curso;
- perfil profissional pretendido;
- distribuição da carga horária segundo o currículo;
- habilitações;
- alterações curriculares;
- práticas pedagógicas inovadoras;
- procedimentos formais de avaliação;
- estágio supervisionado;
- ementários;
- bibliografia.

Instalações

A verificação em cada instituição e curso avalia suas instalações gerais e, especialmente, as bibliotecas, laboratórios, oficinas, salas de aula e equipamentos indispensáveis à boa execução do currículo.

A obtenção de dados e a verificação no local de cada instituição e curso incluem quesitos referentes a:

Instalações gerais:

- espaço físico disponível adequado às atividades acadêmicas em relação ao número de docentes, alunos e demais integrantes da instituição;
- condições de manutenção e conservação;
- planos de expansão.

Instalações especiais:

- laboratórios, auditórios, oficinas;
- equipamentos de informática, número de computadores dedicados à pesquisa e ao ensino e acesso a redes de informação;
- equipamentos, instrumentos e insumos de laboratório adequados à prática de ensino e à pesquisa;
- plano de modernização de laboratórios e informatização.

Biblioteca:

- número de títulos e exemplares de livros e periódicos;
- espaço físico para leitura;
- formas de catalogação do acervo;
- acesso a redes de informação;
- qualificação técnica do pessoal;
- plano de atualização do acervo.

Bibliografia

Abmes (Associação Brasileira de Mantenedoras de Ensino Superior). Considerações, recomendações e propostas do seminário. *Estudos*. Brasília, Abmes, *15*(18), 1997.

Ackoff, R. L. *Planejamento empresarial*. Rio de Janeiro, Livros Técnicos e Científicos, 1979.

Andrade, R. O. B. A formação de recursos humanos em administração: indicativos de um novo paradigma na formação profissional e no processo ensino x aprendizagem do administrador. Rio de Janeiro, UGF, 1996. (Tese de Livre Docência.)

―――――. *O papel dos coordenadores de cursos de graduação em administração*. Brasília, Conselho Federal de Administração (CFA), 1998.

Balbachevsky, Elizabeth. Pesquisa, iniciação científica e produção institucionalizada: perspectivas para os estabelecimentos não universitários privados do Brasil. *Estudos*. Brasília, Abmes, *16*(23):43-50, 1998.

Buarque, Cristovam. *Uma ideia de universidade*. Brasília, UnB, 1986.

Castro, Cláudio de Moura. Como será o ensino superior no ano 2000? In: *O livro da profecia*. 1997. v. 1, p. 155-73. (Coleção Senado.)

1º Congresso Brasileiro da Qualidade no Ensino Superior. *Anais*. São Paulo. Instituto Brasileiro da Qualidade em Serviços, *1*(2), 1994.

Conselho Federal de Administração. *Perfil do administrador e mercado de trabalho*. Brasília, 1995. (Pesquisa nacional.)

―――――. *Perfil do administrador e mercado de trabalho*. Brasília, 1998. (Pesquisa nacional.)

Conselho Federal de Educação. *A propósito da qualidade do ensino superior no Brasil.* Brasília, 1982. 241p.

Cunha, Luiz Antônio. *A universidade brasileira nos anos oitenta: sistemas de regressão institucional.* Brasília, Inep, 1989.

Deming, W. E. *Qualidade: a revolução da administração.* Rio de Janeiro, Marques Saraiva, 1990.

Durham, E. R. A avaliação do ensino superior. *Estudos.* Brasília, Abmes, 15(18):79-84, 1997.

Fernandes, C. V. *Qualidade total no ensino superior.* Rio de Janeiro, Universidade Gama Filho, 1998.

FPNQ (Fundação Prêmio Nacional da Qualidade). *Critérios de excelência: o estado da arte da gestão para a excelência do desempenho.* São Paulo, Prêmio Nacional da Qualidade — PNQ, 1997.

Franco, E. Projeto institucional e melhoria da qualidade do ensino superior. *Estudos.* Brasília, Abmes, 15(18):57-67, 1997.

―――. *Utopia e realidade: a construção do projeto institucional no ensino superior.* Brasília, Universa/UCB, 1998.

Gama Filho, P. C. ; Carvalho, H. M. *Os novos compromissos da gestão universitária.* Rio de Janeiro, Universidade Gama Filho, 1998.

Hall, R. H. *Organizações: estrutura e processos.* Rio de Janeiro, Prentice Hall do Brasil, 1984.

Jones, H. ; Twiss, B. C. *Previsão tecnológica para decisões de planejamento.* Rio de Janeiro, Zahar, 1986.

Martins, C. B. O novo ensino superior privado. In: Martins, C. B. (org.). *Ensino superior brasileiro: transformações e perspectivas.* São Paulo, Brasiliense, 1990.

Martins, R. C. R. ; Martins C. B. *Programas de melhoria e inovação no ensino de graduação: uma avaliação preliminar.* 63ª Reunião Plenária Crub. Brasília, 1998. 35p.

MEC. *Decreto nº 2.026. Procedimentos para o processo de avaliação dos cursos e instituições de ensino superior.* Brasília, MEC, 10-10-1996.

MEC. *Lei nº 9.394 — Lei de Diretrizes e Bases da Educação Nacional.* Brasília, MEC, 1996.

MEC/(Inep) Instituto Nacional de Estudos e Pesquisas Educacionais. *Exame Nacional de Cursos: relatório-síntese 1998.* Brasília, MEC, Inep, 1998.

MEC (Ministério da Educação e do Desporto). Secretaria de Educação Superior (SESu). *Avaliação das condições de oferta de cursos de graduação: relatório-síntese 1998.* Brasília, MEC, SESu, 1998.

Mezomo, J. C. *Gestão da qualidade na escola: princípios básicos.* São Paulo, Terra, 1994.

Nunes, B. F. (coord.). *Políticas e estratégias de capacitação do corpo docente.* 63ª Reunião Plenária Crub. Brasília, 1998. 48p.

Ramos, A. Guerreiro. *Administração e estratégia de desenvolvimento.* Rio de Janeiro, Fundação Getulio Vargas, 1966.

Ribeiro, N. F. *Administração acadêmica universitária: a teoria, o método.* Rio de Janeiro, Livros Técnicos e Científicos, 1977.

——————. *O planejamento universitário e curricular: teoria, método, modelo.* Belém, Universidade Federal do Pará, 1990.

Schwartzman, S. Os paradoxos da ciência e da tecnologia. *Ciência Hoje*, *16*(95):28-35, nov. 1993.

——————. Educação superior e pesquisa científica para o século XXI. 1996. ms.

I Seminário Nacional sobre Qualidade e Avaliação dos Cursos de Administração. Brasília, 1994.

I Seminário Regional sobre Qualidade e Avaliação dos Cursos de Administração — Região Norte e Nordeste. Natal, 1994.

II Seminário Regional sobre Qualidade e Avaliação dos Cursos de Administração — Região Sudeste. São Paulo, 1994.

III Seminário Regional sobre Qualidade e Avaliação dos Cursos de Administração — Região Sul. Florianópolis, 1994.

IV Seminário Regional sobre Qualidade e Avaliação dos Cursos de Administração — Região Sudeste e Centro-Oeste. Belo Horizonte, 1994.

Silva Filho, R. L. L. e. Gestão, financiamento e avaliação de qualidade nas instituições universitárias. *Estudos*. Brasília, Abmes, *15*(18):85-91, 1997.

Tachizawa, T. ; Scaico, O. *Organização flexível: qualidade na gestão por processos*. São Paulo, Atlas, 1997.

Tapscott, D. *Mudança de paradigma*. São Paulo, Makron Books, 1995.

Teixeira, J. B. O planejamento estratégico nas universidades brasileiras. *Educação Brasileira*. Brasília, *17*(35):201-10, 1995.

Xavier, A. C. R. Em busca de um novo paradigma gerencial para as instituições de ensino superior: a gestão da qualidade total. *Estudos*. Brasília, Abmes, *15(*18):93-7, 1997.

Zainko, M. A. S. O projeto institucional da universidade das ideias e a qualidade do ensino: a questão do professor. *Estudos*. Brasília, Abmes, *15*(18):69-75, 1997.

Apêndice 1

Exemplo de implementação de uma nova instituição de ensino superior: estudo de caso de formulação de um plano de gestão estratégica da Faculdade IES

Conjuntura e cenários

Análise da conjuntura

Os próximos anos serão marcados por uma extraordinária incerteza na área econômica, devida, basicamente, ao excesso de intervenção do governo na economia. Por outro lado, no setor educacional, existe uma certa previsibilidade, dado o desenvolvimento recente de uma proposta de orientações de caráter geral, que tendem a configurar novas diretrizes educacionais.

Outro fator que se apresenta com razoável previsibilidade é a regulamentação governamental, uma vez que a produção e a demanda por serviços educacionais devem enquadrar-se em um conjunto de leis, regulamentos e outros instrumentos legais voltados para assegurar a eficácia, a segurança e a qualidade dos cursos oferecidos pelas instituições de ensino.

Há previsibilidade e tendências claras com relação ao setor educacional, quando considerado em nível mundial, devido à progressiva globalização do processo ensino-aprendizagem nas instituições de ensino dos diferentes países. Nesta linha de inequívoca propensão de ocorrência, agora no plano interno do país, está a crescente demanda por serviços educacionais (crescimento vegetativo da população, aumento do número de estudantes formados no 2º grau, de jovens em idade escolar de 3º grau e demanda reprimida de potenciais alunos do ensino superior).

Estimativas fidedignas, entretanto, quanto aos vários parâmetros essenciais que poderiam nortear as ações das instituições de ensino no Brasil são, para não dizer impossíveis, extremamente complexas de serem elaboradas.

Diante desses fatos, formulou-se o cenário mais provável a partir do qual foram desenvolvidas as análises, com vistas a compatibilizar as propostas de gestão estratégica, em suas várias etapas, observando as dimensões macroeconômica e do setor educacional.

Uma visão geral da influência do meio ambiente e suas variáveis controláveis e não controláveis no processo de gestão estratégica da Faculdade IES é ilustrada na figura A-1.

Figura A-1
Influência de variáveis do meio ambiente sobre o processo de gestão da instituição

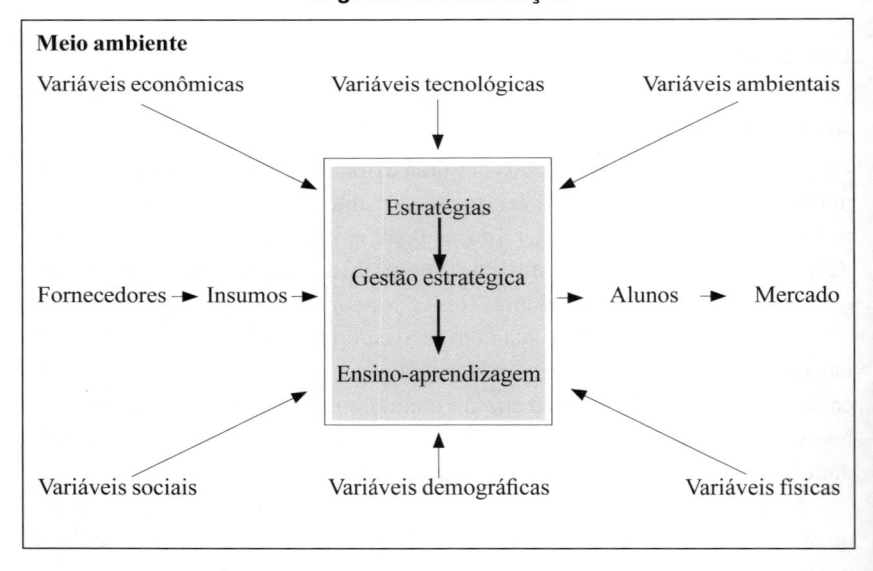

Meio ambiente

Variáveis econômicas — Variáveis tecnológicas — Variáveis ambientais

Fornecedores → Insumos → Estratégias → Gestão estratégica → Ensino-aprendizagem → Alunos → Mercado

Variáveis sociais — Variáveis demográficas — Variáveis físicas

Cenários

Cenário macroeconômico

- Diminui parte do custo Brasil.
- Aumenta a arrecadação de impostos na esfera federal.
- Os gastos públicos diminuem.
- A política monetária fica mais restritiva.
- As taxas de juros a longo prazo, para pessoas jurídicas, tendem a diminuir.

- A atividade econômica é mantida de forma coerente com o atual plano macroeconômico federal.
- A oferta de crédito a longo prazo, para pessoas jurídicas, tende a aumentar.
- A correção do câmbio é maior que a inflação, ocasionando aumento das reservas.
- As exportações crescem de volume.
- As importações diminuem, com melhoria nas contas externas.
- O déficit público diminui em virtude do alongamento dos prazos da dívida e da rolagem da dívida a custos mais baixos, com controle de parte dos gastos públicos e aumento da arrecadação por meio de recursos advindos das privatizações.
- O desemprego mantém o nível atual, com pequena melhoria a longo prazo.
- A importância do Brasil no cenário geopolítico internacional aumenta ou, no mínimo, se mantém como está.
- O país consolida sua liderança nas decisões para a América Latina.
- Criam-se algumas barreiras alfandegárias localizadas, temporárias, como forma de defesa da agressividade dos países emergentes.
- O volume dos negócios no Mercosul aumenta gradativamente.

Cenário para o setor educacional

O momento atual é de aumento considerável do número de alunos matriculados no ensino médio (antigo 2º grau). Em 1999, as escolas de ensino médio do país receberam 799 mil novos alunos, o que representa um acréscimo de 11,5% em relação a 1998 (o maior da década). O MEC projeta ampliações de 12% para os próximos anos.

Segundo dados de 1999, existiam aproximadamente 8,9 milhões de jovens de 15 a 17 anos no sistema de educação básica, dos quais apenas 32% cursando o ensino médio. Nos cursos supletivos também houve um crescimento mais acelerado nas matrículas de ensino médio, da ordem de 27%.

Há mais jovens concluindo o ensino fundamental. Mais alunos o estão fazendo com menos idade, em condições, portanto, de dar continuidade aos estudos. Aumentou a demanda jovem por maior escolaridade, até por exigência de um mercado de trabalho cada vez mais competitivo.

Como a meta do MEC é atingir 100% de matriculados, a tendência é um significativo crescimento de formandos do ensino médio. Por consequência, deve ocorrer um substancial crescimento da demanda por vagas no ensino superior. O país conta atualmente com 1.024 instituições de ensino de graduação, das quais 153 são universidades, 85 são faculdades integradas, 768 são estabelecimentos isolados e 18 são centros universitários. Este sistema, segundo os últimos dados do censo do ensino superior de 1999, absorve aproximadamente 2,4 milhões de alunos de graduação, dos quais 61% estão matriculados na rede privada, e 87 mil alunos de pós-graduação. Apesar da expressividade de tais números, enfatiza-se que o ensino superior absorve pouco mais de 10% da população entre 20 e 24 anos.

A demanda pelo profissional graduado em administração com perfil multidisciplinar está ganhando cada vez mais espaço no mercado de trabalho. Identifica-se uma demanda crescente — não somente na área pública e acadêmica, mas principalmente na iniciativa privada — por um profissional com uma visão ampla e analítica, conjugada com uma capacidade de lidar com perspicácia com as mais diversas situações do processo decisório presente nos negócios empresariais.

Uma outra tendência que aflora no setor educacional são os cursos superiores sequenciais. Aprovados pelo Conselho Nacional de Educação no início de 1999, tais cursos têm uma duração menor que os de graduação tradicionais e abrem o leque de opções profissionais em função da flexibilidade de oferta de disciplinas específicas (antes tradicionalmente apenas como componentes do currículo de graduação em administração).

Como cursos superiores de curta duração, os sequenciais normalmente podem adotar dois enfoques diferentes: de uma formação específica ou, então, de complementação dos estudos. Podem ser feitos tanto após a conclusão do ensino médio quanto junto ou após a graduação. Esses cursos foram criados para suprir uma demanda de alunos não atendidos pelas instituições de ensino tradicionais. Têm flexibilidade para atender a um mercado carente de novas qualificações (por exemplo, na área de tecnologia da informação), bem como à demanda nas mais diversas áreas. Agrega-se a isso a tendência de a educação contínua estender-se durante toda a vida das pessoas.

Para constatar a importância desses cursos, basta observar que 1,5 milhão de alunos estão concluindo o ensino médio, enquanto as ofertas de vagas nas instituições de ensino superior não passam de 776 mil.

Visão

Tornar-se um centro de excelência como escola de negócios na América Latina.

Missão

O compromisso da IES é desenvolver atividades de ensino, pesquisa e extensão voltadas para o mercado educacional de 3º grau, com a formação dos melhores profissionais em gestão de negócios do país. Para tanto, procurará atrair os melhores vestibulandos através da admissão de alunos provenientes das escolas particulares de 2º grau de excelência do país.

Objetivo central

Ser reconhecida como líder no mercado em que atua, suprindo-o com cursos de graduação em gestão de negócios de alto nível: este é o foco da IES e para onde devem ser canalizados todos os seus esforços. As suas estratégias devem ser formuladas de forma a traduzir este foco institucional.

Objetivo imediato

A IES pretende realizar o primeiro vestibular para o Curso de Administração em suas três habilitações (administração geral, sistemas de informação e gestão de negócios internacionais) no último trimestre de 2001, com obtenção de 450 alunos, os melhores da região, em uma relação candidato/vaga de 4/1.

Mercado

O mercado será constituído de egressos de escolas particulares de 2º grau (figura A-2).

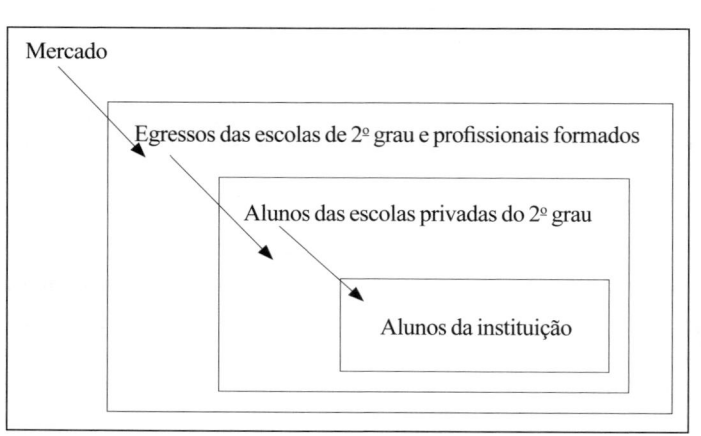

Figura A-2
Mercado da Faculdade IES

```
Mercado
    Egressos das escolas de 2º grau e profissionais formados
        Alunos das escolas privadas do 2º grau
            Alunos da instituição
```

Produtos

São produtos da instituição:

- cursos de graduação em administração com habilitação em administração geral;
- cursos de graduação em administração com habilitação em administração de sistemas de informação;
- cursos de graduação em administração com habilitação em gestão de negócios internacionais;
- cursos sequenciais em gestão de negócios;
- cursos sequenciais em gestão de tecnologias da informação.

Concorrentes

São concorrentes da Faculdade IES as melhores escolas/faculdades com foco em cursos de negócios do país.

Estratégias e ações estratégicas

Estratégias

As estratégias delineadas para a Faculdade IES estabelecem o que fazer para alcançar o objetivo central e, simultaneamente, reforçar a posição competitiva da instituição. Tais estratégias podem ser adotadas em função das variáveis ambientais próprias do setor educacional, compreendendo:

- criação e manutenção de um banco de dados de escolas de 2º grau, bem como de talentos (professores), dada a exigência de mão de obra altamente qualificada;
- diferenciação quanto à qualidade e aos serviços agregados, em face da homogeneidade dos produtos/cursos;
- ampliação da capacidade instalada, com acréscimo de novos cursos a serem ofertados ao mercado, antecipando potenciais crescimentos de mercado;
- adoção de tecnologias educacionais inovadoras, como meio de obtenção de um posicionamento competitivo;
- melhoria da qualidade da instituição como um todo e, em particular, um rigor acadêmico maior em relação ao corpo docente e aos cursos oferecidos ao mercado;
- implementação de cursos sequenciais, ensino a distância e outras formas de ensino, complementares aos cursos de graduação, com estreita interação teoria-prática;
- implementação de novos produtos/cursos, tendo em vista fazer frente à concorrência, inclusive com a preparação de novos cursos, a serem lançados quando a conjuntura assim permitir ou em função de mudanças havidas no mercado;
- utilização de formas alternativas de prestação de serviços ao mercado, do tipo *empresa júnior*, com a consequente criação de espaço de atuação para os docentes e alunos, que terão oportunidade de unir a teoria à prática, enquanto projetos de apoio às organizações empresariais são desenvolvidos;
- desenvolvimento de programas de integração com a comunidade empresarial da região, promovendo a interação por meio de visitas tanto de alunos às organizações locais quanto de conferencistas/palestrantes originários dessas organizações à IES;
- convênios e parcerias com instituições de ensino similares nacionais e do exterior, visando ao intercâmbio de alunos e de conhecimentos e ao desenvolvimento de programas conjuntos e projetos de pesquisa;

- realização de um programa permanente de pesquisa socioeconômica (e projetos correlatos) junto às organizações de seu entorno, com a participação do corpo docente e discente, visando a conhecer o perfil dessas organizações, bem como a servir de centro de informações sobre a comunidade local (criação e preservação de acervo e banco de dados);
- realização de um programa permanente de consulta e pesquisa junto às organizações empresariais, visando a conhecer o tipo de profissional, o tipo de curso e as disciplinas demandadas pelo mercado;
- parcerias com fornecedores de tecnologia e equipamentos na área educacional;
- participação intensiva junto às entidades de classe, visando a influenciar a regulamentação legal do setor;
- incentivo ao corpo docente para a publicação de trabalhos científicos e de iniciação científica nas formas de artigos, livros, relatórios de pesquisas e outros equivalentes, através de mídia própria ou veículos da comunidade acadêmica e não acadêmica;
- utilização das tecnologias da informação mais para fins de gerenciamento do que para a administração de dados e de informações;
- convênios com bibliotecas de instituições de ensino e demais entidades, visando ao acesso *online* ao acervo bibliográfico disponibilizado na comunidade;
- ênfase na redução dos custos operacionais, cujos custos fixos representam parcela significativa na estrutura dos custos totais da instituição.

Ações estratégicas

As ações estratégicas da Faculdade IES estabelecem o movimento do que fazer para pôr em prática as estratégias traçadas.

Em um primeiro momento suas ações estratégicas serão constituídas de:

- elaboração de uma relação de escolas particulares de 2º grau da região;
- elaboração de uma relação das empresas da região (identificação das pessoas-chave em cargos gerenciais em RH e na diretoria);
- identificação das entidades de classe da região;

- formação de um banco de dados contendo empresas, escolas de 2º grau, entidades de classe e demais instituições de interesse da faculdade;
- integração das atividades dos atuais cursos de MBA com as atividades da instituição (por exemplo, projetos de pesquisa desenvolvidos pelos alunos de MBA, com defesa em banca examinadora aberta à participação dos alunos de graduação, além dos empresários/executivos das empresas da região).

Outras ações estratégicas a serem implementadas como marketing institucional para inserção da imagem da instituição no mercado compreendem:

- realização de palestras junto aos alunos das escolas de 2º grau da região (assuntos comunitários e neutros relacionados ao mercado de trabalho das profissões objeto de graduação das faculdades do mercado);
- realização de palestras, nas dependências da Faculdade IES, sobre o mercado de profissões/trabalho;
- publicação de matérias jornalísticas de interesse da comunidade local;
- contato com as principais empresas da região apresentando a instituição e iniciando tratativas para a formalização de convênios de estágios para os futuros alunos (convênios com potenciais organizações empregadoras da mão de obra egressa da instituição, visando à colocação dos profissionais formados);
- implementação de um conselho de empresários da região para análise conjunta do perfil do profissional a ser formado pela instituição; ou seja, um conselho de empresários, executivos e lideranças locais, através de reuniões com representantes da Faculdade IES, professores e alunos, estabeleceria um canal de comunicação e subsidiaria a gestão estratégica da instituição em seus diferentes níveis (plano estratégico, plano pedagógico, currículo do curso e avaliação institucional);
- indução/incentivo à criação de associação de ex-alunos de MBA, congregando profissionais formados, que, na realidade, são executivos/empresários do mercado;
- participação em seminários, cursos, encontros e demais eventos realizados pelas entidades de classe e associações da área de administração, tanto para

disseminar em bom conceito o nome da IES quanto para se manter atualizada em relação às constantes mudanças que ocorrem no setor educacional.

APÊNDICE 2

Sites consultados, úteis para pesquisas específicas

ABM
www.abm.org.br

Abmes — Associação Brasileira de Mantenedoras de Ensino Superior
www.abmes.org.br

Brasil — Governo
www.brasil.gov.br

Cade — Pesquisa
www.cade.com.br/educacao.htm

Capes
www.capes.gov.br

Conselho Federal de Administração — CFA
www.admnet.org.br

Crub — Conselho de Reitores Universitários do Brasil
www.crub.org.br

Diário Oficial da União — Brasil
www.dou.gov.br

Diário Oficial da União — Estado de São Paulo
www.imesp.com.br

Fundação Seade
www.seade.com

Governo do Estado de São Paulo
www.saopaulo.sp.gov.br

Informativo Ciências Sociais no Brasil
www.fgv.br/fgv/cpdoc/informat/csociais.htm

Instituto Brasileiro de Geografia e Estatística — IBGE
www.ibge.gov.br

MEC/Instituto Nacional de Estudos e Pesquisas Educacionais — Inep
www.inep.gov.br

MEC/Políticas e Ações
www.mec.gov.br

Presidência da República
www.planalto.gov.br

APÊNDICE 3

Filmes aplicáveis à gestão de instituições de ensino superior

> *As histórias e casos apresentados nos filmes fazem uma analogia com a capacidade de as pessoas se unirem, como uma força de trabalho coesa, para tomar decisões e solucionar problemas. No contexto dessas películas projeta-se a ideia de que a qualidade de vida é fundamental e que a concorrência e competição por si só não é mais sustentável no âmbito das instituições. As pessoas são colocadas para trabalhar febrilmente nas organizações, sob pressão da eficiência, na forma de redução do tempo despendido das atividades desenvolvidas. A produtividade e a preocupação com a compressão do tempo é enfatizada em alguns filmes, em detrimento da qualidade de vida e das questões de ética e de responsabilidade social.*

A questão do planejamento corporativo em instituições de ensino e em organizações em geral é um aspecto subjacente em todos os filmes apresentados. Os mesmos instigam reflexões sobre as necessárias mudanças de prioridades nas organizações, com a eliminação ou substituição daquelas atividades causadoras de pressão sobre o indivíduo, por outros valores como a ética, qualidade de vida, desenvolvimento sustentável, projetos comunitários e interação maior entre os seres humanos. Fica evidente, metaforicamente, que o comportamento do ser humano é função direta do meio ambiente que o cerca. Daí a necessidade de uma coexistência pacífica entre o indivíduo e o contexto interno e externo das instituições. São películas, positiva ou negativamente relacionados a um novo contexto econômico, e caracterizados por uma rígida postura dos clientes com organizações que sejam éticas, com boa imagem institucional no mercado, e que atuem de forma socialmente responsável. Um filme, normalmente, tem um personagem forte e relacionado a uma história robusta. O roteiro (a estória do filme) determina com clareza o que move o personagem principal e os demais coadjuvantes que acompanham aquele principal. O leitor, adotando-os como referência, pode descortinar um universo de películas úteis à sua leitura, sobre os mais variados temas relacionados ao mundo corporativo. A tecnologia pela tecnologia é destacada com uma reflexão: "a tecnologia fornece a resposta, mas qual foi a pergunta?". O trabalho em equipe é destacado na forma de metáfora como uma característica fundamental para melhoria do clima organizacional nos ambientes empresariais de alto desempenho. As estórias e casos apresentados nos vídeos fazem uma analogia com a capacidade das pessoas de se unirem, como uma força de trabalho coesa, para tomar decisões e solucionar problemas. No contexto desses filmes projeta-se a ideia de que a qualidade de vida é fundamental e que a concorrência e competição por si sós não são mais sustentáveis no âmbito das organizações. São filmes positiva ou negativamente relacionados a um novo contexto econômico caracterizado por uma rígida postura dos clientes com organizações que sejam éticas, com boa imagem institucional no mercado e que atuem de forma socialmente responsável. Os filmes apresentados constituem referência para empresários e executivos extraírem princípios aplicáveis ao seu dia a dia nas organizações. São conceitos de gestão empresarial, baseados em enredos de filmes, reais ou fictícios, que podem fazer parte integrante de conteúdo programático de aulas, de programas de treinamento e de currículos das instituições de ensino superior. O leitor, adotando-os como referência, pode descortinar um universo de filmes sobre os mais variados temas relacionados ao mundo corporativo.

Resenhas de filmes ilustrativos

Mr. Holland, adorável professor (com Richard Dreyfuss)

Glenn Holland é músico e compositor, que vive de trabalhos eventuais em bares e boates. Buscando estabilizar sua vida financeira, aceita o emprego de professor de música na escola de segundo grau John F. Kennedy, onde está subordinado à diretora-geral, professora Jacobs, posteriormente substituída pelo professor Wolters. Encarregado de ministrar a disciplina de apreciação musical aos alunos dos primeiros períodos, Holland tem a difícil incumbência não só de ensinar a história da música, mas também de motivar e criar o gosto por esta arte, além de dirigir a banda da escola no último período.

Para tornar as aulas mais interessantes, Holland busca contextualizá-las com temas atuais e de maior agrado para os alunos. Assim, em vez de ministrar apenas música clássica, passa a adotar outros ritmos, como rock e músicas populares interpretadas por ídolos da juventude, para maior aproximação com seus alunos.

Após o nascimento de seu filho, problemas financeiros obrigam Holland a exercer mais atividades extraclasse. Sua situação pessoal, combinada à má fase financeira da escola após a saída de sua diretora-geral, leva-o a estabelecer parcerias com os demais professores e outras instituições da comunidade local para desenvolver atividades que proporcionem retorno econômico. A existência de um conselho de educação que, além de controlar o processo ensino-aprendizagem, pressiona pela melhoria da situação financeira induz grandes mudanças organizacionais na escola. A partir daí Holland começa a trabalhar em montagens de peças musicais e a se dedicar mais aos concertos e shows voltados à comunidade local.

A complexidade de se produzir e dirigir um concerto, uma ópera ou um musical apresenta alguns paralelos com os problemas da gestão empresarial. Enquanto os espetáculos musicais se desenrolam na tela, exigindo uma grande infraestrutura organizacional, uma reflexão é pertinente. Enquanto a música se eleva com a harmonia dos instrumentos regidos pela batuta do maestro constatamos que a orquestra também é uma grande organização complexa. Uma orquestra, sob a direção do maestro, tem de lidar com vários sindicatos de músicos, com cantores e artistas *free-lancers*, cada um com seu próprio contrato, diferentes salários, jornadas de trabalho e acordos de horas extras. Isto converte a organização dos ensaios em um pesadelo logístico.

Enfim, a complexidade organizacional de uma empresa se iguala à da montagem de uma ópera, que exige uma variedade incrível de ofícios, desde a carpintaria e a engenharia até a fabricação de perucas e a alfaiataria. Nos bastidores há dezenas de artesãos trabalhando com trajes, perucas, cenários e outros detalhes logísticos. No escritório, bibliotecários catalogam milhares de folhas de partituras para que cada ator tenha a sua parte devidamente anotada, ajustando-se à interpretação artística do maestro. O empreendimento deve atrair, ainda, artistas de primeira linha que, invariavelmente, querem ampliar os seus interesses, cantando ou dirigindo determinadas obras. E, acima dessas questões, há a necessidade constante de vender ingressos suficientes para pelo menos cobrir os custos do espetáculo (na empresa este é o tradicional ponto de equilíbrio, no qual as receitas se igualam aos custos).

Encontrando Forrester (com Sean Connery)

William Forrester (Sean Connery) é um brilhante escritor, um excêntrico recluso, que prefere o anonimato à fama. Quando Jamal (Rob Brown), um jovem e talentoso jogador de basquete negro, cuja paixão secreta é escrever, entra escondido no apartamento do escritor e esquece a mochila com seus manuscritos, ambos ganham com a nova relação. Forrester se torna o mentor inesperado de Jamal, guiando-o para que desenvolva suas excepcionais habilidades. E a dura visão de mundo de Forrester começa a mudar à medida que os dois trocam experiências de vida.

A história transcorre em uma escola de nível médio (um colégio masculino, cujos professores não ouvem os alunos) que adota uma rígida administração acadêmica. Esse rigor reflete-se na conduta do professor de literatura Robert Crawford, um escritor frustrado, que exige de seus alunos impecável rigor metodológico. Sob a orientação de Forrester, Jamal desenvolve um trabalho tão brilhante e inédito que é acusado de ser uma farsa acadêmica, sendo submetido ao julgamento da direção da instituição de ensino. O filme expõe os bastidores do mundo acadêmico, do processo ensino-aprendizagem e da interação aluno-professor.

Sociedade dos poetas mortos (com Robin Williams)

John Keating (Robin Williams) é professor em uma escola preparatória para o ensino superior, preocupado com o processo de ensino-aprendizagem, de modo a proporcionar conhecimento aos alunos e, ao mesmo tempo, estabelecer limites ao uso destes conhecimentos.

A partir de maus resultados no aproveitamento dos alunos e de críticas de seus superiores, Keating muda a estratégia de ensino, procurando contextualizar suas aulas com temas agradáveis e atuais. Assim, consegue arrancar um poema contundente de um aluno que, momentos antes, se declarava incapaz de compor o mais banal dos versinhos. O estudante fica em pé diante de seus colegas entusiasmados, emocionalmente exaurido e espantado com o que ele mesmo conseguiu, enquanto Keating o olha com expressão quase extasiada.

Keating incentiva os alunos a assumir seu destino e a questionar a autoridade. Para ele, nenhuma regra é tão profundamente enraizada que não possa ser rompida. O professor inspira uma devoção extraordinária em seus alunos. Ele é o tipo de líder que transforma a vida de jovens. Entretanto, considerá-lo modelo a ser seguido pode gerar polêmica. Ele não tem paciência com a política institucional e não faz nada para promover a lealdade para com a organização. Apesar disso, é fácil imaginar o personagem liderando, com sucesso, uma empresa de alta tecnologia ou criatividade (negócios de internet, consultoria, software house, agência de publicidade e propaganda, por exemplo).

Assim como em *Mr. Holland*, neste filme há a montagem de espetáculos musicais voltados à comunidade local. E a complexidade da produção nos remete aos mesmos paralelos com a administração de empresas, que exige trabalho em equipe em todos os seus setores. A tarefa do diretor de uma instituição de ensino, assim como a de um maestro, é dar coesão a todos os indivíduos sob sua supervisão. Da mesma forma que a orquestra necessita equilibrar obras famosas e inéditas, ou menos conhecidas, a equipe de pesquisa e desenvolvimento e a de marketing travam constantes batalhas na escolha de um produto. Ou seja, os diferentes grupos de interesses e o mercado influenciam as decisões estratégicas quanto ao composto de produtos (*mix* de marketing).

O trabalho em equipe, a liderança e a qualidade de vida, ficam evidentes, na forma de metáfora, como características fundamentais para a melhoria do processo decisório em ambientes empresariais de alto desempenho.

Filmes úteis às Instituições de Ensino Superior

Além de teorias relacionadas à gestão de instituições de ensino,
outros conceitos presentes nos filmes são apresentados a seguir.
São enfoques que podem ser
aplicados tanto na gestão da instituição quanto, pedagogicamente, em classe. Os filmes, como estratégia didática, podem
ser trabalhados como um processo, em
vez de simples resposta a um determinado
assunto em sala de aula.

Filmes	Conceitos
Mr. Holland, adorável professor (Com Richard Dreyfuss)	Mudança organizacional Trabalho em equipe Liderança Processo ensino-aprendizagem Analogia do regime de trabalho de uma empresa com o de uma orquestra
A firma (Com Tom Cruise)	Ética Responsabilidade social Planejamento de carreira Abordagem política e cultural das organizações Clima organizacional Recursos humanos
A verdadeira história de uma fraude: o caso Enron (Com Christian Kane)	Governança corporativa Responsabilidade social Planejamento de carreira Avaliação de desempenho Estratégias de cargos e salários Clima organizacional Globalização e internacionalização dos mercados
Ameaça virtual (Com Tim Robbins e Ryan Philippe)	Tecnologias da informação Liderança Clima organizacional Ética Responsabilidade social corporativa Qualidade de vida no trabalho
Apolo 13: do desastre ao triunfo (Com Tom Hanks e Ed Harris)	Inovação tecnológica e métodos de trabalho Trabalho em equipe Treinamento Planejamento corporativo Liderança
A queda do Império Romano (Com Omar Sharif e Christopher Plummer)	Liderança Cultura Crenças e valores Planejamento corporativo Escola clássica Mudanças organizacionais Abordagem das relações humanas

continua

Filmes	Conceitos
Até o limite da honra (Com Demi Moore)	Treinamento e desenvolvimento Trabalho em equipe Clima organizacional Liderança Administração científica Escola clássica
Com o dinheiro dos outros (Com Danny DeVito e Gregory Peck)	Inovação tecnológica Ética e responsabilidade social Governança corporativa Liderança Finanças Globalização e internacionalização dos mercados Clima organizacional
A corrente do bem (com Kevin Spacey, Helen Hunt e Angie Dickinson)	Liderança Responsabilidade social Administração de conflitos Processo ensino-aprendizagem
Do que as mulheres gostam (Com Mel Gibson e Helen Hunt)	Marketing Comportamento do consumidor Segmentação de mercado Foco no cliente Atendimento a clientes Trabalho em equipe Gestão de organizações prestadoras de serviços especializados
Doze homens e uma sentença (Com Henry Fonda)	Liderança Ética e responsabilidade social Negociação empresarial Trabalho em equipe
Erin Brockovich (Julia Roberts e Albert Finney)	Ética e responsabilidade social corporativa Gestão ambiental Liderança Negociação empresarial Administração de conflitos Trabalho em equipe

continua

Filmes	Conceitos
Homens de honra (Robert de Niro e Cuba Gooding Jr.)	Treinamento e desenvolvimento de pessoas Planejamento de carreira Avaliação de desempenho Liderança Ética e responsabilidade social corporativa
Mauá: o imperador e o rei (Com Paulo Betti e Malu Mader)	Empreendedorismo Ética e responsabilidade social Liderança Treinamento Macroeconomia Globalização e internacionalização dos mercados
Mestre dos mares: o lado mais distante do mundo (Com Russell Crowe)	Trabalho em equipe Liderança Planejamento corporativo Clima organizacional Estratégias empresariais Administração salarial Treinamento e desenvolvimento de pessoas
Minority report: a nova lei (Com Tom Cruise)	Tecnologias da informação Teletrabalho Ética Invasão de privacidade Responsabilidade social corporativa
Momentos decisivos (Com Gene Hackman)	Trabalho em equipe Liderança Planejamento Clima organizacional Estratégias empresariais Treinamento e desenvolvimento de pessoas
O amor é contagioso (Com Robin Williams)	Empreendedorismo Trabalho em equipe Responsabilidade social corporativa Qualidade de vida no trabalho Clima organizacional Liderança

continua

Filmes	Conceitos
O dia depois de amanhã (Com Dennis Quaid)	Ética Responsabilidade social corporativa Gestão ambiental Globalização Inovação tecnológica
O informante (Com Al Pacino e Russel Crowe)	Governança corporativa Liderança Ética Responsabilidade social corporativa Clima organizacional Inovação tecnológica Administração pública
O gladiador (Com Russel Crowe e Rex Harris)	Trabalho em equipe Liderança Treinamento e desenvolvimento de pessoas Estratégias empresariais Administração científica Escola clássica
Náufrago (Com Tom Hanks e Helen Hunt)	Qualidade de vida no trabalho Clima organizacional Planejamento de carreira Recrutamento e seleção Treinamento e desenvolvimento de pessoas Planejamento corporativo
O nome da rosa (Com Sean Connery e Christian Slater)	Ética e responsabilidade social corporativa Taylorismo e fordismo Escola clássica Escola burocrática Treinamento Clima organizacional
O resgate do soldado Ryan (Com Tom Hanks)	Liderança Logística Planejamento corporativo Estratégia Trabalho em equipe

continua

Filmes	Conceitos
O sucesso a qualquer preço (Com Al Pacino e Alec Baldwin)	Ética e responsabilidade social corporativa Taylorismo e fordismo Clima organizacional Qualidade de vida no trabalho Liderança Trabalho em equipe Marketing
Os doze trabalhos de Asterix (desenho animado)	Burocracia Trabalho em equipe Clima organizacional Ética e responsabilidade social
O último samurai (Com Tom Cruise)	Trabalho em equipe Cultura organizacional Crenças e valores Treinamento e desenvolvimento de pessoas Estratégias empresariais Logística Inovação tecnológica
Piratas da informática (Com Noah Wyle e Anthony Michael Hall)	Tecnologias da informação Ética e responsabilidade social corporativa Liderança Clima organizacional Qualidade de vida no trabalho Trabalho em equipe Estratégia salarial Estratégias empresariais
Presente de grego (com Diane Keaton)	Empreendedorismo Pesquisa e desenvolvimento de produtos Liderança Logística Planejamento corporativo Estratégias de negócios Negociação

continua

Filmes	Conceitos
Tempos modernos (Charlie Chaplin)	Linha de produção Clima organizacional Qualidade de vida no trabalho Administração científica Escola clássica Taylorismo e fordismo
Troia (Com Brad Pitt)	Liderança Trabalho em equipe Treinamento e desenvolvimento de pessoas Logística Estratégias empresariais
Tucker: um homem e seu sonho (Com Jeff Bridges)	Logística Cadeia produtiva e *supply chain management* Inovação e tecnologia Gestão da qualidade Responsabilidade social corporativa Intraempreendedorismo Liderança Trabalho em equipe Recrutamento e seleção
Uma linda mulher (Com Richard Gere e Julia Roberts)	Governança corporativa Ética e responsabilidade social corporativa Estratégias de remuneração Liderança Clima organizacional Atendimento a clientes Marketing Gestão empresarial em organizações de diferentes segmentos econômicos
Uma mulher de classe (Com George Hamilton e Brigitte Nielsen)	Empreendedorismo Trabalho em equipe Liderança Terceirização de mão de obra Subcontratação de serviços Gestão de serviços especializados Marketing Pesquisa e desenvolvimento de novos produtos

continua

Filmes	Conceitos
Wall Street: poder e cobiça (Com Michael Douglas, Martin Sheen e Charlie Sheen)	Governança corporativa Responsabilidade social corporativa Planejamento de carreira Clima organizacional Qualidade de vida no trabalho Liderança Globalização e internacionalização dos mercados Investimentos e volatilidade de capitais Estratégias corporativas Finanças

Sobre os autores

Takeshy Tachizawa é doutor em administração pela Eaesp/Departamento de Administração da Produção, Logística e de Operações da Fundação Getulio Vargas, mestre em administração pela FEA/USP, mestre em controladoria e contabilidade pela FEA/USP e bacharel em administração pela mesma instituição. Desde o início de sua vida profissional vem pesquisando o tema administração nas áreas de organização, qualidade, recursos humanos e tecnologias da informação, com sua abordagem estratégica em organizações no Brasil e no exterior. Como executivo e consultor atuou em empreendimentos e projetos desenvolvidos no exterior, nas áreas de produção e gestão da qualidade. Tem experiência acadêmica e é pesquisador em instituições de ensino como FGV, Unesp e USP. É autor de livros nas áreas de administração, recursos humanos e informática, destacando-se entre eles suas últimas obras pela Editora FGV, de 1998: *Como fazer monografia na prática*, e pela Editora Atlas, de 1997: *Organização flexível — qualidade na gestão por processos*. É consultor *ad hoc* da Comissão de Especialistas para Cursos de Administração do Ministério da Educação e Cultura.

Rui Otávio Bernardes de Andrade é doutor, livre-docente pela UGF/RJ, mestre em administração pela Fundação Getulio Vargas — FGV/RJ, master in business administration pela Concórdia University — EUA, especialista em didática do ensino superior e em marketing, graduado em administração de empresas e em direito. É professor universitário há 19 anos. É pesquisador e consultor de empresas nas áreas de organização e marketing. Tem exercido cargos de direção em diversas organizações. Coordenou a elaboração do currículo mínimo dos cursos de administração. Elaborou e publicou pesquisa sobre o perfil do administrador e o mercado de trabalho. Possui experiência profissional de 30 anos, tendo exercido inúmeras atividades na área de educação, na indústria e no comércio. Presidente do Conselho Federal de Administração. Presidente da Comissão de Especialistas de Ensino Superior de Administração

— SESu/MEC. Professor titular da Universidade Gama Filho. Professor titular da Universidade Estácio de Sá. Membro do Conselho de Ensino e Pesquisa da Universidade Gama Filho. Diretor de departamento na Universidade Estácio de Sá. Consultor de empresas. Assessor especial da TurisRio — Empresa de Turismo do Estado do Rio de Janeiro. Conferencista nacional e internacional sobre assuntos de administração. Presidente da WIA — World Institute of Administration — Miami — EUA.

Este livro foi impresso nas oficinas gráficas da Editora Vozes Ltda.,
Rua Frei Luís, 100 – Petrópolis, RJ.